朝向核心素养的自课程实践丛书　　丛书顾问　李军章　朱振东　江喜标

主　编　杨国营　李云强

# 一路走来

### 教师成长"自课程"实践省思

华东师范大学出版社

**图书在版编目(CIP)数据**

一路走来：教师成长"自课程"实践省思/杨国营,李云强主编.—上海：华东师范大学出版社,2020
（朝向核心素养的自课程实践丛书）
ISBN 978‐7‐5675‐9989‐5

Ⅰ.①一…　Ⅱ.①杨…②李…　Ⅲ.①师资培养‐研究
Ⅳ.①G451.2

中国版本图书馆 CIP 数据核字（2020）第 030811 号

朝向核心素养的自课程实践丛书

# 一路走来：教师成长"自课程"实践省思

主　　编　杨国营　李云强
责任编辑　彭呈军
审读编辑　吴　伟
责任校对　王　溪　时东明
装帧设计　卢晓红

出版发行　华东师范大学出版社
社　　址　上海市中山北路 3663 号　邮编 200062
网　　址　www.ecnupress.com.cn
电　　话　021‐60821666　行政传真 021‐62572105
客服电话　021‐62865537　门市（邮购）电话 021‐62869887
地　　址　上海市中山北路 3663 号华东师范大学校内先锋路口
网　　店　http://hdsdcbs.tmall.com

印 刷 者　昆山市亭林印刷有限责任公司
开　　本　787×1092　16 开
印　　张　16.5
字　　数　244 千字
版　　次　2020 年 4 月第 1 版
印　　次　2020 年 4 月第 1 次
书　　号　ISBN 978‐7‐5675‐9989‐5
定　　价　58.00 元

出 版 人　王　焰

（如发现本版图书有印订质量问题,请寄回本社客服中心调换或电话 021‐62865537 联系）

朝向核心素养的自课程实践丛书编委会

顾问　李军章　朱振东　江喜标
主编　杨国营　李云强　李洪涛

# 本书编委会名单

本书主编　　　杨国营　李云强

本书副主编　　刘英军　王　丽　苏建军

本书编委成员　谭艾林　许　萍　孙海珍　李学江

　　　　　　　陈永刚　丁淑红　王磊磊　丁蒙蒙

# 丛书总序
## 一路走来

*广饶县教育局教学研究室　朱振东*

    百年大计,教育为本;教育大计,教师为本。教师是教育发展的第一资源,是教育事业发展的基础,是提高教育质量、办好人民满意的教育的关键。

    如何适应新时代的需要,遵循教育规律和教师成长发展规律,进一步改进教师继续教育方式,建设一支高素质专业化教师队伍,是我们一直在深入思考和积极探索的问题。广饶县同和小学和广饶街道颜徐学校高度重视教师队伍发展,他们提出"自课程"理念,其教师成长"自课程"卓有成效,引起我们的关注。

    2015 年,上海名师学习研究所在借鉴国内外教师教育专家研究成果的基础上,提出了嵌入日常教学、聚焦教师教学实践改进的教师继续教育新理念,这和我们广饶县改进教师继续教育方式的想法和追求高度契合,也成为教师发展"自课程"的有力凭借。

    我们首批选择了广饶县同和小学、广饶县第一实验小学、广饶街道颜徐学校三所学校,依托上海名师学习研究所,在全国率先实施"嵌入式教师专业发展自课程项目",尝试将教师培训立足于课堂,嵌入日常教学,与教师发展"自课程"结合,在促进教师专业发展方面做了一些有益的探索和尝试。

    三年来,该教师专业发展项目在实验过程中不断修改、日臻完善,在助力我们广饶县中小学教师专业成长方面取得了明显成效。

    现在,老师们将他们参与"嵌入式教师专业发展自课程项目"以来的经历、收获和感悟结集成书。打开文集,一缕缕清香,一片片秋色,一份份感动扑面而来。一串串鲜活的故事,渗透着人性的光辉,承载着参训教师共同成长的经历;一篇篇精美的文章,记录着心灵的对话,迸溅出师生思想碰撞的火花。老师们竹杖芒鞋,筚路蓝缕,以作品记叙了参训之艰辛;雁过留声,雪泥鸿爪,印证着实践者的足迹,是参训教师宝贵经验的总结。

从一个个感人的教育故事中，我读出了老师们在"项目"中付出的辛勤汗水，读出了"项目"给老师们带来的可喜变化，看到了"项目"引起了老师们对传统教育的反思，更重要的是，我看到了"项目"给老师们带来的关于未来教育需要什么样的教师的思考……

人类教育正从普遍教育时代跨入崭新的"终身化学习教育"时代。雅斯贝尔斯说："教育是一棵树摇动另一棵树，一朵云推动另一朵云，一个灵魂唤醒另一个灵魂。"第一期嵌入式教师专业发展自课程项目已接近尾声，但项目的完成，不意味着教师专业成长的结束。希望老师们将此作为自身专业发展的新的起点，努力使自己成长为具有良好的职业道德、先进的教育理念、扎实的专业知识和较强的教育教学能力的卓越教师，为办好人民满意的教育作出更大的贡献。

本文作者简介：朱振东，山东省东营市广饶县教育局教学研究室主任，东营市特级教师，山东省教科所兼职研究员，广饶县第九、十届政协常委。主持的山东省教育科学"十一五"规划重点课题《和谐高效教学的本土化行动研究》，有效推动了全县中小学课堂教学改革，显著提高了课堂教学效率。荣获山东省教育科研先进个人、东营市优秀科技工作者、广饶县劳动模范、首届乐安工匠等多项荣誉称号。

# 前言

## 一路走来，一路芬芳

——"自课程"指引强校之路，促进教学相长

李云强

　　"教师是立教之本、兴教之源"，提高教师的素质是教育和学校发展的关键。提高教师素质的途径很多，建立恰如其分的发展课程，展开有效的培训是关键途径之一。怎样的培训更适合学校发展的实际，怎样的发展课程更能在较短的时间内发挥最佳培训效益，成为每一所学校探究的课题。

　　广饶县同和小学于 2008 年秋季开学启用，是一所年轻的学校，学校由两所村小合并而成，当时教师的教育观念和专业水平与社会对这所新建学校的期盼之间存在着很大落差，从而制约了学校的进一步发展。基于学校实际，学校展开"自课程"实践研究，即基于学校自身和学科以及教师自身，打造利于师生成长的"自课程"体系，这个概念一经提出，就显现了良好效果，丰富了师生成长路径。作为一所城乡结合部的学校，我们敏锐地认识到，只有学习全国教育最前沿的思想，才能真正地与全国的教育接轨，才能够实现教师素质提升的弯道超车。经过反复论证和考察，通过与上海名师学习研究所合作，我们将嵌入教师日常教学的培训工程作为教师成长"自课程"的关键内容，培训一经展开，其接地气、针对性强等特点就显现出来，经过几年的实践，其无疑已成为我校一条理想的引领教师通往卓越的最佳渠道。

　　"自课程"概念是一个首创概念，目标指向是实现师生教学相长。嵌入教师日常教学的培训工程是基于教师自身专业成长的实践反思属性，根据教师质量的三维模型理论构建的一种最新培训模式，在全国尚属首例。培训工程于 2015 年 8 月在钟启泉教授的"国际视野与本土行动——'大众教育'时代的课程改革"报告中拉开帷幕。基于上海专家的引领，在教师课堂教学行为分析与改进方面实施"嵌入式"培训，也就是总序中提到的"嵌入式教师专业发展项目"，具体包括专家报告、上海学科专家"一对一"

指导、网络平台评课指导等。参与培训的老师有机会在学校与专家讨论教学问题,个人课堂困惑也能得到上海权威专家的一对一指导。近三年来,在教师培训这条路上我们披荆斩棘,携手共进,取得了令人瞩目的成绩。

# 一、高端引领中拓展教师的视野

上海名师学习研究所聘请的专家团队包括钟启泉、蒋薇美、王小明、何更生、姚剑强、景洪春、章健文、曹文娟等多位专家,他们站在教育的最前沿,从"国际视野与本土行动——'大众教育'时代的课程改革"到"经历学生学习的过程";从"学科素养的解读"到"积极心理学对学校教育的启示";从专题报告到互动交流;从示范课到一对一、高层次、零距离的指导,让老师们对教学问题有了全新的理解和认识,避免了走弯路。视野的开阔,引发了学校课堂革命,推动了课堂改革热潮。

## (一) 名师指导,革新课堂

受培训人员数量的影响,传统培训中,参加培训的教师很难与专家进行沟通互动,偶尔出现互动环节,也仅仅体现在为数极少的教师身上。"嵌入式"培训,实现了专家与教师的"一对一"互动模式。

首先专家根据教师上传的视频课例,认真观看、评价,然后"一对一"反馈、指导。即专家仔细观看每一位老师的课堂实录,针对性地予以评价,教师在网上就可以查看评价情况,而更为详细的指导、答疑解惑,则在现场实现。仅两年来,我校参与"嵌入式"培训的教师人均至少得到上海知名专家的指导3次。语文学科由上海名师景洪春老师点评指导,数学老师由上海市数学教研员姚建强老师点评指导。专家指导后,老师们根据专家的指导,对症下药,这使得老师们的教学理念发生了根本性变化,文本解读与备课的方式、教学策略与教学模式等都取得了突破性进展,一场课堂革新的局面顺势打开。

## (二) 量化评估,制定规划

在"嵌入式"培训的初始阶段,为了提高评估的实效性,上海名师学习研究所将教师评估的细则、表格传至平台，教师根据评估细则，填报表格，上海名师学习研究所根据评估标准，从人格倾向质量、专业准备质量、教学行为质量三方面54项评估指标进行评估，量化呈现评估结果，并通过平台传送至每一位老师，使教师明确自己的强项与弱势，制定个人发展规划，培训活动则根据教师的评估情况再次制定培训方案。

## 二、在研究与实践中提升教学境界

我们将培训与日常的校本研究活动相结合，融学习、教学、研究三位于一体，聚焦核心问题，借助专业引领、同伴互助、自我反思，在理论支持下积极进行实践探索。在实践中，我们更加关注问题，关注倾听，关注学情，关注生成。在"倾听、串联、反刍"中提升自我，在行为改善与理性思考的结合中实现智慧共享。

### （一）学生利用网络平台参与课堂教学评价

教师将上课视频上传至平台，学生根据平台提供的问题，对教师的授课情况进行评价，教师又可随时获知评价情况，了解学情，调整教学策略，朝着"以生为本"的目标前行，充分发挥了教育信息技术的优势，使课堂反馈更加客观，从而为教师及时、动态地提供班级学情。

### （二）家长利用网络平台参与教研活动

有关教师的授课情况以及学生的课堂表现，家长在家中就可以通过教师上传的视频得以了解。在平台上，家长既可以直观地了解孩子上课的动态，还可以在观看视频后留言，给任课教师提出宝贵意见，或根据孩子的状况提出需要老师关注的地方。线上平台是家长了解学校办学、教师教学、学生学习的窗口，其为家校合育创造了便捷的环境和可靠的支持。

### （三）同行之间利用网络平台互动教研

教师之间互相学习是必不可少的，"嵌入式"培训增加了教师之间互相学习的机会，实现了碎片化学习，教师在平台上随时可以观看同事的课堂实录并进行评价，取长补短,相互学习,为线下教研提供有力支撑。

### (四) 教师利用网络平台学习最前沿的教育文献

上海培训方将最新的学习材料以理论包的形式发送到平台,教师可不受时空限制阅读,同时将阅读感悟通过平台传给培训方,培训方根据教师的研修作业,了解此环节的培训效果。

## 三、在团队成长中实现职业的价值

在上海名师学习研究所对教师的教学质量和水平进行评估的基础之上,组建"高相似度"专业发展研究小组。在参与"高相关性"专业发展共同体活动中,我们一起阅读《教师的挑战》,共同进行文本解读,组团备课、磨课……专业的底子厚实了,课堂教学的能力提升了,团队的凝聚力强大了。我们职业态度的改变,使得学生自主学习的习惯逐步养成,家长对教师专业水准更加认可,教师的职业自豪感与日俱增。

教师的发展轨迹可以通过网络随时查看。从教师发展轨迹中,学校可了解到教师的整体发展状况,教师也可以了解学生、同行、专家的连续评价,发展轨迹一目了然。

2017 年 4 月,学校派出 5 位老师,到上海市实验学校锦绣分校、浦明师范附小"临床式"跟进学习,与专家面对面研讨。上海市教研员章建文老师亲自执教示范课,从前期备课、文本解读、策略实施等方面与培训老师进行深入沟通,使得培训老师在思想认识上、实践操作上都有了质的突破。培训老师回校后,进行了二次培训,让全校 31 位语文老师同时受益。这样的培训方式在广饶县尚属首例,培训效果立竿见影。参加培训的 5 位老师中,2 位老师先后分别被评为"东营市语文学科带头人"、"东营市教学能手",其余 3 位老师在"嵌入式教师专业发展项目"成果展示活动中进行了课堂展示,得到了老师们的好评。

2017 年 5 月,学校组织开展了教师成长与学校变革的"同和之路"——同和小学"嵌入式教师专业发展项目"实施两学年成果展示活动。本次活动利用一周时间集中展示了学校教师培训的成果,24 人次进行了课堂教学展示、专题讲座,向 800 名家长、1000 人次的教育同行打开了人才大门,兄弟学校共聚一堂,分享人才培养的成果,交流人才培养的经验。东营市教科院孙传文主任动情地说："广饶县同和小学老师们的专业成长有目共睹，值得学习。我感到很欣慰。"此次活动对我校人才培养工作成果进行了集中展示，引发了良好的社会反响。

2017年5月，《山东教育》专题报道了"'嵌入'引发蝶变"，宣传了同和小学在人才培养方面的经验与做法；2017年1月，《中小学校长》报道了"教师卓越发展嵌入日常教学的实践逻辑"，宣传了同和小学在"嵌入式"培训中的实施策略与发展历程。

2017年，我校参加市优质课评选的2名教师均获一等奖，参加市学科带头人评选的5名教师、参加市重点培养对象评选的9名教师均以优异的成绩顺利通过评选，实现了同和小学建校以来"全员过关"的突破。在全市同类学校中，活动参评教师所占比例之大、涉及学科之多，前所未有。

一路走来，一路芬芳，"嵌入式"培训与"自课程"实践，深深吸引着我校教师不断学习提升。参与培训的每位教师都使自己的短板有了明显提升，自己的亮点更加突出，在这个过程中，他们的专业自信和专业自豪感油然而生，也从中寻找到了职业生活的本真意义，并因为有了专业仰望的方向，在通往卓越的路上努力前行！

# 目录

## 第一编　践行理念

## 第二编　反思内省

## 第三编　发展提升

第一编

践行理念

# 教育孩子的法宝

## ——劳动

王道峰

王道峰,中共党员,1993年毕业于青岛师范专科学校地理教育专业。从教25年,经历了四个学段,辗转了五所学校。第一个10年,在乡镇初中任教地理,后走上管理岗位;第二个10年,考入公办高中,从事管理工作的同时也兼任地理教学;第三个10年的前五年在职业学院任副院长,从事高校教育管理;目前又坐过山车般来到小学学段工作。教育经历丰富,各个学段都实践过。但从不敢自夸懂得教育懂得管理,始终怀有本领恐慌感,一路走来,逢山开道遇水架桥,边学边做,善作善成。

我接触到的很多家长、朋友,他们对自己孩子的教育束手无策,一筹莫展。也确实这样,现在的孩子越来越难以教育了,越来越难以感动他们了。当我们还沉浸在对过去吃不饱穿不暖、生活拮据、艰难度日的回忆和描述中,想以此来感化自己的孩子时,他却心不在焉,无动于衷,说不定最后会撂下一句"怨你老爸无能",让你尴尬地留在原地目瞪口呆,嗫嚅不出。

是啊,现在是一个"拼爹"的时代,从"学好数理化,不如有个好爸爸",到"我爸是李刚",再到"富二代"、"官二代",孩子们丧失了自己的理想和奋斗的信念,享受着"啃老族"的寄生生活,这到底是他们的悲哀,还是家长的悲哀?

有没有好的药物来治疗这种寄生病、软骨病、富贵病? 有,那就是劳动,只不过需要你做家长的心要硬。

我们小的时候,经常放假。麦假、暑假、秋假、寒假等。只要是农忙的季节,就开始放假,多则几十天,少则一周。炎炎烈日里,挥舞镰刀,任凭麦芒刺手;给棉花打药,背负几十斤重的喷雾器,任凭汗水滴答,湿透衣衫;腰上系一个兜子,一整天地弯来弯去拾棉花,腰就像折了一样。那份累、那份无助、那个罪,让我们就像生活在地狱里一样,暗无天日,盼不到头。

终于开学了,坐在教室里,没有毒日头,没有挥汗如雨和风吹日晒,远离了干不完的农活和腰酸背痛。哦,上学竟是如此的舒服和享受哩!这时,你还会有想要辍学的念头吗?

这就是劳动的教育功能之一,对一个人思想品德的改造。它让我们明白了日子的艰辛,父母的不易,让我们学会感恩,也朦胧地意识到要靠自己的努力来改变被动的处境。

劳动还有另一个教育功能,就是能够发展智慧。按苏霍姆林斯基的说法就是"儿童的智慧在手指尖上"。通过简单的农业劳动,我们掌握了施肥、喷药、修理和使用农具的基本技巧;我们还开阔了眼界,增长了见识,除了弄懂了韭菜和麦苗、马和骡子的区别,还明白了农作物的熟制和生长规律等。而复杂的、创造性的劳动,让我们有机会手脑结合,唤醒和激活了我们大脑中最富创造性的那些区域。

现在,家长一般把教育简单理解为智育,把智育简单理解为学习,把学习定格为分数。眼光紧锁在为了提高分数而采取的某些"立竿见影"的措施上。但是,人的大脑结构究竟是怎么回事,怎么才能把它激活?教育家苏霍姆林斯基对此有重大发现:在人的大脑里,有一些特殊的、最积极的、最富创造性的区域,依靠把抽象思维跟双手的、精细的、灵巧的动作结合起来,就能激发这些区域积极活跃起来。他已经用自己的亲身实践成功地证明了这一点,也有不少成功人士受益于此,如爱迪生、瓦特等,我们没有必要再对此表示怀疑和寻求佐证。

所以,我呼吁那些无计可施的家长朋友们:让孩子动动手吧,别把他们关在笼子里,让他们到大自然中,到劳动中去。要知道,脱离了自然他就脱离了社会,离开了劳动他就铸不成品德,捆住了他们的双手就等于束缚了他们的智慧。

# 画中有话
## ——美术心理教学札记

王 丽

王丽，女，毕业于山东师范大学艺术系美术教育专业。从事美术教学22年，先后发表过《让爱融化心灵的坚冰》《论中国画中的意境》等论文，多次执教市、县公开课、优质课。在日常教学过程中注重关注学生的内心活动并因势利导，帮助学生解决情感上的问题。不管在课堂教学，还是在室外课教学中，都以培养学生能力，提高学生的审美素质为目标，力求通过教学，为学生的成长和发展奠定基本的美育和品德素养。先后获得"东营市教学能手"、"东营市优秀教育工作者"、"三八红旗手"、"师德标兵"等称号。

小学生给人的感觉往往是天真烂漫，无忧无虑的。可是据调查，在小学，孩子中有25％～30％心理上是不健康的。不少孩子的主观反映与客观表现极不一致。他们执拗、任性、无理取闹，自理能力极差，这种心理上的不健康是由长期不良的教育形成的。不良教育起初造成孩子心理上的消极、不平衡，这种不平衡反复出现后，就慢慢地固定下来，变成不健康的心理。美术教育从儿童的心理特征出发，通过绘画、设计、工艺制作等各种各样有趣的造型活动，培养儿童对美的感受力、想象力和创造力。所以美术能发展儿童美好的情感，陶冶他们的性情。在孩子们的绘画作品中，可以发现潜藏在学生内心深处的一些话语，并可以通过正确的引导帮助他们克服或改变这种不良教育的影响。

以下是我在教学中观察到的几个案例，通过美术课堂教学和孩子的作品品味出来的孩子的内心世界。本文通过"画中有话"举一反三，希望我们就此对教学中表现出来的学生的心理反射以及个性差异有所关注,对自己的教书、育人有所启示。

## 被忽略的"心"

司益明是我从一年级一直跟班带大的学生,他的"与众不同"是随着年龄逐渐增长才慢慢显现的。低年级时候,孩子们纯洁的秉性让我和他们非常地亲近,经常搂一搂抱一抱他们,师生之间很是亲昵。那时候的司益明也经常和其他同学一样围着我说话,虽然语言逻辑有些不通,难以听懂,但当时只是以为他年龄小,表述不清楚而已,并没觉得有什么异常,我也经常和他亲昵互动。但是进入三年级以后,他与其他孩子的区别越来越明显:课堂上老师讲老师的,他做他的,完全沉浸在自己的精神世界里,在我的课堂上他从来没画过一幅完整的主题作品,总是画一些莫名其妙的造型以及乱七八糟的线条。虽如此,但每节课他还是在动手参与的。一开始,我还耐心地提醒他应该怎么做,发展到后来,他在美术课上开始看课外书、玩彩笔,到最后瞪着眼什么都不做,愈演愈烈。看到他此般不可教化,加上其他学科的老师也告诉我,他和其他孩子不一样,很"不可理喻",他的课堂表现最后也证明了大家对他的评价。我对他也逐渐失去了耐心。直到最后,只要他在课堂上不做很出格的事情,我就对他不闻不问,视若不见。这种情况从三年级下学期一直持续到他升入四年级的一天,他终于把我惹恼了:连续几节课,他的课桌上没有任何绘画材料和工具,一节课下来,他除了把我发给他的绘图纸撕碎和揉皱外,什么都不干。问他,一句话也不说。我很生气地找来了家长:"为什么不给孩子买彩笔、橡皮泥这些材料,每节课孩子都空着手!"他妈妈很委屈地说:"王老师,家里什么工具材料都有,每个学期我都给他买新的,他就是不带!"这下我气更大了,我把他找来:"司益明,当着妈妈的面,你告诉老师,为什么不带工具材料上课?"他先是看了看我,突然间一转身用小拳头在妈妈身上使劲捶打,边打边哭:"王老师不理我,她不理我……"看到他的这种行为,特别是看到他哭泣,我很是于心不忍:"老师没有不理你啊……"还没等我说完,他突然转过身来大声对我说:"老师你不管我。原来你每次都笑着和我说话,可是现在你为什么不管我了呢?上课你也不看我,那我还带工具来干什么呀!"经他这一吼,我一下子惊住了,他上课时的很多镜头突然间浮现在我眼前:学习画袋鼠,他就非要画苹果;练习色彩课,他就画成没有颜色的黑色,我越不管他,他就表现得越过分,总是与我的要求背道而驰。原来这都是他故意的,他的故意是为了引起我的关注。偏偏我由于没有理解他的本意,反倒是觉得他的表现是源于他的个性缺陷,所以越发不喜欢和他交流。没想到,他的内心却是如此敏感,如此渴望老师的关爱。他用这种对抗,来无声地反抗我的漠视给他心灵带来的"伤害"。是我忽略了他那颗也在逐渐成长的自尊心,原来在这场师生"战争"中,受伤的人不是我。我为自己的错误感到很自责,在接下来的时间,只要遇到他,我都会主动和他打招呼。在课上,我每次都有意无意地多和他交流几句,在作业的时候,多到他那里去指导一下,找到了问题的症结所在,问题就迎刃而解了。他虽然画得依旧不算好,但是现在的他很努力地配合我的课堂练习,有的课上,只要发现一点亮点,我还会专门表扬他。虽然不知道他的未来会怎么样,但是,我知道,以后面对这样的孩子,一定要小心翼翼地呵护,因为每一颗小小的心灵,都应该被尊重。

## 改变,从小小的"闪光点"开始

信浩阳是一个非常不讨人喜欢的孩子,没有半点纪律观念,在课堂上没有人比他更随意,除了行动过分,语言上更是过分,往往老师在讲课呢,一转身他人不见了,问去哪儿了,他就会突然从教室后面冒出来说:"老师,我的橡皮在包里,我拿橡皮。"我说:"我并没有同意呀,赶紧坐好了上课!"等转身再继续讲课的时候,一回头人又不见了,在同学们的哄笑声中,他又会理直气壮地告诉我,彩笔还在书包里没拿。老师生气,他跟没事人似的,理不着,让人哭笑不得!讲课时候,他经常没有任何征兆地抢老师的话,不管对错,打断就好,把课堂搞得一团糟。就是这么一个随心随意,无法无天的孩子,实在是让人头疼。面对这样的孩子,本来我放弃了在他身上花费力气的打算,可是一件小事却让我彻底改变了自己的决定。这天的课是设计飞机,我发现他竟然一反常态,非常安静,听课也很认真。我经过他身边时,无意间扫了一下他的作业,没想到他画的飞机造型生动,构建齐全,线条粗细排列有序,很是让我吃惊!作品展示环节到了,我点名让他到黑板前展示给全班同学看。说实话,要不是他这次画得真的很棒,我还真有点不情愿主动表扬他,我怕他的"人来疯"发作。倒是他,表现出了从未有过的羞涩和文静。第二堂课,鉴于他上节课的出色表现,我用前所未有的耐心轻声地和他说："老师刚发现,你原来这么有天分,知道么,这节课你是咱们班画得最棒的!"又到了作品展示时间,我还是让他来展示自己的作品。"造型准确精准"、"色彩漂亮"、"最主要的是想象力超级棒!"很多同学发出了由衷感叹之声。"信浩阳同学,向大家介绍一下你为什么能把飞机画得这么好!"他说:"我从小就喜欢飞机,我知道很多飞机型号,战斗机、直升机、民航客机……我长大了要造飞机、开飞机!"通过这两堂课他的表现,我感觉出来,他不是一个不可教化的孩子,关键是没有抓住他的兴趣点。我赶紧"趁热打铁","我相信信浩阳同学未来一定能成为一位了不起的飞行员、飞机机械师,将来你设计的飞机制造出来,别忘了请老师和同学们去坐啊!""一定!"这次他没有害羞,而是大方自信地大声回答。我看到了他的小眼睛闪闪发光。"要想成为一名好的设计师或者工程师,只有关于飞机的知识是远远不够的,需要学好每一科知识才行,另外要从遵守课堂纪律开始,像个真正的飞行员一样,严格要求自己,你能做到么?""老师,我能!""那好,老师和同学们从现在开始就要监督你了!""好!"他这次声音依旧是超大,但是意义却和以前不同了。虽然是一点小小的进步,但总算是"顽石开化"了! 突然觉得自己的"激将法"得逞了。这节课,与其说是他收获自信的一节课,还不如说是我为师成功收获的一节课。接下来,我真的看到了一个逐渐变化的信浩阳:他现在在课堂上依旧会大声吆喝两声,但内容是积极迎合我的提问。我也很欣然地"享受"着他课堂上的主动配合,同时每节课我都不忘去他那里"关注"一下他的作品,用手抚触他的头、拍拍他的肩,给他无声的鼓励。现在的信浩阳,课堂上听讲坐得笔直、两个眼睛闪着光亮,作业每次都会很出色。看到他一天天的改变,我知道,有一颗种子已经在他小小的心田里发芽。虽然我们不一定能等到它开花结果,但那一刻,我的内心也是幸福的! 这也许就是"园丁"的价值所在吧!

## 幸福的"苹果树"

通过绘画来表达自己的内心世界,是儿童常用的情绪表达方式之一,也是绘画心理学上常用的一种测试。每次新学期一开始,为了快速了解学生们的个性特征,我总是用画苹果树的测试来观察和分析他们。大部分的孩子会循规蹈矩地画棕色的树干、绿色的树冠以及大小不一的红色苹果。分析结果是这些都是心理健康的孩子。除此之外,个别学生会用不同于大多数孩子的表现方式彰显出他们独特的内心世界和个性。孙玉雅就是这样一个与众不同的学生。她沉默寡言,非常不爱说话,很少与老师和同学交流,语言对她似乎是多余的。在旁人看来,她是个内向、性格孤僻的孩子。但是,我知道,她的内心世界是一座美丽的大花园。她这个特征也是我用"苹果树测验法"发现的。孙玉雅画的测试画不仅有造型生动、结满果实的苹果树;树下还有绿色的草坪以及草坪上盛开的各色鲜花;鲜花上还有翩翩起舞的蝴蝶和小蜜蜂;树冠的上方除了蓝天白云,还有金灿灿的太阳;树冠之间飞翔着两只金色的小鸟,构图饱满,色彩绚丽,漂亮极了。我故意问她:"老师让你画苹果树,你为什么要画这么多不相关的东西啊!"她很害羞地笑了:"老师,树也需要朋友啊!"这一句话已经足以让我读懂了她的内心,这个老师和同学们眼中的"小哑巴"实际上有着无比丰富的想象力和情感世界。她所画的一切不仅仅是美好的画面,更隐含着美好的情感色彩。她虽不善于言语,但是她的心灵内却注满了对生活的热爱!有些东西,无需太多语言。一个拥有如此美好的心灵的孩子,相信她一定能够创造出更美好的生活,对于一个孩子,这就够了!

　　所有人眼里"与众不同"的司益明内心却有着脆弱而敏感的自尊;调皮捣蛋的信浩阳却是一个有着理想和梦想的孩子;沉默寡言的孙玉雅有着情感充沛的内心世界……我们永远无法通过表象去判断一个孩子的未来,但是我们却可以在自己力所能及的范围之内,通过我们的方法,引导孩子去观察和发现生活中更多美好的现象,就像我们要发现他们每颗美好心灵的存在一样。作为老师,我觉得我们要做得更多的应该是发现孩子身上的闪光点,让每一个孩子都能在内心播下一颗希望的种子。这颗种子,一定会生根发芽长成参天大树,影响孩子一生的发展!

# 遇见

## ——跟随景洪春老师学教语文

苏建军

苏建军,女,1994 年 7 月参加工作,一直在教学一线工作,2015 年 8 月至 2017 年 8 月任广饶县同和小学质量部主任,具体负责"嵌入式教师专业发展项目"。在培训期间,除负责组织实施外,还以普通教师的身份参与到培训中,并迅速成长。先后被评为东营市教学教研评选专家、东营市中小学德育工作先进个人、东营市教学能手、东营市学科带头人等称号;从 2014 年至 2017 年,主持主研的课题全部顺利结题,其中省级课题 3 项,市级课题 4 项;近几年,执教的优质课获得市县一等奖;多次执教市县公开课;撰写的论文获得国家级、省级一等奖。

如果说我是一名语文老师,之所以加了"如果"两个字,是因为自己对语文的理解略显肤浅与片面,做一名语文老师不仅仅是取得一张教师资格证就合格那么简单。培训中遇见景洪春老师对我影响颇深,她浑身散发出的儒雅气质,她举手投足间处处散发出的"语文"的味道,她对文本的理解、对学生经历学习过程的感悟,无一不吸引着我,指引着我走进语文,走进语文教学。

在课堂上,我知道了要引领学生经历学习过程。

在自己以前的教学中,替代学生的情况时有发生,忽略了学生的学习过程,对学生语感的培养远远不够。通过培训我更加清晰地认识到语文课上应该教学生什么。景老师在"关注学生学习经历,促进语言发展"的专题报告中提到的观点和做法,深深地烙在了我的心里。

## （一）课堂要"一课一得"

对一篇文章的教学来说，我到底要让学生收获多少呢？一节课只能突破一个重点，教得完整不如学得透彻。反思自己的语文教学，想要的太多，想让学生学的太多，总想面面俱到，可到最后的结果是面面不到。蜻蜓点水，浮光掠影，深不进去，学生的发展可想而知。

明白了这一点，我在课堂上努力去实现"一课一得"目标。在学习《绝招》一课时，尽管是自读课文，我细研文本，发现课文中片段描写精彩典型，如："他想了一会儿，站起身，面对大树，两只胳膊往地上一撑，脚掌靠树来了个倒立，不料，二福立刻还他个不靠树的倒立。"按照教师用书的指导，没有对场面描写的指导，但是在备课时，我及时捕捉到了场面描写这一教学点，大胆尝试，抛开教学参考书，"抓一得"。于是，在充分自读的基础上，让学生自己找到精彩片段，充分朗读感悟，然后学以致用，让学生当堂写，因为找准了语言训练点，当堂训练的效果明显。

学生写道：他弯着腰，篮球听话地任他拍打，前后左右地移动，他两眼溜溜地转动，时刻寻找"突围口"。他时而快，时而慢，让人捉摸不透，突然他猛地向前冲去，冲出了天罗地网，来到篮下，转身投篮，漂亮的弧线后，正中篮框。

还有的学生写道：她紧抿着嘴，猫着腰，踮起脚，一步一步慢慢地靠近蝴蝶。三步，两步，近了，更近了，又见她悄悄地将手指合拢，将蝴蝶夹住了。小丽高兴得又蹦又跳。

看着学生的作品，我十分喜悦地和孩子们一起交流，和同事们一起分享。那一刻，我又想到了景洪春老师，我职业生涯中的"贵人"。

## （二）语用要"搭一个语言支架"

我们要给学生学习语言搭一个支架，知识从显性到隐形，再到创造，这就是迁移。课堂上一定要给孩子迁移的机会，从学习心理学来讲，学生要习得一个新的知识，一定要经历迁移的过程。如《美丽的小兴安岭》一课，用这篇文章教学生习得语言，应该是找到习作上的语言生长点，不光是教内容上的，而且从写作指导上进去，从学生学习语言的角度进去。学生读懂了课文的内容之后,这篇文章春夏秋冬四个小节,共同的地方是词组的特点,"嫩绿的叶子,淙淙的小溪,葱葱茏茏的枝叶,苍翠的松柏,飞舞的落叶,又松又软的雪",结合三年级孩子的特点,可以让孩子写一写,给他一个支架。除了这些显性的语言训练,也有隐性的训练:如在文中有"紫貂黑熊"一词,可以让孩子试着填一填,"_____的紫貂、_____的黑熊",带着学生找一找,由扶到放,三个层次出来了,迁移就成功了。

我们一直说,一堂课四十分钟,学生走进课堂和走出课堂是不是应该有变化?语文课带来的变化是什么?是语言能力的提升。如果孩子上这堂课语言能力没有提升,那么这堂课就失败了。所以他怎么提升?孩子他自己是认识不到这些东西的,老师要帮他拎清,有的时候要帮他梳理下来,让他成立下来,有的时候是帮他提升,帮他推进,老师推多了,就成了孩子的一个学习策略,所以我们说孩子学习策略是怎么形成的,就是这样一点一点形成的,所以课堂上我们语文老师备课要找到这种落差,引导好,过渡好,学生的语言能力自然就提升了。

在学习《女娲补天》一课时,我在备课时努力寻找语言发展的生长点。在第一自然段中,"天哪,太可怕了!远远的天空塌下一大块,露出一个黑黑的大窟窿。地也被震裂了,出现了一道道深沟。山冈上燃烧着熊熊大火,许多人被火围困在山顶上。田野里到处是洪水,许多人在水里挣扎"。我将其分为三个层次进行教学:第一层次,感悟可怕,让学生朗读;第二层次,想象可怕,让学生说一说自己想象的可怕场面;第三层次,创设一个场面,把它表达具体。

孩子们个个投入,有的写道:"天哪,太美了!公园里的花都开了,一朵朵、一枝枝、一簇簇、一丛丛、一片片;公园的花真美呀!五颜六色的,有黄的、红的、紫的、粉红的……真像过年时放的烟花爆竹一样光彩夺目;公园里的花千姿百态:有的像蝴蝶一样在花中跳舞;有的像星星一样在向我眨眼睛;有的像喇叭一样在吹着欢快的乐曲;有的像酒杯一样在向人们敬酒;有的像孩子们踩上的小脚印;还有的像国王戴着皇冠在花丛里漫游。这时,一阵风吹来,有的花在花丛中向观赏者频频点头;有的花好像在弯腰捡东西;有的花好像仙子在花丛中翩翩起舞;有的花好像在向人们招手;有的花好像小鸟在寻找昆虫……"

有的写道"天哪,雨下得太大了……",还有的写道"天哪,这个人长得太胖了……"

寻找到了语言生长点,学生就找到了一个发展语言的契机,学到了一个学习语言的策略,甚至是收获了一个创造语言的机缘。景洪春老师的方法真灵,学以致用,效果明显。

文本解读,我不再照本宣科。

在遇到景洪春老师以前,我对文本的解读停留在把课文读熟,将自己对文本的解读与教师用书进行对照的层面,唯恐自己理解错了,把孩子们教错了。景老师的一番话惊醒了梦中人,让我知道了什么叫意脉,什么叫文本结构深层的文化密码,我第一次见识了孙绍振大师是怎么解读文本的,原来文本解读是这样的。

景老师通过具体的例子,解释了为什么这样解读,掰开了,揉碎了,说得透彻,分析得明白。在景老师的指导下,我尝试进行了文本解读《珍珠鸟》,虽然解读得还很肤浅,但已经有了属于自己的文化密码,试图去抓住意脉。

## 《珍珠鸟》文本解读——美哉！珍珠鸟

2017 年 4 月 4 日

一、文美

1. 结构之美

整篇文章行云流水般,前后照应,一气呵成。让人一读便不忍停下。语言流畅,娓娓道来,如同讲故事般。

2. 情意之美

情意发展之自然,随文走,随意动。情节发展如潺潺溪流,自然流露。从怕人——安全感——渐渐它胆子大了——陪伴我——在我的肩头睡着了,安全感的建立,感情发展之自然,溢于字里行间。从"有人说,这是一种怕人的鸟""我把它挂在窗前,它们就像躲进深幽的丛林一样安全""从中传出的笛儿般又细又亮的叫声,也就格外轻松自在了""我们就这样一点点熟悉了""决不掀开叶片往里看""使珍珠鸟有了安全感""这小家伙只在笼子四周活动""我不管它这样久了""渐渐它胆子大了就落到我的书桌上""有一天,它居然落到我的肩上,这小家伙竟趴在我的肩头睡着了"。

二、字词美

好多看似不起眼的文字,细细琢磨,甚是精彩。

1. "雏儿!正是这个小家伙!"作者用的是"小家伙",而不是"小鸟",作者的情感不经意间已从这个词语中流露出来。

2. "白天,它这样淘气地陪伴我。""陪伴我",俨然把小鸟当成了朋友,抑或是家人。

3. "这小家伙竟趴在我的肩头睡着了。""趴"不是"躺"、不是"卧",使得珍珠鸟可爱的形象跃然纸上。

三、对话美

尽管文中没有显性对话,但又无时无刻不在对话。对话之中彰显了逐步建立起"信赖"的过程。

1. "决不掀开叶片往里看,连添食加水时也不睁大好奇的眼去惊动它们。过不多久,忽然有一个小脑袋从叶间探出来。"作者:我决不掀开叶片往里看,连添食加水时也不睁大好奇的眼去惊动你们。珍珠鸟:我不怕你了,我敢把小脑袋探出来了。

2. "起先,这小家伙只在笼子四周活动,随后就在屋里飞来飞去,一会儿落在柜顶上,一会儿神气十足地站在书架上,啄着书背上那些大文豪的名字;一会儿把灯绳撞得来回摇动,跟着跳到画框上去了。"珍珠鸟:起先,我只在笼子四周活动,随后就在屋里飞来飞去,一会儿落在柜顶上,一会儿神气十足地站在书架上,啄着书背上那些大文豪的名字;一会儿把灯绳撞得来回摇动,跟着跳到画框上去了。我玩得好不惬意呀! 作者:我才不管你呢,随你玩吧!

3. "它先是离我较远,见我不去伤害它,便一点点挨近,然后蹦到我的杯子上,俯下头来喝茶,再偏过脸瞧瞧我的反应。我只是微微一笑,依旧写东西,它就放开胆子跑到稿纸上,绕着我的笔尖蹦来蹦去;跳动的小红爪子在纸上发出嚓嚓响。"珍珠鸟:我先是离你较远,见你不来伤害我,便一点点挨近,然后蹦到你的杯子上,俯下头来喝茶,再偏过脸瞧瞧你的反应。我就放开胆子跑到稿纸上,绕着你的笔尖蹦来蹦去;我的小红爪子在纸上发出嚓嚓响。作者:我高兴你来靠近我,我不会赶你走的。

在"嵌入式"培训成果展示汇报时,我执教人教版三年级下册 27 课《卖木雕的少年》,我在解读文本上下大功夫,寻找语言发展的生长点,引领学生经历学习的过程。文本解读中抓住了以下要点:

本文在语言上最大的一个特点,就是文中的四字词语非常多,需在教学的过程中引导学生结合具体语境感知理解,并做到积累运用。另外,文中的一些关键词句,如两个"遗憾",两处"沉甸甸",及文章中两处少年和"我"的对话,都是反映全文主题的重点部分,需在教学中加以引导,反复品味。

通过课堂实践,教学的效果很明显,学生在经历中发展了语言,学习的过程也很投入,这离不开备课前的文本解读。

在学习"琳琅满目、构思新奇、栩栩如生"时,我首先让学生自主找到能够体现木雕精美的词语,然后在情景中理解词语,进而将词语重组,运用这些词语写一段话,学生写道"超市里的商品琳琅满目,尤其是工艺品,栩栩如生,让人爱不释手"。还有的写道"如果我到莫西奥图尼亚大瀑布去旅游,我肯定会买一个栩栩如生的木雕工艺品,如果碰到构思新奇的,我一定会爱不释手,把它带回国"。

在解读文本中,我寻找到了教学生学习语文的密码,轻松快乐地和孩子们乘着语文这叶扁舟在知识的海洋里遨游。

遇到景洪春老师,如同遇到了指路明灯,在专业成长的道路上,我们嗅到了语言的花香,也遇到了文本解读的荆棘;我们摘到了语言训练结出的果实,也经历了策略实施的小小风霜,可喜的是我们一直行走在发展的道路上。因为有了专业仰望的方向,我们在通往卓越的路上努力前行……

# 静等花儿朵朵开

姜菲菲

姜菲菲,女,1984 年 12 月出生,中共党员,本科学历,2007 年 7 月毕业于山东省聊城大学,英语专业。2007 年 8 月参加工作,现任教于广饶县同和小学,小学二级教师。一直坚持用心经营教育,用爱温暖童心,引领孩子沐浴阳光。在教学中不断地反思,摸索出属于自己的一套教学方法。曾多次在县、市级优质课比赛中取得优异成绩;所写的论文,案例曾多次获得广饶县一等奖;历届广饶县"英语风采大赛"中,多次获得指导奖一等奖。曾被评为"优秀班主任",2008 年被评为广饶县"小学英语青年教师重点培养对象",2013 年被评为广饶县"英语教学能手"。

**教育理念:**教师的赏识下有爱迪生,宽容下有爱因斯坦,还有什么比看着自己的学生飞得更高、更远,更令教师欣慰的呢?

作为一名教师,我一直希望自己的学生都齐刷刷地进步,不掉队。但是,我也明白,这只是理想主义。经过十余年的教育历练,我体会到:每个孩子都是一朵会开的花,或迎风招展,或含苞待放……只是花期的早晚不同。如果我们能耐下心来——去等,那么,就会听到那美妙的声音——花开的声音!

## "我也能得奖了!"

记得那年,我任教三年级英语。由于教惯了高年级,转而面对一群幼稚而活泼的小孩子时,有的更多的是一种新鲜感,更有一种为人师的满足感。因为在他们眼里,老师就是无所不知,无所不晓的"圣人"。有时候,我还会偷着乐:别看他们现在上课一本正经地坐着，像个小大人似的。但是，我还是忍不住想象他们在一、二年级时候的画面，比如在地上爬，找不到东西会哭……

有一位男同学，他的名字叫张豪（化名），胖乎乎的，其实挺可爱。开学伊始，由于对学生的了解不全面，我没有太多地注意他。但是，几天下来，我不得不把更多的目光转向他：上课不带课本；课桌上的"小玩具"不离手；甚至，一节课上完，他的手上沾满了弄坏的圆珠笔油；交作业更是"没门"。面对他，我陷入了迷茫。因为我知道，三年级英语是起步阶段，是奠基阶段，如果这个时候对英语不感兴趣，是一件很可怕的事。所以，不能让他输在起跑线上。于是，我开始计划着什么。

首先，我试着拉近我们之间的距离。一次课间，他去倒垃圾，我就和他一路走。我问他："你喜欢咱班的同学吗？"他却说："不喜欢。"我追问："为什么？"他吞吞吐吐地说："他们都……都不愿意和我玩。"我一听，这句话正好是一个切入点。我接着说："那你有没有想过，大家为什么不愿和你玩？如果你上课认真听讲，课后按时完成作业，我保证，同学们肯定会喜欢你！"他听了，歪着头，想了想，眼睛里还是充满了疑惑。但自从那次交谈之后，他见了我会主动打招呼，这给我带来了很大的信心。

然后，我会上课多指导，多鼓励他，帮他树立自信心。让他意识到，老师是很在乎他的。每当讲完几个单词或几句话，我都会趁着小组内读书的时间，再给他辅导一下。我发现，这个孩子的记忆力偏弱些，短时记忆达不到一般孩子的水平，有点"前面教，后面忘"的感觉。但我安慰自己，这也许是刚开始，还没适应吧！只要他能记住三个单词，我就会及时奖励他，给他画星星或者发贴画，他就会乐地笑开了花。所以，只要我们用心，小孩子是很好哄的。

渐渐地，他开始做作业了。有时为了确认一下作业是哪些，还特意跑到办公室来问一下，这让我很欣慰。所以，即使他写得不是很好，我也给他画三颗星，表示鼓励。这样，他就不会不交作业了。

接着，给他提出几个小目标，并提供让他实现目标的条件。我建议他尽量做到以下两点：一是上课不能玩，要听课。二是考试能达到 B 级。（其实，三年级英语的一半水平都在 A 级）我答应他，只要他达成目标，我就给他发奖。

重要的是，我特意安排了一个责任心强、乐于助人的女同学来当他的组长。刚开始，这位女同学根本不愿意，说他不听话，又学得太慢……此时，我就跟她说："为了班集体,你要尽你自己最大的努力,耐心地帮助他。"她这才勉强接受。后来,当他取得进步时,除了表扬他,我还公开表扬这位组长,拉近他们之间的距离。期中考试之前,张豪特意问我:"老师,如果我能考到 B 级,有奖励吗?"我说:"没问题!"

就这样,经过一个多月的努力,他完成了这两个目标。当我给他发奖时,他说了一句:"我也能得奖了!"我不禁地问:"这是你第几次得奖啊?"他毫无掩饰地说:"第一次!"真是满满的天真和无邪啊!这三个字其实深深地印在了我的心里,我在心底为他鼓掌!

接下来的日子,张豪改变了很多:上课的小动作明显减少;作业写得认真了(虽然还有很多错误);与同学的关系融洽了,课下还交了两个朋友;偶尔还会来问英语题,这样,我已经很满足了。每次见到我,他那憨厚的小脸蛋上都会露出可爱的笑容……

对学困生而言,他们更需要去沐浴教育的阳光。因为他们"失败"得太多了,身上受伤的翅膀太沉重了,需要我们老师给他们呵护和关爱。我们要真诚地托举起他们,帮他们振动翅膀,让他们也有力地飞起来!

# 莫心急

《给教师的建议》第 64 条:对于那些思考缓慢的学生,必须特别有耐心。不要因为学生头脑迟钝而责备他,也不要给记忆增加过重的负担——这些都是毫无益处的。(苏霍姆林斯基,《给教师的建议》,教育科学出版社,1984 年版)

换个角度想想,我们小时候就一定是学习的佼佼者吗?不也是语文课文理解不了,数学应用题列错算式,英语课文背不过……老师不也没有放弃我们吗?

李永乐老师写过他堂弟的故事。李老师的堂弟从小学习不好,中考勉强上了三流高中,高二暑假突发奇想,给自己立了目标:现在开始努力,看能不能考上重点大学。经过高三一年的努力,以 630 分的成绩,考取吉林大学物理系。一个人能走多远,不取决于他是不是从小成绩优秀,而是他是否在某一天,忽然明白了学习的意义,开始对知识充满好奇心,从而,他自然会改变。

芸芸众生,各有所长,各有所短。五个手指还不一样长呢!所以,我们要用发展的眼光看学生。有的孩子可能经常无法克制自己的言行,无法很好地完成上课要求和作业,但不一定没有美好的未来。他们也可能在别的方面有过人之处呢? 比如:与人交际方面、经商方面等。谁又敢保证学习好的孩子就一定"混"得好呢? 他们在学习方面确实是佼佼者,但在其他方面也许存在不足之处。媒体曾报道:某某生,成绩优越,被高校录取,但由于多方面压力,出现了跳楼、自杀的惨剧,真令人惋惜啊! (当然,这毕竟是少数孩子。)

对比之下,每个孩子的前途都是无法预测的,我们更不能妄下结论。

所以,教育是一个缓慢的过程。这条路,我们成年人走得太急。我们到底在急什么? 我们明知道,优秀的人并不一定从小学就成绩好。那么,我们是为未来的不确定性而着急。任何一个成年人都知道,未来之所以称为未来,是因为它的不确定性。当我们的孩子眼里只有分数和成绩,所谓未来的确定性,也不过是我们自欺欺人。

让我们给孩子多留点成长的时间。每个孩子都是一朵花骨朵,都有独特的生长过程。我们之所以会犯错,是因为我们用一刀切的观念,用同一个标准去要求所有学生,不允许出现"特殊情况";也是因为我们过重的功利心让我们等不到花儿开放的那一刻,就放弃了。就是这种浮躁的心态,让我们少了一种宽容的胸襟,少了一双智慧的眼睛,从而,也就享受不到花开的那缕清香。

我们千万不要戴着有色眼镜看学生。你可曾想到:你的鞭打下有瓦特,你的冷眼中有牛顿,你的讥笑中有爱迪生,你别忙着把他们赶跑,可不要等到坐火车,点电灯,学微积分,才想到他们竟是你当年的那位"笨"小学生?

在某种程度上说,教育不是为了改变一个人,而是要帮助一个人。德国教育家第斯多慧说过:"教学的艺术不在于传授的本领,而在于激励、唤醒、鼓舞。"一个孩子从幼稚走向成熟,是一个漫长的过程。对于有些孩子来说,成长的过程可能需要更多的时间。这就需要我们教师放慢爱的脚步,用我们的真诚、耐心、期待、信任、尊重……去帮助他们,去等待花开。相信每朵花都会回报我们。

所以,教育是一个等待的过程。但这个过程绝不是守株待兔的过程,而是一种充满智慧的等待,是一种有声的呼唤。没有几个孩子天生就样样精通,或者一学就会。如果真是这样,那么就用不着"教师"这一职业了。人无完人,孰能无过?"孩子犯错,就是上帝也会原谅!"我们还有什么理由不去等待呢? 等待是一种爱———一种需要耐心和爱心的爱! 很多时候,孩子们的豁然开朗,茅塞顿开,就是在我们耐心等待的那一刻之后！如果我们等了,那我们心中会产生莫大的欣慰,也不枉为教师。

在等待中付出,就会在等待中收获。我要用汗水去浇灌校园的小花小草,耐心等待种子慢慢发芽,懵懵懂懂;耐心等待草儿生机勃勃,苍翠欲滴;耐心等待花儿百花齐放,争奇斗艳……

花开是美的,等待花开会更美。让我们静等花儿朵朵开,去享受花开的那缕淡淡清香!

# 每个孩子都是一朵花

## ——写给我班的"熊"孩子们

崔云芬

　　崔云芬，1972年9月生，本科学历，小学一级教师，现在广饶县同和小学任教。从教23年来，始终遵循"宽容与尊重为先"的教育教学原则，注重"在情境中听、说、读、写"的课堂教学模式，形成灵活、睿智、活泼的教学风格。多次执教市、县公开课、优质课，均取得优异成绩。参与的山东省教育科学规划课题"基于小班化背景下的高效课堂教学研究与实践"已结题；东营市教育科学规划课题"基于小班化家校合作的小学英语课堂教学研究与实践"已结题。所撰写的论文、教学设计等有多篇获省、市、县一等奖。先后被评为"东营市小学英语教学能手"、"东营市小学英语学科带头人"等。

　　**教育理念：**尽可能地在学生的心田中撒播各种积极的种子。

　　金秋九月，听着同事们在议论着自己刚刚接的新班级，也使我想起了刚刚升级的"熊"孩子们。仅收集其中点滴，记录三年来伴随我共同成长的孩子们。每个孩子都是一朵花，我会耐心等待每一朵花的开放，静心聆听每一朵花开的声音。

## 一包糖的风波

　　上第三节课的时间就要到了，班里的调皮小子程成还没有到校，家长也联系不上，到底出什么事了？

　　"铃铃……"上课铃声响起来了。

　　"Now boys and girls. This class we'll learn Unit 2 Colours！Let's learn."

"Look，what colour is it?"我指着屏幕上的PPT。

"May I come in?"

"Come in，please!"

"老师对不起,我今天早上去参加我堂哥的婚礼了,我要了一包喜糖。周二咱班上体育课的时候,咱班有3个同学低血糖差点晕倒了,体育老师给他们吃了颗糖,他们就好了。今天下午我班还有体育课,我们要准备运动会,同学们肯定很累的,有了这包糖就……"程成满脸欢喜地向我报"喜"。

"小成子,给我一颗,我是跑100米的",辉旭已经站起来将手伸向了程成。

"给我留3颗……"小个子三金也开始起哄。

"给我2颗",连平时不爱热闹的女同学小青也向程成伸手要糖果。

……

"不按时到校,还把糖果带到学校,领头破坏校规班规,这熊孩子太没有规矩了……"我刚想发火用校规班规来教训这个无组织无纪律的程成,看到同学们听到有糖吃的喜讯比刚才我要他们回答问题的热情高出了百丈,我有点心软了。"我为什么不用这包糖果完成今天的学习任务呢?"于是顺手从程成的手里接过那包糖果,"Wow! How nice!"我和颜悦色地向同学们说道:"孩子们,你们都很想吃糖果吗?"

"Yes!"

"OK!"

"那我们这节课就来闯关赢糖果吧! 加油啊!"

"没有问题!"

"闯几关,老师?"又是这个给我出难题的程成。

"当然是三关了。"

"哪三关? 快说呀,老师。"自称学霸的俊毅急不可耐了。

"第一关是: 很流利地会说今天所学的单词(red、green、yellow、blue...),你就会得到一颗糖;如果你能闯过第二关(会用句子 I see red/green/... 流畅地说出句子),小组中每人会得到2颗糖;第三关(能用句型 I have a red pen/... 描述学习用品)闯关成功,每人得到3颗糖。OK?"

"Let's go!"几乎是异口同声。

"Go!"我也被孩子们的热情点燃了。

"Now, look at this candy!"我顺手抓起一颗糖举向孩子们。"The candy is red. Red, red, a red candy."

"Red, red, a red candy."同学们模仿说道。

"Great!"我向孩子们伸出拇指,"Give you a like!"

"Yellow, yellow, a yellow candy."孩子们的声音又高了几分贝,五十几双放光的眼睛紧紧盯着我的口型,生怕发错音,得不到糖果。

"Green, green, a green candy."

"Blue, blue, a blue candy."

眼睛紧盯着我,不停地模仿,心中盼着糖,生怕一不留神糖果就会溜走似的。

"Bingo! Everyone gets a candy!"我宣布。

"Hooray! Hooray!"

"I love you! Teacher!"

……

教室内沸腾了。

"You are great! Let's look at Challenge Two."我把嗓门提高到最大程度以制止欢呼声。

"第二关开始。每个小组4人,每组8颗糖果,用 I see red/green/... 来描述教室内的东西。只要你的小组每人都能流利地说出来,每个组员就可以得到2颗糖果,否则每个组员就都得不到任何糖果。"我话音未落,各个小组都迫不及待地开始了。

……

"Boys and girls. It's time for us to show."我故意把练习时间缩短了,"未参加小组汇报的同学如果不认真听汇报,直接取消汇报资格,小组的奖励也得不到。"

Group1：A：I see red pen.

B：I see blue rule.

C：I see yellow chalk.

D：I see green crayon.

ABCD：Cool! 香!

展示汇报的这个小组把汉语都用上了。

……

"Super! Super!"我向同学们伸出了拇指。

同学们欢呼雀跃了起来。每个小组都顺利地拿到了糖果。教室里充满了糖味,孩子们也被糖甜醉了!

"Children,Let's look at Challenge Three. Ready?"

"Ready,go!"学生群情激昂。

"第三关要求:6人一组,首先在组内运用 I have a red/blue/green/yellow ... 来描述自己的学习用品,在汇报时,每个组员所描述的学习用品必须不同。"任务刚刚交代清楚,学生们就争先恐后地在小组内练习起来了。看着孩子们一个个说得面红耳赤的投入劲儿,真庆幸我刚才没有把事情做到反面去。

"Now boys and girls. Let's show ... "

"接下来的小组汇报展示的方式是这样的:我将从每个小组中抽取一名学生,作为本小组的代表来汇报。作为代表的同学的汇报表现,决定着你小组的奖励。认真倾听他人汇报的小组会有另外奖励。"热火朝天的教室一下子静了下来,静得连窗外树叶的落地声也能听到。我知道孩子们是在担心自己的小组在汇报方式改变的情况下还能不能拿到奖励。

"OK?"我用挑战的口吻。

"OK!"

"No!"

"看来有孩子是不赞成的,那就让'No'者上吧! 得不到糖果也正好挫一挫这帮熊孩子们的锐气。"我暗自得意地想着。

A:I have a red pencil box.

B:I have a yellow book.

C:I have a blue bag.

D:I have a green crayon.

E:I have a red pencil.

F:I have a yellow eraser.

六位同学一气呵成，班里热烈的掌声持续了近一分钟。

教室里充满了孩子的笑声，如花的笑脸真美。

"孩子们，你们非常棒！不过大家要记住：如果学校没有特殊要求，不能随便把东西带到学校。生活中要遵守纪律，请牢记呀！"

"放心吧，老师，我们记住了！"……

## 写字本

开学后第三天的午写时间，语文老师告诉我，班里有四个同学的小学生写字本找不到了。这四个同学分别是：班长、纪律委员、学习委员和"雄鹰展翅"组的组长，这样就排除这四个同学不是因为没有完成作业而故意把写字本弄"丢"了。

"难道是有同学使坏？不应该，这四个同学的人缘在班里是数一数二的。"我很快否定了这个想法。真没有想到刚刚组成的新班级为什么会出现这样的情况，怎么办？第一节课是我的课，在班里寻遍了每个角落，也没有看到这四本写字本的踪影。放学时，我用平淡的语气和同学们说起了班上丢写字本的事。我告诉全班同学，这些写字本没有丢，只是有位要求上进的同学觉得这四位同学的字写的太漂亮了，想研究一下，她们是怎样书写得这么漂亮的，想跟着模仿一下，过几天就会还回来了。希望这位积极上进的同学抓紧时间学习，尽快还回来，转交给我也可以。说完这些我便若无其事地宣布下课了。

放学后，办公室里只剩下我一个人了。我在思考这件事是谁干的，同时我也期待着有孩子告诉我是怎么回事。我暗暗告诫自己，再等等，或许是有人拿错了，明天就会还回到同学手里了。

一天、两天，我终于按捺不住了，我寻思着，"一会放学后我就到安全处查一下监控吧！"正在此时，我班的丁一和小胖来办公室找到我说："三天前，我们两个看到我班的三石头在我们的小学生写字本前翻看来。老师，可能是他偷走了……"

"你们两个帮同学老师查找写字本的行为是值得表扬的，老师很感激！但仅凭三石头看过小学生写字本就来判断是他把那四本写字本拿走了，这不合理。在没有证据的情况下，不要随便怀疑谁，知道吗？"我拍着他们的肩膀，语重心长地说道。

　　不知不觉一周过去了,四本写字本依然杳无音讯。放学前我故作不经意地再次在班里提醒了一下。放学了,我又在办公室里静坐了近一个小时,之后我收拾好东西到刷脸机旁签上退,正要走出楼厅,突然听到一声"老师,您等等!"低低的,似乎不经意听又听不到。我环顾四周无人,刚想扭头走,"老师,我在这儿。"这会儿的声音比刚才稍微大了点儿。我循着声音望去,在大厅的柱子后的红领巾书屋旁站着一个胖胖的男孩。"俊峻,这么晚了你在这儿干什么?在等我吗?"我脱口而出道。"嗯……"他边点头边嘟囔着:"老师,给您一张纸条,您能为我保密吗?我,我错了……"这孩子吞吞吐吐,满脸通红。话未说完就将一张纸条塞到我的手里,转身跑出了楼厅。

　　我展开纸条,得知了四本写字本的藏身之地。

　　第二天,我早早来到班里,轻轻地打开班里的废纸收纳箱,将废纸整理成捆后,四本写字本安然无恙地躺在箱底。一周之多的等待终于有了美好的结局。当我把四本写字本递到四个孩子的手里时,同学们不停地问我是怎么找到它们的。我笑着答道:"她们结伴去游玩的了,回家时了迷路,费了这么长时间才回来,回来就好!"

　　"哈哈哈!回来就好。"孩子们被我的调侃逗笑了。

　　我继续说道:"本子会迷路,我们人也会迷路,只要我们勇敢面对,及时纠正自己的错误就好。"教室里就响起了热烈的掌声。这掌声是真诚的,是宽容的。

　　放学了,我仍然沉浸在找写字本的过程中。清脆的一声"报告!"从办公室门口传来。

　　"请进!"我说道。

　　"老师,您批评我吧,这几个人好打我小报告,我才……"我站起来微笑着给了他一个大大的拥抱:"傻孩子,有错就改就是好孩子。你能主动找到老师认错,老师应该表扬你才是呢!"他抬起原本低垂的头,满眼含着泪水感激地看着我,然后深深地鞠了一躬,走了。望着孩子挺直的身影,我泪眼模糊而又欣慰。

　　孩子,人非圣贤,孰能无过?

# 课堂变得"小清新"
## ——记研训活动中的教师成长

杨文彬

杨文彬,1981年1月生,本科学历,2000年参加工作,同年光荣加入中国共产党。从扎根农村小学教育开始,始终遵循着认真严谨的教学态度,在教育教学中不断学习、探索。虽先后任教数学、英语、科学、品社、美术、综合实践等多门学科,但教什么爱什么、研究什么,积极认真地学习钻研,获得过多次市、县优质课一等奖,执教市、县级公开课,撰写的教学论文和案例多次在省级科研活动中获一等奖,多次辅导学生在市、县级比赛获一等奖,被广饶县教育局委员会评为"优秀党务工作者"和"优秀共产党员"。

教师站上讲台,为了学生们,是要全心全力付出的。想把更多的知识传授给他们,想要他们变得更加完美,可是理念不到位便会"欲速则不达",这让奋战在一线教学的我们甚是苦恼。2014年,上海名师学习研究所来到我校,一场革命性的"嵌入式"培训活动教我们扫清课堂障碍,使我们的团队更加强大,课堂更加精彩。

## 课堂为啥"迷迷糊糊"

青年骨干教师的讲课比赛要开始了,我期盼已久,信心满满地积极准备着,最终我把目标锁定在《可爱的动物》一课。

我认为这种剪纸内容的教学挺简单的,学生有一定的对称基础,又对小动物甚是喜爱,肯定可以创意无限地剪出各种造型的作品,想到这些,我心中便不由地荡漾出一丝丝的窃喜。反复翻看教学资料后,我便确定好了教学目标、教学重难点和教学思路。

　　结合自己设定的教学思路，我埋头苦干起来。我精心节选了《动物世界》的片段做导课，这样既可以一下子吸引孩子们的注意力，还可以让他们在潜意识中吸纳动物外形的特点。嗯，自我感觉良好，实在是又精彩又有效的课堂开始。接下来，我开始认真准备大量的教学用具——各色连续剪纸样品，我的心中只有一个念头，那就是品种越多越好，这样孩子们在欣赏的时候才会有更多的认识，才能更好地自由创作，我把制作过程中的画图、剪开、对称、连续每个环节都拍照，累积了七十多张的照片，又乐此不疲地把它们做成展示课件，整整一个周末像打了鸡血似的忙碌着，乐呵呵地忙碌着！

　　备课胸有成竹以后我便开始了试讲环节。轻松地站在讲台前，就像是我的专场表演。"表演"开始了，精心安排的导课环节果然震撼，可是加上师生互动用时五分钟了，孩子们还没有从刚才的《动物世界》中走出来，我开始有了一点点的小慌乱。接下来是课件登场，让学生们"大开眼界"，孩子们看得惊讶连连，积极踊跃地发言，"老师，蝴蝶太漂亮了""这个是小亭子""还有灯笼"……一发不可收拾，孩子们激动的情绪使课堂险些就要失控了，用时八分钟后我把他们又生生地拉到下一个环节，我觉着身上开始燥热起来。紧接着我们学习了制作技法，随后我让同学们说一说自己的构思，这是一堂课中我最期待的环节，因为孩子们的创造力是惊人的，他们的小脑袋里都是一些奇妙的东西。"老师我想剪蝴蝶""我要剪小亭子""我们剪灯笼"……我突然发现了一个严重的问题，"除了大家看到的这些以外，你想剪什么造型？"我急忙地连续问道，但是，没有回答，只有细细碎碎摆弄小剪刀的声音。课前的从容淡定肯定正在被我额头上的汗珠肆意地嘲笑，我慌了，这么用心地备课，为啥学生"迷糊"了呢？一节手工制作课到此已经用时二十分钟了，为啥还没有动手制作呢？我的心开始沉下来思考：给孩子的太多了，过于花哨了，他们被我领"迷糊"了。

　　坐在电脑前，我反复地翻看教学资料，之前的那一丝丝窃喜怎么变得有些小委屈了呢？大脑里反思着：当初美美的教学设计为啥就成了学生创想的障碍，成了课堂的"迷魂丹"。是我的想法控制了孩子们的创造，这里没有他们的学，有的只是我的教，我稀里糊涂地准备了一节只剩剪纸的剪纸课。课堂"迷糊"了，我的思绪"迷糊"了，我发现了问题但是却在迷雾中无法转身，带着困惑，我请教了指导老师。"好乱的一堂课啊，孩子们到底学的是什么呀？""连一条清晰的主线都没有，怎么知道学什么？""技能、实践是最好的学习方法，你咋不多给他们时间做呢？""你的展示把他们统统框住了！"

"研训活动的新理念都去哪儿了?"老师的话句句扎心,正中要害,我忘记了最理念的东西:一主线、一亮点,要先让课堂"清新"起来。

## 课堂变得"小清新"

重整旗鼓,紧跟教学理念,我做了新的教学设计并试讲。

全新的教学设计中,导课环节一目了然:利用蝴蝶连续剪纸教具做了一个小魔术的展示。边魔术,边故事,从一只,变连续多只,孩子们安静地看,惊叹中似乎已经有了新发现。故事的穿插让导课变得清新明了。跟着故事学做连续剪纸的技巧,就用这只会变魔术的蝴蝶好了,不凌乱,不复杂,孩子们学得很认真,技法掌握得很快。我们继续故事:小蝴蝶们在草丛中飞来飞去,呀! 这么美的校园,如果好朋友蜻蜓它们也来玩那该多好呀! 孩子们在故事的引领下,热情高涨地在小组内积极讨论起了"找朋友",一会儿的功夫,已经迫不及待地要说说自己的想法了。"我设计的蜻蜓叫小胖,像制作蝴蝶的方法只画出一半就行了。""是一次连续的多只小胖吗?""嗯,我把翅膀连接起来就行了。"孩子们的想法活起来了,不止有造型,还可以把学到的技能举一反三地应用。清新的空气充满了课堂,孩子们快乐创造着,让故事继续下去。在孩子们完成自己的创作后,大家以小组的形式进行了一场有趣的"故事会",交流了自己的收获与反思。课堂结束前,我请大家观看了一个精彩的"剪纸故事"的视频,希望他们的创造将快乐无限延伸。

这次活动后,我静静地梳理思路:课堂上的"少"就是"多"。教师教一点,学生会很多;讲得少一点,动手会很多;演示少一点,创作会很多;把一个个的点穿起来,课堂收获会更多。在复杂的迷雾中挣扎无助时,简单是那么地清新,冲破迷雾,让课堂变得"小清新"。

"小清新"就像是孩子,简简单单却无限美好。"小清新"的课堂是孩子创造梦想的课堂,快乐轻松却又有无限创造。"嵌入式"培训活动更像是强化了我们的造血功能,在新理念的引领下,聪明的老师更加懂得:在幕后悄悄地引领孩子们的表演,要比冲上舞台指手画脚的混乱场面更加精彩。研训学习活动更让我们热情跟上来,脑筋动起来,大步迈起来,用实干来诠释教育的美好。

# 借课标的光芒点亮成长的心灯

杨小敏

杨小敏,女,毕业于临沂师范学院,本科学历。2009 年 9 月至今在广饶县同和小学任教。任教以来一直从事数学教学工作。获得的主要荣誉:在广饶县教研室组织的优秀教学案例、课件制作、微课制作活动、"信息技术与学科整合"活动中获得一等奖,2014 年在山东省教研室组织的"信息技术与学科整合"活动中获得省微课二等奖,多次获得广饶县优质课二等奖;2014 年参与东营市课题研究"基于小班化背景下的常规教学建构与实践",2017 年结题。

通过几次的外出培训和"嵌入式"培训与专家面对面接触和聆听,我看到了什么是大师的级别,尤其是"嵌入式"培训邀请到上海名师曹文娟老师授课《字母表示数》对我触动颇深,我一次次地醉心于曹老师那优美的语言、高深的素养、儒雅的风格,一次又一次地惊叹于曹老师课堂构思巧妙、活动高效、过渡无痕。那时我在心里默想:我要成为像她那样的老师,即使成不了,我也要与她近些、再近些。

回首过往,时光如风。转眼间,踏上工作岗位已有八年的时间,别有一番滋味在心头。八年里,我哭过、笑过、爱过、恨过、彷徨过、坚持过……

还记得第一次登上讲台时,自己教学经验缺乏,教学基本功不扎实,只顾将自己的教学流程往下走,很少去关心学生对问题的理解,甚至是当学生的一些想法脱离自己的教学流程时,我会马上打断他的思路,将很好的资源就这样白白浪费,以至于扼杀孩子很多的想法。

借助嵌入式培养工程搭建平台，也是为了更加明确数学的本质，学校组织我们从看课程标准开始。说起课标，一路走来都有它的陪伴。一开始对它的态度就是"若即若离"，用到时翻上一阵，不用了就束之高阁，留着很少用，弃之又可惜。慢慢地才知道，这就是小学数学的根，或者说它就是小学数学教学的指导思想和指导方向。要想在小学数学教学这条路上走得长远，必须真正明白课标、把握课标。

### 一、初次见面：雾里看花，水中望月

说实话，从教前几年，我对课标没有任何认识，我甚至不知道它是什么、干什么用、怎么用。我每次上课就是顺着自己的想法"满堂灌"，学生在我的课堂上只是被动接受。什么数学思考、经历、体验、探索、合作……脑子里根本就没有这样的意识，一节课下来感觉好累，枯燥无趣，嗓子都喊哑了。究其原因就是教师说的太多，废话连篇，学生基本不说话或很少说话，学生会做几道题就行，什么学习技能、学习方法、解题能力、创新意识完全谈不上，更不用谈什么和谐高效课堂的问题，教学成绩可想而知。有时我还动不动对着学生发无名火，"老师都讲了几遍了，这个题还不会，你怎么听课的"。现在想想好可笑，我从来都没有意识到其实真正的问题出在自己身上。

记得有一次，市教研员郭子平老师来校指导数学教学活动，第一次听到"数学建模"、"几何直观"、"数感"……听得云里雾里。每次教导处郑老师还会问一句："小敏，听懂了吗？有问题请教郭老师吗？"就这似懂非懂的状态，能提出什么问题，我简直都要崩溃了，只有相视一笑、无言以对。但内心还是不想去了解它、走近它，总感觉时间长了自然就知道了。

第一次见到课标的庐山真面目，还是缘于学校组织的课标考试，完全是被迫接受，这才从图书室顺便借了一本，找到有经验的老师划了一下重点内容，考前突击，死记硬背。背了之后，才发现我的课堂与课标提到的理念就像同一平面的两条平行线永不相交，我过往的教学工作和没干几乎划等号，我的教学与课标提到的理念南辕北辙、背道而驰。这种似懂非懂的状态持续了三年之久，虽说付出可能没有回报，但是不付出肯定得不到回报，现实给了我狠狠的一棒，导致我的教学成绩不仅是倒数的问题，还被同年级组教师拉下很大一截，我的自尊心倍受打击。不在沉默中爆发，就在沉默中灭亡，

也许是心里还有颗争强好胜、不服输的种子在"作祟"吧,我觉得自己应该而且是必须做出些改变了。光羡慕名师在课堂上如鱼得水、游刃有余是远远不够的,而他们外在的成功是其内心世界不断丰富的过程带来的,需要日积月累,需要不断摸索,不断学习和反思。正如冰心那句名诗所描写的:"成功的花儿,人们只惊羡它现时的明艳!然而当初它的芽儿浸透了奋斗的泪泉,洒遍了牺牲的血雨。"

### 二、再次相见:若隐若现,峰回路转

面对枯燥抽象的课标,我无从下手,于是开始尝试从其他方面入手,我从图书室找到大量与数学相关的刊物和书籍,《小学数学教与学》《小学数学教师》《小学教学(数学版)》《山东教育》等,没事的时候我就静下来看这些东西。慢慢地我发现《小学数学教师》才是这些刊物中的极品,有种相见恨晚的感觉,我可以不用走出去,就能"聆听"到许多数学大家的教学理念和教学设计。记得有次给大家推荐《小学数学教师》这本刊物,有的老师说这本刊物我们早就知道了,原来别人都知道的东西,我却跟发现美洲新大陆似的,师傅朱洪敏老师的一句话对我触动很大,也是对我极大的鼓励:"小敏,你能从这么多的刊物中发现这本才是最好的,你就是 No.1。"是呀,我虽然走了不少弯路,但我最终明白了什么是我需要的,也是我迫切需要改变的东西,我以后努力的方向也就渐渐清晰、明确了。虽然来得晚了些,但对我而言,还为时不晚。"当一个人感到有一种力量推动他去翱翔时,他是决不应该爬行的。"一个好的环境可以塑造一个人,同样一个差的环境也可以改变一个人。命运其实都是把握在自己手中,你是想做那迎击长空的雄鹰呢,还是想做那随波逐流的落叶呢?我想每个人的心中都有数,有这样良好的团队氛围,一个人的能力才能更好地展现出来,潜力才能更好地被挖掘出来。有了理论的支撑和平时的教学实践,再加嵌入式培养工程"一对一专家指导",我的思路也慢慢打开了,再次看到课标时就不那么陌生、难懂了,不经意间对学生的态度似乎也改变了,和学生的关系也变得融洽了许多,课标提到的理念在我的课堂上开始有所体现,教学成绩也提高了。

有关课标理念的把握,对于每位小学数学教师而言,2016 年可以说是迎来新曙光的一年。还是从嵌入式培养工程请到上海市教研员姚剑强老师来校指导说起,不经意间看到姚老师手里拿着本《小学数学课程标准案例式解读》,当时想,姚老师欣赏的东

西一定差不了,正好自己手里也有这本书,只是当时对于认识肤浅的我而言,并没有意识到这本书的妙处。于是我以最快的速度浏览了一遍,里面通过一个个教学案例,使课标提到的十大核心理念变得充实、厚重、灵动。再次见到郭老师,我也能向他提出问题了,还得到他的鼓励,"你提的问题很有水平",看来我之前付出的努力真的没有白费。再加上几次外出培训活动,和专家面对面的接触,尤其是曹培英老师的《十大核心理念解读》,对我触动很大,比如说计算教学,就要采用几何直观帮助学生理解,而不是单纯靠老师讲解怎样列竖式;探究规律的教学,应采用"猜测、举例、验证、结论";认识图形的教学就要采用分类思想等。课堂上我也尝试利用这些理念帮助学生理解,一节课下来感觉不那么累了。

后来借着学科组课标解构的东风,我又重拾课标,认真地把空间与图形这一模块,从 1 册到 10 册通览一遍,对于每个阶段前后知识间的联系,学生在这个阶段应该学到什么水平,不能说了然于心吧,起码大概的知识体系也明白个七七八八。有了这些积淀,对于我的教学,我也开始充满自信。

对于课标的认识,我还行走在路上,我想最高境界应该是相看两不厌,读你千遍也不厌倦。只有悄无声息地一路走、一路思、一路想,我才能和你靠得近些、再近些。

# "备"出课堂的精彩

## ——研修备课感悟

金 红

金红,数学教师,从教二十年来全心全意为孩子服务,在教育教学中遵循"爱与尊重是教育的出发点",注重从兴趣教学入手,根据孩子们的不同特点,琢磨出多种适合小学生学习的教学方法,推崇个性和能力的培养,凭借积累的经验和不断的探索,使学生乐学、爱学。先后获"广饶县教学能手"、"东营市骨干教师"等称号,参加省级课题研究并已结题。教育格言:爱心献给学生,诚心送给家长,信心留给自己。

同和小学为期两年的"嵌入式教师专业发展项目"已经结束。两年的培训,我收获颇丰,受益匪浅,无论是培训的内容还是形式,都让我难忘。下面我谈谈自己在"以单元为单位的教学设计"这一部分培训中的感悟。

数学本来就是一门联系性很强的学科,要求教师在备课时"瞻前顾后",找准数学本质,打通课程标准与教材、教材单元与单元、册与册、学段与学段之间的联系。

按照培训要求,我们分年级组团,开始了单元备课与课时备课的探索与研究。

我们四年级组的三个老师商量研究,决定从解读教材入手。教材是一篇"浓缩的教案",需要我们细心研读。但是,只研读好这一节课的教材是不能很好地把握教材、找准其数学本质的。在备课时,我们又把本节课的内容、知识点放置于本单元、本学段甚至整个小学数学的知识体系中来审视,把握它的地位和作用。

于是,我们基于课标进行了单元备课和课时备课。

依据数学课程标准,我们知道平均数属于四大领域中的"统计与概率"。"统计与概率"的主要内容有:收集、整理和描述数据,包括简单抽样、整理调查数据、绘制统计图表等;处理数据,包括计算平均数、中位数、众数、方差等;从数据中提取信息并进行简单的推断;简单随机事件及其发生的概率。

平均数是什么? 我们需要一个全景式的了解,通过查阅各种资料,我们了解到:"统计学认为,描述一组数据的特征量有三种:差异量、集中量和相关量。集中量就是表示一组数据的典型水平或集中趋势的量。集中量又分为众数、中位数和平均数。平均数又分为加权平均数、调和平均数和算术平均数。"从现实情况看,小学生学习的平均数更多的是指算术平均数。有一个这样整体系统的认识,我们在教学中更能抓住其本质特征。从这些背景知识中,我们发现:平均数是众多集中量(小学生讲"代表数"比较容易理解)中的一个,并不唯一。

经过以上的准备工作,我们四年级组备课团再结合教师用书,对《平均数》这一课时的教材进行了分析:平均数的概念与过去学过的平均分的意义是完全不一样的。平均数是一个"虚拟"的数,是借助平均分的意义通过计算得到的。理解平均数的统计意义是关键。修订教材对平均数的处理,更加突出其统计意义,教材中通过"两队人数不同,不能用总数比较"这一思维的矛盾,促使学生进一步理解平均数的意义,进而发现运用平均数的必要性。教材呈现矿泉水瓶的数量,通过"移多补少"的方式使学生直观理解什么是平均数。

《平均数与条形统计图》这一单元内容包含两个知识点:平均数和复式条形统计图。让学生体会平均数的作用,能计算平均数,能用自己的语言解释其实际意义。学生能认识复式条形统计图,了解复式条形统计图的特点,能根据收集的数据在提供的样图中完成相应的复式条形统计图,能根据复式条形统计图提出并回答简单的问题,且进行简单的类推分析。

为了在备课时能做到"瞻前顾后",我们又对整个小学阶段教材中与统计相关的内容进行了整理。

(见后附:单元备课片断)

《平均数》案例片断：

| 环节目标 | 教学活动 | 教师预设 | 应对措施 | 效果检测与反思 |
|---|---|---|---|---|
| 目标一：初步感受平均数的意义，掌握平均数的求法。 | 一、教师提供一组生套圈比赛的数据（条形统计图）。<br>1. 你发现了哪些信息？<br>2. A组平均每人套中多少个？<br>3. 这个"5"是哪位同学套中的数量？<br>请学生用自己喜欢的方式解决问题。 | 预设：1号学生套中的个数最多……<br>预设：<br>①计算法。<br>②移多补少法。<br>预设：<br>①不是1—4号任何一个同学的。<br>②是他们平均出来的。 | 应对1：请学生拿着小白板到黑板上讲解（移多补少）。<br>应对2：请学生把算式写到黑板上，并讲解。<br>应对：表扬同学认真思考。<br>揭题：平均数 | 用"移多补少法"和"计算法"的学生大约各占一半，不管是哪一种方法，由于学生平均分的意义已经掌握牢固，所以求平均数不是难点。 |
| 目标二：理解平均数的统计意义。 | 二、理解平均数的统计意义，它代表一组数据的整体水平。<br>1. 出示A,B,C三个小组同学的拍球成绩，学生讨论用总数、最大数和平均数中的哪一个数据来代表这一个小组的整体水平合适。<br>学生独立思考后，小组内交流。<br>2. 展示交流。<br>3. 理解平均数的范围<br>出示D组同学的套圈成绩，哪幅图的线可以表示这个小组的平均数？ | 预设①图1不合适。<br>②图2合适，把多的补给少的，正好。<br>③图3最小数是平均数不能<br>预设：①平均数不能是最大数，也不能是最小数。<br>②平均数在最大数与最小数之间。 | 应对：通过让各小组发表自己的看法，通过学生之间的"辩论"总结出：用总数不公平，人数不一样；用最大一个人的数据，不能代表小组的整体水平；用平均数一组数据的整体水平。<br>应对：让各小组发言代表发言，教师总结。 | 在具体情境中引导学生理解平均数的意义。第1题通过讨论大部分学生能够理解"平均数代表一组数据的整体水平"，并且小组人数不一样时用平均数来衡量公平。<br>通过讨论第2题，学生对平均数的范围理解更为深刻。 |

续 表

| 环节目标 | 教学活动 | 教师预设 | 应对措施 | 效果检测与反思 |
|---|---|---|---|---|
| | 学生独立思考后，小组交流。通过这道题，你对平均数又有了怎样的认识？ | | 注重引导学生用比较规范的语言汇报。如：我们计算得出这个平均数是：请学生单独发言或者板演，集体交流订正。 | |
| 目标三：回归实际生活，应用平均数的概念解决实际问题。 | 三、回归生活，学以致用。"同学们，套圈让我们认识了平均数。其实，在我们的生活中，也经常遇到关于平均数的问题，下面我们一起来看看生活中的这些平均数（出示习题）。 | 学生可能很快找到各个题目中的数据，学生可能能够比较轻松地求出平均数。 | | 还有小部分学生对平均数的理解还欠深刻。学生在完成上面的实践活动之后，对于平均数的计算非常轻松。 |

这样分析解读以后,我们就找准了《平均数》这一课内容的数学本质:平均数是一个"虚拟"的数,是借助平均分的意义通过计算得到的。教学中要注重理解平均数在统计学上的意义。因此,在制订本节课的教学目标时要注意,不仅仅要让学生学会求简单的平均数,更要引导学生从数据处理分析的角度把握求平均数的方法,体会平均数的意义,用平均数比较、描述、分析一组数据的状况和特征,感受平均数的应用价值。

我们知道备课不仅要备教材,还要备学生,要找准学生的认知起点,新旧知识的连接点,备课中做好充分的预设,在课堂中才能"有备无患"。

我们备课组成员通过讨论,认为《平均数》一课学生的学情是:平均数在学生的数感发展中具有非常重要的地位。在学习平均数之前,学生所接触的数都对应着物品,具有实在性。而平均数则既可能是一组数中现成存在的,也可能是一组数中不存在的。它反映的不是物的多少,而是一组数据的整体水平。这种发展,对学生的数感养成而言,其意义是非常重要的。学生的认知基础是:学会了收集和整理数据的方法,会用条形统计图(一个表示一个或多个单位)来表示统计的结果,掌握了平均分、除法运算的含义。

备好教材、备好学生以后,我们四年级备课组开始了课时教学设计。基于以前上课的经验,对本节课的各个环节,我们各自作出自己的预设,然后交流共享,这样预设的情况就丰富了很多。经过我们的整理,预设内容分三个层次:班级中接受较快的学生;班级中等生;班级中接受较慢的学生。然后我们再讨论出每种预设的应对措施。如此一来,这个教案由一个人的智慧变为多人的智慧,在充分预设的基础上,将"关注每一个学生"的理念落实于课堂之中也会变得更加得心应手。

由于我们四年级备课团做了充分的准备,在我们三个人各自的课堂上,由于预设充分,我们能比较自如地应对学生出现的各种情况。学生能够结合具体事例经历认识理解平均数、求平均数的过程,充分地理解平均数在统计学上的意义。能计算平均数,了解平均数的实际意义。从课堂练习及课后检测看,正确率达95%以上。

3. 下面的说法正确吗？正确的画"√"，错误的画"×"。

（1）王悦5次跳远的总成绩是10 m，她每次的跳远成绩肯定都是2 m。　　　　　　　　　　　　　　　　　　（　　）

（2）学校排球队队员的平均身高是160 cm，有的队员身高会超过160 cm，有的队员身高不到160 cm。　　　（　　）

（3）小东所在小组同学的平均体重是36 kg，小刚所在小组同学的平均体重是34 kg，小东一定比小刚重。　　（　　）

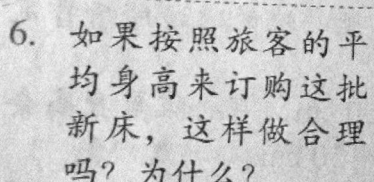

6. 如果按照旅客的平均身高来订购这批新床，这样做合理吗？为什么？

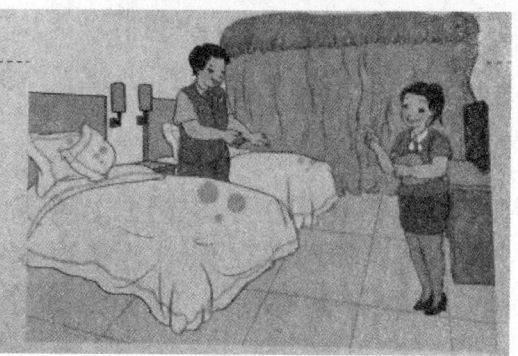

　　在以上两题中，学生能够灵活运用平均数的知识来解释生活中的现象。与以往没有实行单元及课时备课时比较，学生练习的正确率明显提高，对平均数知识的灵活应用能力明显增强。

　　两年的培训虽然结束了，但我们在进行备课时系统把握教材、"瞻前顾后"的这种习惯却保留了下来。尤其是年轻老师对小学学段的数学知识体系有了准确的把握，对于每个知识点在不同学段不同年级的重难点有了更准确的定位。

　　培训虽然结束了，但是，单元备课，我们还在路上。

## 广饶县同和小学小学数学基于"联系"的单元教学设计

| 课程名称 | 平均数与条形统计图 | 教材来源 | 人教版 |
|---|---|---|---|
| 适用年级 | 四年级 | 设计者 | 金红 孙秋玲 于珊珊 |

### 课程解读

| | | |
|---|---|---|
| 课标 | | "统计与概率"的主要内容有：收集、整理调查数据，包括简单抽样，整理调查数据，绘制统计图表等；处理数据，绘制统计图表等；处理数据，包括计算平均数、中位数、众数、方差等；从数据中提取信息并进行简单的推断；简单用随机事件及其发生的概率。<br><br>一至三年级目标：<br>1. 能根据给定的标准或者自己选定的标准，对事物或数据进行分类，感受分类与分类标准之间的关系。<br>2. 经历简单的数据收集和整理过程，了解调查、测量等收集数据的简单方法，并能用自己的方式（文字、图画、表格等）呈现对数据整理数据的简单的结果。<br>3. 通过对数据的简单分析，体会运用数据进行表达与交流的作用，感受数据蕴涵信息。 |
| "联系"一 | 学段 | 学段联系：<br>一年级下册第三单元《分类与整理》<br>二年级下册第一单元《数据收集整理》<br>三年级下册第三单元《统计》<br>四年级下册第三单元《统计》<br>四年级上册第七单元《条形统计图》<br>五年级下册第三单元《统计》<br>五年级上册《可能性》 |
| | 单元 | 1. 体会平均数的作用，能计算平均数，能用自己的语言解释其实际意义。<br>2. 认识复式条形统计图，了解复式条形统计图的特点，能根据收集的数据在提供的样图中完成相应的复式条形统计图。<br>3. 能根据复式条形统计图提出并回答简单的问题，且进行简单的类推分析。 |
| "联系"二 | 教材 | 教材内容：包括两方面<br>1. 平均数，包括平均数的意义和求法（例1），用平均数比较两组数据的总体情况（例2）。<br>2. 复式条形统计图（例3）。 |

续 表

| 课程解读 |
| --- |

教材解读：

1. 突出平均数的意义。

　　与实验教材相比，修订教材对平均数的处理，更加突出其统计意义：一是改变了例 2 的编排方式。实验教材两队的人数相同，修订教材两队的人数不同，通过"两队数作比较的必要性。二是在习题里编排了不少让学生理解平均数的意义不能用总数作比较"这一思维的矛盾，促使学生进一步理解平均数的意义，进而发现运用平均数的题目。例如练习二十二的第 2 题到第 6 题，这些题目并不单纯是计算平均数，更多是运用平均数的统计含义来解决问题。

2. 体现复式条形统计图的特点，丰富其呈现形式。

　　学生在前面已经掌握了复式统计表和单式条形统计图，在此基础上，例 3 让学生把两个单式条形统计图合并，从而形成一种新的统计图，即复式条形统计图，教材在编排上注意突出复式条形图便于直观比较两类事物这一特点。

新旧教材对比（不同版本教材的对比）：

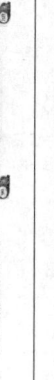

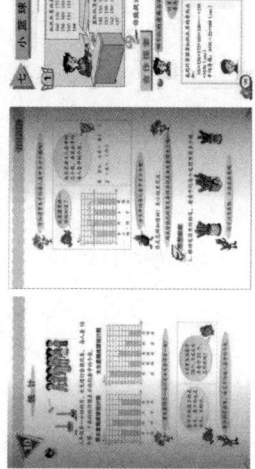

| 学情 | 教材把"平均数"编排在统计中进行教学，这对于四年级的学生来说，这对于四年级学生的统计意识比较薄弱，他们的生活经验相对肤浅，而用统计的思想去理解"平均数"存在一定的困难。因为四年级学生的统计意识和一定的生活经验，而正是由于这两方面的理解不足，影响了学生对"平均数"意义的理解。要从统计的角度去正确理解"平均数"的"平均数"需要有一定的统计意识和一定的生活经验，而正是由于这两方面的理解不足，影响了学生对"平均数"意义的理解。 |
| --- | --- |

单元课程纲要

| 板块 | 教学目标 | 教学内容 | 策略方法 | 评价及反馈 |
|---|---|---|---|---|
| 模块一 | 1. 结合具体事例使学生经历认识平均数、求平均数的过程,理解平均数的意义,会统计学上的意义。<br>2. 初步体会平均数的作用,能计算平均数,了解平均数的实际意义。<br>3. 学习解决生活中有关平均数的问题,增强应用数学知识解决问题的能力。 | 例1、例2:理解平均数在统计学上的意义,会求平均数。 | 1. 移一移、说一说。<br>2. 在具体情境中和对比中思考,小组讨论交流。 | 相关练习(课中或课后):<br>A:课堂上积极思考,课堂参与度高,在小组活动中能积极发表自己的意见。能理解平均数的意义,会求平均数。<br>B:能理解平均数的意义,但是课堂发言、小组交流不够积极。在解决实际问题中不会灵活运用。在老师、同学的帮助下能有提高。<br>出现问题反馈(及达标率):<br>1.<br>2.<br>3. |
| 模块二 | 1. 认识复式条形统计图,了解复式条形统计图的特点,会绘制复式条形统计图。<br>2. 能根据复式条形统计图发现数学信息,提出数学问题并加以解决,会分析统计图中的数据,能根据数据作出合理性的预测和判断,发展初步的数据分析观念。<br>3. 经历观察比较、动手操作、交流评价的学习活动,培养学生的数学素养。 | 例3:经历复式条形统计图的产生过程,能根据复式条形统计图提出回答简单的问题。 | 观察、比较,在分析数据中体会复式条形统计图的不方便。 | 相关练习(课中或课后):<br>A:课堂上积极思考,课堂参与度高,在小组活动中能积极发表自己的意见。会绘制复式条形统计图,能根据复式条形图发现数学信息并提出数学问题。<br>B:能绘制复式条形统计图,但是课堂发言、小组交流不够积极。在解决实际问题中不会灵活运用。在老师、同学的帮助下能有提高。<br>出现问题反馈(及达标率):<br>1.<br>2.<br>3. |

# 一路前行，一路成长

李芳芳

李芳芳，1989 年 6 月生，本科学历，小学二级教师，2012 年 8 月至今在广饶县同和小学任教。从教数年来，始终遵循"以德为本，以爱为源"的教育教学原则，注重探索教学方法，创设"友爱、和谐、高效"的课堂教学模式，形成温馨、融洽的教学风格。2015 年赴莱芜实验小组执教公开课；2018 年参加"一师一优课"，获得市、县一等奖，推选为省级优秀课例。所撰写的论文案例、教学设计等获县一等奖。

**教育理念：**发现学生的优点，培养学生的信心，展示学生的才华，着眼学生的未来。

第一次听到"嵌入式"培训这个词语，既陌生又激动。陌生，这是一种什么形式的培训呢？激动，我们老师可以借助一种全新的培训来提升自己了。通过两年的"嵌入式"培训，我深深地体会到"嵌入式"给我们带来了全新的洗礼，让我们每一个人的思想接受了一次全新的改革与提升。培训不仅让我们的专业能力得到了提升，也让我们的教育理念得到了更新。在我和孩子们这两年共同学习、共同前进的道路中，我们一路欢笑，一路成长，收获满满。

## 一个"荷"字，一种转变

"嵌入式"培训的第一年，我教一年级的语文课。记得有一堂课是和孩子们一起学习《荷叶圆圆》。这堂课让我印象深刻，终生难忘。

课程开始了，我把"荷叶圆圆"四个大字写在黑板上，孩子们大声读出课题。

　　"孩子们,你是怎样认识'荷'这个字的?""加一加。"我话音刚落,孩子们已经说出了我们课堂上讲的识字方法。专家的报告中说过:"让孩子在自己的识字乐趣中认识汉字,不要将一种识字方法强加在学生的身上,鼓励学生畅所欲言。"那今天何不让学生畅所欲言呢?

　　"孩子们,除了课堂上我们讲的加一加的办法,你还有什么办法认识它?"请大家小组内讨论一下,互相说一说。为了让孩子们想出更多的办法,我加了一句:"说出办法的小朋友,可以为自己的小组加上一颗星。"顿时教室里一片沸腾。

　　几分钟后,教室安静下来。一只只小手高高举起。

　　"紫悦,你来说一说。"先让我们班的"识字大王"开个头。

　　"有一首歌是《荷塘月色》,就是这个字。"

　　"不错,可以通过歌名识字。"我同意地说道。

　　"可以用我们课堂上学的加一加的办法,'草字头'+'何'='荷'。"课堂上一向认真听讲的肖强说。

　　"我也是这种办法。"不少孩子附和道。

　　"可以给它找个朋友。"建航说道。

　　"荷花、荷叶。"

　　"真了不起,一口气给它找了两个朋友。"我发出赞叹。

　　这时,刚才高高举起的小手一一放下了。

　　"谁还有好办法认识它?"我问道。

　　"我还有别的办法认识它。"吉杰小声地说。

　　周围的孩子抬头望着他。

　　"一个人站在草房子里,望着窗外湖面上的荷叶。"

　　"嗯?"不少学生发出疑问。

　　我心里也是充满了问号。

　　"能给我们具体讲解一下吗?"我笑着问道。

　　可能他对于孩子们发出的质疑声胆怯了,此时的他,低着头,不作声。

　　"大胆地说出你的想法,你是一个有想法的孩子,老师也相信你是一个勇敢的孩子。"

　　"就是把草字头看成是一座草房子,下面的单人旁看成一个人,右边的'可'是房子里的墙和窗户。一个人站在草房子里,透过窗户向外看着荷花。"此时的吉杰声音大起来,眼睛里充满着光亮。

"哇!吉杰不仅给我们带来了一个好办法,还给我们描绘了一幅多么美的画面呀!"我不由地赞叹道。

原来每个孩子都对汉字有自己的理解,都有自己的识字方法,只是我们平时的课堂教学将孩子的思维局限住了,固定住了。给孩子一点时间、空间,他们会给你一份意想不到的收获。

"孩子们,我们课本的识字条上还有好多生字,接下来,小组同学互相说一说你的识字方法是什么,力求多样化,待会儿我们一起交流。"

孩子们进入了激烈的交流中……

这节课,一个"荷"字,让我陷入深深的思考,让我开始转变课堂教学。感谢专家的指导和引领,一个字,一种转变……

## "用心倾听每一个孩子"

新学期开学以来,我发现孩子们的作业完成得不尽如人意,尤其是每天一篇的日记,参差不齐,五花八门,其中不乏偷懒的学生,每篇日记只写两行,一行题目,一行内容。而这个偷懒的孩子,还是我们班的一名学困生,她叫新宇,一个眼睛大大的、看起来文文静静的小女生。每次看到她的日记,我都气不打一处来。

如果往前推两年,碰到这样的学生,我一定把她"传唤"到办公室,狠狠地大声训斥一顿,再让她把昨晚的日记今天重新补上,并且要保质保量地补上。同时,再补充一些具有震慑力的语言,比如:"明天还这样,我就叫家长来。"

然而,当我听了景洪春老师的"关注学生学习经历,促进语言发展"的专题报告后,一切发生了转变。景老师指出,要真正地关注到每一个学生的成长经历,关注到学生的心灵,从切身经历出发,帮助学生转变,成长,进步。

一天,课代表把收齐的日记本放到我的办公桌上。我一本一本地批阅着,感觉孩子们写得还可以,基本上每篇日记都有自己的想法或发现,或多或少。刚刚开始每天的日记作业,学生们写到这种程度,还是挺不错的。

当然,有一个孩子——新宇,日记一如既往地还是两行。当我翻看到她的日记本时,胸口一股火焰噌噌地往上冒,我竭尽全力地压制着自己的怒火。

"每天都是两行,就没有自己的一点想法吗? 还是就是想偷懒,不想写?"我猜测。新宇被"传唤"到了办公室,低头不语,站在桌子旁边。

"说吧,什么情况,每次都是这样。"我生气地说道。

"我……我……"

"你什么你,作业天天这样不认真,还有理由了。"我打断她。

"老……老师,我不知道……怎样写。"她小声地回答,声音中透露着一丝颤抖。

"怎么会不知道怎么写呢? 二年级的学生都会写日记。"我大声地反驳着。

新宇小声地哭诉着:"老师,我没有学过写日记。"

"孩子们二年级就开始学习写日记了,怎么会没学过呢?"我心里充满大大的问号。

就在那天,我知道了,新宇是一个单亲家庭的孩子,爸妈在她二年级的时候离婚了,她跟着妈妈生活。后来爸爸重新组合了家庭,她认为爸爸不爱她了,不要她了。有很长的一段时间,她心情很失落,大病一场。整个二年级下学期,没上过几天学。成绩慢慢地也就一落千丈了。哦,我明白了。

"对不起,老师没有了解你的生活,没有了解你作业完不成的原因,就训斥你。"我暗暗地忏悔着。

多么漂亮、文静的一个小姑娘,在如此小的年龄要经历心灵上的创伤。

"那从今天开始,李老师教你写日记好不好?"。

"嗯。"一双明亮的大眼睛望着我。

我把日记的格式、要求等一一给新宇讲清楚,新宇听得很认真,仿佛要把那段没有认真听课的时光全部找补回来。

第二天早上,我一进教室门,新宇欢快地拿出她的日记给我看。哇! 工工整整的字迹,满满的两张纸,题目是《李老师教我写日记》。我的心顿时暖暖的。

俄国教育家苏霍姆林斯基在《把整个心灵献给孩子》中说过,"要成为孩子的真正教育者,就要把自己的心奉献给他们"。用心倾听每一个孩子,蹲下身子,走进每一个学生的内心,真正地了解他们的内心想法,真正地关注到每一个学生,用心聆听他们的声音,这正是我们教育上的所需呀!

# "播种一份激励,收获一片快乐"

我接任了新班级的班主任工作后,据上一任班主任对班里孩子的介绍,得知班里有一名学生,叫成峰,经常违反纪律,不听从班长的管教,甚至有时连老师说的话都不当回事,别的孩子都不喜欢他,也不和他玩,没人愿意和他同桌,大家还给他起了个外号,叫他"调皮大王"。上课迟到、打架、乱扔废纸等等这些对于他来说,就是家常便饭。

一听到这里,我头都大了。"成峰"这个名字,我记在了心里。"估计这个学生不好管教。"我皱着眉头。

果不其然,成峰给我带来了第一次"麻烦"。

"老师,成峰把蒋飞飞同学打哭了。"班长急冲冲地跑进办公室里。

我跑进教室,一看,蒋飞飞趴在桌子上哭,成峰头一扭,不服气地站在一旁。

"怎么回事?"

"老师,蒋飞飞把我的杯子打碎了。"成峰理直气壮地说。

这时,蒋飞飞站起来说:"老师,我刚才去放衣服,不小心碰到他的水杯,掉下来碎了。我向他道歉了,他还打我背。"

"打碎了杯子,道歉有什么用?"成峰俨然一副小霸王的角色。

我知道在这样的状况下,批评成峰只会激化他的不服气,第一次不能让他心服口服,以后更加不好管教,于是我把他叫进办公室。但是一想到成峰刚才的表现,我的心里始终憋着一股怒气。"该如何让他心服口服呢?"回办公室的路上,我在思索着。

记得"嵌入式"培训刚刚开始时,上海著名的积极心理学教授蒋薇美老师给我们做了一场名为"辛苦,但快乐着"的报告,报告里提到:"把学生看做魔鬼,老师便生活在地狱中;把学生看做天使,老师便生活在天堂里。教育孩子最大的艺术就是激励孩子,唤醒孩子沉睡的潜能,鼓舞孩子做更好的自己!"

对呀,如果我把成峰看成一个"捣蛋鬼",那我岂不是天天活在地狱中,自己痛苦,牵连着学生们也不开心。

"何不从表扬开始?"我心里敲打着小鼓。

"那表扬什么呢? 成峰有什么方面值得表扬呢?"我努力地搜寻着记忆。

"何不从这次地打架事件开始?""嗯。就从这次开始。"我心里基本有谱了。

"成峰,你知道自己错在哪里了吗?"我开门见山地问。

"打蒋飞飞了。"他还是一如刚才声音洪亮地回答,没有一丝的害怕和悔意。

"表扬你认识到了自己的错误。"

"嗯?"成峰疑惑地问。

"对于刚才的事情,飞飞打碎了你的杯子,他不是故意的。况且他向你道歉了,下午他给你带一个新杯子赔你就是了。但是你没接收同学的道歉,打人就不对了。然而现在你认识到了自己的错误。这就是你的进步,所以老师要表扬你。"

成峰不做声了。

看来,他没有想到我会就这件事情表扬他。我继续说:"老师知道,你是一个好孩子,你也很想和别的同学一起玩,只是你现在的一些做法没有让别的同学认可和接受,如果你能够为班级做一些有意义的事情,同学们一定会喜欢你的。"他用狐疑的眼神看着我。我又补充了一句:"老师相信你,一定会拿到优秀学生的奖状。"

成峰看着我,眼神里没有了一进办公室时的敌意,而是慢慢地变得柔和起来。

自打这件事情以后,好长的一段时间,孩子们没有再来办公室向我告成峰的状。但是我发现,成峰课间还是一个人玩,依然没有同学愿意和他玩。

大课间活动是孩子们最喜欢的了,尤其是花样跳绳。花样跳绳的种类有很多,"一人飞"、"双人双飞"、"蜈蚣爬"、"螃蟹走"、"四人运货"等等,但是都需要两人以上的同学合作才能完成。一到大课间活动的时间,孩子们三五成群,自由搭伙,自由组队,变换着各种花样跳绳。只有成峰一个人,站在一边,手里拿着一根跳绳,来回走动着,看着别的同学跳。我知道,他很想加入,但是又怕别人不接受他,他知道自己以前在教室的一些"丰功伟绩"。

我走到他身边,对他说:"你的身体一看就很强壮,如果你也参加花样跳绳,跳得肯定比他们好。""切,才不去,没劲。"嘴上还是在逞能。我知道他内心一定很想参加,但是他缺少一个契机。

那这个契机就由我来给他创造吧。

"老师一个人在操场瞎转也没劲,两个没劲的人,一起去教室干活吧。"成峰跟在我身后回到教室。可能是上次打架事件,我的表扬对他起了作用,所以他对我的话还是言听计从的,我心里是这么认为的。

回到教室,我对成峰说:"这么热的天,活动完肯定特别渴。让我们两个当一回雷锋,帮同学们接水。我递杯子,你来接水。怎么样?"不等他有回应,我已经开始行动了。

我把杯子递给他:"雷锋,请接水。"他随即接过水杯,一杯杯地接满。

大课间活动结束了,同学们满头大汗地回到教室。"咦? 谁帮我们接水了呀?"

我让大家安静下来,趁机说道:"成峰同学利用大课间,帮我们每一个人都接满了水。这样大家一回到教室,就可以喝水,不用再去排队接水了。成峰这种助人为乐的精神,应该得到我们的表扬。"教室里,一些同学不约而同地鼓起了掌,得到了同学们的认可,成峰的脸红红的,可能是高兴,也可能是对以前的事情感到惭愧。

经历了这次接水事情后,成峰有了明显的改变,上课不再有刻意的响声,不和同学们有冲突。他还主动承包了班里的垃圾桶,只要垃圾桶满了,他就负责去倒垃圾,垃圾桶的周围打扫得一尘不染。

慢慢地,成峰不再孤独地一个人玩,他有了小伙伴。后来,班里越来越多的孩子愿意和他成为朋友。

真该感谢蒋薇美老师的积极心理学,是它将成峰和我都带进了一种新的境界,摆脱了以前犯错——批评——继续犯错——继续批评的怪圈。每一个孩子都是一个小天使,他身上有着各种优点,也有着不少缺点,我们为什么老是盯着他身上的缺点并且无限放大呢,激发他自身的潜能,将他的优点无限地散发,淡化掉他的缺点,让他成为一个更加优秀的天使,何尝不是一种更好的策略呢? 我们当老师的,更应该使用恰当的策略,播种一份激励,收获一片快乐。

每个孩子都是一粒种子,他们都需要我们用心地浇灌、呵护和修剪,每一粒种子都有自己的花期,可长可短。只要我们赋予真诚的爱心,用心对待每一粒种子,静心等待,定会收获灿烂的花朵。"嵌入式"培训的两年时间里,我受益匪浅。它就像一场春雨,给寒冬后的大地带来了一场及时雨,而我正是大地上的一株小草,接受了春雨的洗礼,快乐茁壮地成长着。感谢"嵌入式"培训,让我们在专业成长的道路上,一路前行,一路成长!

# 孩子，我陪你成长

周丽霞

周丽霞，1976 年 11 月生，本科学历，小学一级教师，1997 年正式成为一名小学语文教师。从教以来，为了更好地授业、解惑，一直很努力地学习，向老教师不断地取经，积极争取外出学习的机会，尽力参加各种赛课，终于对于课堂教学有了自己的一些想法，也慢慢形成了自己的教学风格。多次执教市、县公开课、优质课，均取得优异成绩。她很喜欢阅读，认识到大量阅读对于孩子各方面的积极影响，也会采用各种方法培养孩子们的阅读兴趣，并且让课外阅读成为学生们的一种习惯，师生共读，尽享悦读之乐。向老教师取经，学习班级管理的方法，勤学习勤反思，所教班级很快形成积极向上的班级风气——静心读书，静心学习。先后被评为"县师德标兵"、"县师德先进个人"、"东营市优秀班主任"。

每接一个新班，我都会采用各种方法培养孩子们的阅读兴趣，不断激励他们养成课外阅读的习惯。勤学习，勤反思，很快，所教班级便形成了积极向上的班级风气——静心读书，静心学习。但是，总有些特殊的孩子需要我们的陪伴与慢慢的引导，在陪伴他们成长的过程中有快乐，也有无奈，但是不管是什么情况，孩子，我都愿意陪着你成长！现在，我与大家分享几个我与孩子的故事。

## 故事 1：可爱的小洲洲

前年，我又一次接一年级的新生。今年，我们班有一个很可爱的男孩——洲洲。

通过入学前测试老师的反应,还有家长的反馈,我知道他是一个接受东西特别慢的孩子。所以,在课上我会给予他更多的关注。慢慢地,我发现:洲洲学东西是有些慢,但是他特别地乖巧、认真和听话。课上,总是看到他坐得特别端正,明亮的大眼睛会紧紧地看着你,生怕自己会落下。但是,他非常地缺乏自信。当拼音学完(在入学前,孩子的妈妈就已经让孩子学习了汉语拼音,所以对于拼音的接受还不是那么难),在学习新的生字、课文时,只要我走到洲洲的身边,他总是用那可爱的大眼睛盯着我,边摇着小手边说:"老师,我笨,这个我不费(会)。"听到他说这话的时候,我总会想:得有多少人说过他学东西慢,学不会这样的话语呀!让这幼小的心灵里埋下了这样的种子。

我摸了摸他的头,轻声说:"洲洲,没有人一开始就什么都会。看到咱们不会的东西时,要想办法学会。"看着他那双明亮的眼睛,我知道他听懂了我说的话,"你看,这个字上面有拼音,你看看这个字的样子,记一记,再读一读上面的拼音,记住他的名字,你就认识了。你试试!"

他低下头,看着书本,找到生字,慢慢地拼着,一会儿就读对了。"老师,这是晚上的晚。"他高兴地说。

"对呀!洲洲自己学会了。你还可以问别人,听别人读,也能学会的。"他高兴地点点头。我很欣慰又看到了他那可爱的笑脸!

以后,在课堂上,我给他读的机会更多了,表扬他的次数也更多了。慢慢地,慢慢地,也就没再听到那弱弱的声音:"老师,我不费(会)。"而且每次的测试成绩等级都为 A。

今年我不再教他,可是,每次见到我,洲洲总是跑到我跟前高兴地打招呼:"周老师好!"如果他遇到什么难题,也总会找我聊一聊。孩子,真高兴能陪你一起成长!

## 故事 2：柔弱的建宁

在课堂中,我倾听每一个孩子的发言,及时给予不同的正确激励性评价,希望我的评价语言在给孩子鼓励的同时能为他们指明学习的方向。每次接新班,经过我和孩子们的共同努力,很快大部分孩子的积极性会被调动起来,特别是那些性格内向、不爱表达的孩子。前年分班后,我接了一个新班。班里有一个小姑娘叫建宁,人如其名,文静可爱,作业认认真真,但从来不主动回答问题,而且声音小,做作业慢。对于这些,我看在眼里,计上心头,提前和孩子妈妈沟通,课堂上,只要她举手,我就会给她机会,然后及时鼓励引导来培养孩子的自信心,改变这种状态。

有一次,我们读课文,我看到建宁弱弱地举起了手,我赶紧让她读给大家听,读后及时引导:"建宁读得字音真准,语句很流畅,如果声音再亮点儿就更好了。再试试?"结果,她用略高一些的声音赢得了小伙伴的掌声。在以后的日子里,只要她稍有进步,我就会很自然地对她竖起大拇指,"建宁进步了!""声音越来越亮了,真好听!"经过一个月的努力,她已经能大大方方地在全体同学面前读课文、朗诵诗歌了,而且富有激情。在班级的"迎新年朗诵比赛"中声音响亮动听,情感饱满,赢得了一个个小评委的认可,获得了第二名的好成绩。

但是这个小妞妞还有一样让人着急——写作业太慢。我很想改变,但一直没有找到合适的切入点。有一天,下午第二节课,我们练习写字。很意外,建宁交作业比原来要早。我批完作业后高兴地说:"哟,建宁,今天的作业完成得可真快,而且字还是那么漂亮!这是咋回事儿?"孩子不好意思地笑着说:"这次我没有玩儿。""你看,只要你努力去做,你也可以又好又快地完成作业。剩下的时间就可以看你喜欢的书了,多好呀!"第二天同样,作业完成得又好又快。我又补上一句:"建宁又努力了!作业完成得又好又快!真好!"以后的日子里,建宁总是又好又快地完成作业。真高兴,孩子,我坚持的激励性评价引导你树立了自信,养成了良好的学习习惯,让你健康地成长!

## 故事3:调皮的小伟

前年,我们班转来一个调皮蛋儿——小伟。调皮贪玩不说,还不会听课,课后作业不认真完成。我真是着急,都三年级了,这好的学习习惯一点没有。我找他谈话:你要认真写作业,要不咱们重新做多费时间呀。每次,他都答应得好好的,可就是没有改变。谈过几次后,我发现他总是有些抵触的情绪。于是,我和家长进行了沟通,孩子回家写作业总是不认真,而且爸爸妈妈工作都挺忙的,顾不上孩子,更不用说指导了。于是我提议:让孩子下午放学后留在教室半小时,完成家庭作业以后再回家。孩子的爸爸特别明理,让孩子的爷爷晚接孩子。留在教室的时间里,我们一起读课文,写生字,写日记。慢慢地,慢慢地,小伟的字变得端正了,完成的正确率也高了,我和他聊天的时候他也能认真倾听了,课上也能主动回答问题了。

作业问题解决了,但是,好动的小伟每天扰得"四邻不安",没人愿意和他同桌。良好的师生关系是孩子认真听课的基础,良好的同学关系更是孩子健康成长的沃土。怎么让孩子们接受他呢? 一次课间活动结束后,孩子们忙着站队回教室,忘记了活动用的大绳,调皮的小伟站队慢,总是在队伍的后面。他发现被大家遗忘的大绳时主动拿了回来。这正是让大家接受他的好时机。我提高了嗓门:"大家看,我们的小伟真是细心,他发现大跳绳被我们遗忘了,很主动地拿了回来,是爱护班级公共财物表现,真棒!"这时善良的孩子们不约而同地鼓起了掌。得到同学们的认可,让小伟有了很大的改变,在那之后,他虽然还是有些淘气,但是能够融入大家了。大课间的时候,不再满操场乱跑,不再捣乱让其他小伙伴无法跳大绳,而是很主动地拿大绳,收大绳,和小伙伴一起跳大绳! 真高兴,孩子,我陪着你成长!

人们都说每一个孩子都是静待开放的花朵,只是花期不同。"嵌入式"培训让我更加清晰地认识到:在这静待花开的过程中,我们不能只给孩子阳光和雨露,不能只给呵护与扶持,更需要及时帮助他们修枝、剪叶和除虫,这样他们才能健康快乐地成长,绽放出灿烂的花朵!

# 跟着孩子的心灵走
## ——写给伴随我研修的孩子们

李晓敏

李晓敏，女，1986 年 11 月生，小学语文教师。市青年教师重点培养对象，曾在"一师一优课，一课一名师"优质课活动中获得市一等奖、县一等奖；县青年教师优质课赛课活动中获一等奖。自 2009 年 9 月参加工作以来，一直担任语文教学工作兼班主任。

**教育理念：**每一个孩子都有它生命的意义，每一个孩子都是上天精巧创造的，为孩子们今天的成就而感恩。

从小受父母的影响，我一直觉得教师是这个世界上最伟大的职业。而十年寒窗苦读后，我终于实现了自己的理想，成为了一名小学教师。鼓着冲劲、怀着热忱踏上了这三尺讲台，我的梦想从那一刻开始扬帆起航。我喜欢这份工作，也享受与孩子在一起的快乐时光。最让我觉得欣慰的是，在我的课堂上，孩子们脸上都洋溢着灿烂的笑容。

## 踏上研修之旅

2015 年，是我成长的一年。这一年，我有幸跟着庞秀华校长参加了由上海名师学习研究所组织的"嵌入式"培训。第一次观摩名师示范课，第一次聆听专家幽默丰富的报告，第一次见到优雅、从容、淡定的景洪春老师，第一次听景老师的课，第一次自己尝试着解读朱自清先生的《匆匆》……都给我留下了深刻的印象。而对我接下来的工作来说，最受益的是走进了孩子们的心中！

因为这次培训,我有幸见识到了钟启泉教授的风采,也有幸阅读了《教师的挑战》这本书。我深深地感受到无论是孩子还是作为老师的我,无论是课上还是课下,我们都应该学会倾听,倾听话语,更要倾听心声。记得刚捧起这本书时,我便把"倾听"这个词标画了出来,转而在词典上查阅了一下,"倾听"不仅是简单地用耳朵来听,还需要全身心地去感受倾诉者表达的言语信息和非言语信息。站在课堂上,我便洋洋洒洒地告诉孩子们,一定要认真倾听,何为倾听,会倾听的孩子成绩一定不会差!从孩子们稚嫩而又明亮的双眼中,我可以看出,他们对我的话深信不疑!

的确,孩子们把我的话记在了心中。课堂明显活跃起来,举手回答问题的同学多了,在一位同学回答问题之后,其他同学的小手都举得高高的,要求补充、纠正。我觉得"倾听"真的是一门艺术,而我甚至一度以为自己掌握了这门艺术。直到看到了徐浩程同学的日记《李老师,我想对你说》,我才发现,原来我没有做到倾听,没有学会倾听。日记其中的一段是这样写的:李老师,您好。昨天那件事,您能不能听我说一说?您经常教育我们要学会倾听,您为什么不能倾听我的心声……看到这我真的是有些惭愧,也为自己处理那件事的鲁莽而感到愧疚。

## 倾听孩子的心声

事情是这样的:一节写字课上,同学们都在认真地练字。等我转到最北边一排时,却发现徐浩程的手中拿着一本漫画书,加上浩程平时写的字确实不够美观,我便对其大声呵斥道:"浩程,为什么不好好写字,看漫画书能把字写好吗?赶紧收起来!"浩程似乎要说什么,我便接着说:"还要说啥?快点练习写!"浩程嘟着嘴,低着头练习写字,整堂课都显得没有精神。倒是坐在他旁边的"调皮鬼儿"张志乾,这节课一直认真地在练习写,为此,我还在全班同学面前对其表扬一番。

直到看了浩程的日记我才知道,原来,上课偷看漫画书的不是浩程,而是志乾。志乾觉得这一篇很有意思,便把书放到了浩程的脸前。浩程不看,把书再次递回去时恰好被我发现。事情就是这样,我却没有给他一个倾诉的机会,给自己一个倾听的机会。

为了弥补自己的过失,课间我找到浩程,告诉他是老师错怪他了。那一瞬间,浩程的眼里溢满了泪水,是委屈的泪水,也是欣慰的泪水吧。我把他揽入怀里,心中满是自责与愧疚。我暗暗发誓：以后要做到倾听每个孩子的心声，住进每个孩子的心里。

俄国教育家苏霍姆林斯基在《把整个心灵献给孩子》中说："要成为孩子的真正教育者，就要把自己的心奉献给他们。"我会一直努力，前行，源于理解。

## 我那一群调皮鬼儿

印度诗人泰戈尔说过：花的事业是甜蜜的。老师作为一名园丁，有很多花骨朵儿等待着我们去浇灌，去施肥，去呵护。我们的生活会一直甜蜜下去。可经过这几年的历练，我也体味到了为人师的诸多滋味。

2016年的暑假开学，我们的三年级重新编班。拿到学校给的学生名单，我头瞬间大了，这级学生中的"名人"都在我们这个班。许多老教师都替我捏了一把汗，可能是年轻在作祟，不服输的我决定要试一试。

开学后第一课，我抱着教案和教本微笑着走进教室，教室里一片杂乱：有说话的，有下位的，有躺在地上嚎啕大哭，见到我跑来告状的……好像没有一个人听到上课铃声。那堂课我努力压制着自己心中的怒火，一一帮他们解决了问题，等拿起课本准备上课时，下课铃声都响了。

接下来的一个星期，我发现这个班的学生上课纪律很差，开小差、说话、打闹是常有的事，作业拖拉、不完成更是日日发生，更可气的是有几个孩子总爱惹是生非，同学们的告状声时时在我耳边回荡……我开始对他们训斥，大声地吼他们，连数学老师用的三角板都被我扔在地上摔烂了。而我的花儿们依旧我行我素，甚至与我斗智斗勇。

终于，我的嗓子罢工了，哑了。那天，我站在讲台上，什么话也没说，我也说不出话了。台下一双双小眼睛盯着我，出奇地安静。过了一会儿，他们有的在读书，有的在写字，还有几个调皮鬼时不时偷偷地看我。我心中也有了一丝欣慰。

下午，我坐办公室里批改作业。调皮鬼儿思旭跑来站我旁边，从背后拿出一枚罗汉果，说："老师，你嗓子疼，泡着这个喝，很快就能好，给。"望着他天真而又真诚的眼神，我欣慰地笑了，扯着沙哑的声音说："谢谢你，思旭。""老师，你放心吧，咱们班的同学知道你累坏了嗓子，都说以后要听话……"是真的，从那天开始，他们收敛了很多，我觉得他们一夜之间长大了，懂事了。我的心被他们温暖着、感动着，我第一次感受到了为人师的幸福。

　　小小的感动让我明白了，要从内心理解学生。其实许多时候，他们也不想犯错。只是长时间形成的习惯很难改掉，不容易管住自己。孩子毕竟是孩子，思想不成熟，良好行为习惯的养成需要时间，需要循序渐进。如果我换一个角度看待他们，搞怪的"小魔头"也有着"小天使"可爱善良的一面。因此，我开始反思自己，开始转变对学生的态度、教育的方法，继续我和孩子们的心灵之旅。前行，源于感动。

　　播撒爱的种子，就会收获希望的花朵。我默默耕耘着自己的教育热土，收获着我与这帮孩子们的点点滴滴，享受着属于自己的教育幸福。孩子们，我愿意走进你们的心里，跟着你们的心灵走，在知识的道路上，越走越远！

# 语文课上的尝试

苏 霜

苏霜,本科学历。自 2008 年调入广饶县同和小学以来,一直承担班主任工作和语文教学任务。坚持以用心经营教育、用爱温暖童心、引领孩子沐浴阳光、引导孩子浸润书香的教育理念,和孩子们一起乘着书的翅膀飞向远方。所撰写的多篇教育教学论文曾在省、市、县获奖。所参与研究的课题"教师肢体语言对课堂教学的影响"、"基于小班化的教室文化研究与实践"通过东营市教育科学规划领导小组办公室组织的专家鉴定,并已结题。

**教育格言:** 倾听童声 以爱育爱

《中国美食》是部编版二年级语文下册第三单元的一堂识字课,这节课的内容就是中国传统美食中菜的名称和主食的名称。在进行单元备课之前,我总体了解了一下这个单元的教学目标,发现这堂识字课认字量很大,需要认识的生字有 16 个,需要写的字有 9 个。这么大的识字量,怎样才能让孩子学得轻松呢? 我不断地思考,寻找有效的教学策略。我想,引导孩子们将识字与生活实践相结合会不会更好呢? 想着想着一下子来了灵感。对呀,认识的生字和要写的生字都和"吃"有关系。"火字旁"、"四点底"都和做菜的方法有关系,"草字头"和很多食材有关系。看着菜肴名称,再动手试一试呢?

二年级的孩子,平时在家做饭吗? 虽然我们平时也把"自己的事情自己做"这一教育理念渗透在孩子们的生活中了,我知道他们会自己洗脚、洗袜子、洗小件的衣服,也会帮家里扫地、擦桌子、拿碗筷等,可是做饭会比这些麻烦得多呢!我通过问卷了解到会煮面条、熬粥的有 50 人,做过西红柿炒鸡蛋的同学有 39 人,会做小鸡炖蘑菇的有 6 人,做过炖排骨的同学有 12 人,会煎鱼的有 3 人。通过了解,孩子们给了我信心。好,就把《中国美食》这堂课上成识字和动手实践相结合的语文课吧。

放学后,孩子们回到家便忙起来了。首先拿起课本读书上的菜名,最后征得爸妈的意见,选定一道菜,一起商量需要用到的食材,孩子做记录。爸妈再和孩子一起说说做菜的步骤,看看哪些是孩子原来就会做的,哪些是现在要学着做的,最关键的是一定要听从爸妈的建议,学会正确操作,注意安全。

场景一:李晨萱正在做"葱爆羊肉"

场景二:魏玉婧正在聚精会神地做太阳花"蒸饺"

　　我做好了上好这节课的充分准备，家长志愿者也兴奋地参与到课堂中。今天孩子们的表情可不一般，一个个脸上洋溢着胜利者的笑容，有种"我能行"的自豪感。孩子们进入到活动室，小心翼翼地按要求摆放好自己的"劳动成果"。期待把自己的劳动成果展示给大家。大家都到齐了，展示开始了，王梦斌同学得意地捧着自己做的佳肴，放在食物投影下，其他的同学们紧接着就发出了"呀"、"啊"的惊叹声，我还能听到同学们馋得流口水吸溜声。只听他介绍："我做的菜是'小鸡炖蘑菇'，制作方法是'炖'，同学们看这个'炖'，是'火'字旁，就是在锅里放上鸡肉和蘑菇还有其他的配料，开锅后小火慢咕嘟。不光能'炖'鸡，还能炖'鱼'、'肉'等。再看'蘑''菇'这俩字，都是'草字头'，人们很早以前认为蘑菇就是植物类的，所以他的偏旁是草字头，其实啊，蘑菇是菌类。"同学们静静地听着，认可地点点头。我站在旁边也听得很认真，平时低估孩子们的能力了，她俨然一副小老师的模样，竟然讲得这么细致，甚至连字理也讲出来了。她既然能讲出来，必然是自己真的掌握了。

香煎豆腐

　　田博华迫不及待地走上台，把他做的这道菜慢慢地放在实物投影上，他的这道菜先从"色"上来说，还真不错，豆腐煎得金黄金黄的，上面还放了胡萝卜丁和绿绿的香菜叶作为装饰，真像一幅画。有些同学看到这里，使劲地咽了一下口水。大家接着喊出来了"香煎豆腐"，他腼腆地笑笑说："这个不用说，同学们也知道食材是豆腐，制作方法是煎出来的。大家看这个'煎'，一边说着，他把写着菜名的词语卡片出示给大家，这个字是'四点底'，也叫'火四点'，也是和火有关系，上部分是个'前'，可以煎豆腐，也可以煎鱼。再看这个'腐'它的意思是腐烂、变质，在这里是指豆制品。"他的介绍完成，同学们响起了掌声，这时，原来那个腼腆的孩子洋洋得意地走下来。

　　接下来是孩子们最激动的"品尝美食"的环节，同学们虽然迫不及待但还是很有秩序地拿好自己的小碗和筷子，走到每一道美食前，观其色，嗅其香，品其味。一个个像极了美食家。传统美食品尝了，传统文化的理念也在无形中渗透到孩子们的心中。

活动完成,我检查了孩子们的认字情况,全班 50 个孩子,识字的正确率达到 100%,大大出乎我的意料。

我趁热打铁,让孩子把做美食的过程说一说,交流分享,接着写下来,不但认识了生字,还写了一篇感受很深的小片段,感觉收获满满。

我基于学情,准确把握了孩子的特点,孩子经历了做一做、说一说、听一听、尝一尝的过程,兴趣十足,投入程度极高,所以实现高效课堂水到渠成。

通过这一堂课,我深深感受到,语文课也可以活动化,走进学生的心里,才能让孩子学得快乐!

## 附:

**教学程序如下:**

一、准备食材。每人从课本上选 1—2 道自己想做的菜,写个小纸条报给老师。要选其中 1—2 道菜,那就要自己先读这些菜名,再从中选出自己想做的。孩子有了动力,期待他们自主认字的情况吧。

二、动手做菜。回家和父母商量一下,下午放学后去购买食材,并做好花钱记录。

第二天早晨早起做菜,自己主厨,请父母帮厨,做菜时注意"色香味"俱全。做好后装盘,用保鲜膜封好,第二天7:40带到学校。

三、菜名识字。介绍自己菜的名称、主要食材及做菜方法。通过介绍菜名,"小老师"用自己的方法教其他孩子识字,同时自己又加深了识字和做菜方法中的炒、炖、爆、煮、烧、烤、煎,其他同学倾听学习。

四、品尝美食。每道菜都有一双公筷,每个同学都有一个小碗,想吃谁做的菜按秩序去品尝,并学会夸一夸别人。

五、语用训练。学生把自己的活动过程记录下来,学以致用。

六、拓展延伸。动手实践做美食,邀请亲戚朋友来品尝,将传统美食发扬光大。

# 如果爱，就松松手

成洪梅

成洪梅，1970 年 10 月生，本科学历，一级教师，1991 年 7 月参加工作，现任广饶县同和小学教师。自从踏上工作岗位，兢兢业业，努力学习教育教学理论，探求教育教学规律，探索教育教学方法，形成"民主、和谐、愉悦"的课堂教学风格。结合自己的课堂教学实践经验，参与了《快乐学习一点通》《数学阅读与训练》（上、下）等教辅资料的编写，并由中国海洋大学出版社、东南大学出版社出版发行。所撰写的分数连乘应用题的讲解《小猫钓鱼》在《少年智力开发报》发表。先后被评为"广饶县优秀教师"、"广饶县小学数学教学能手"、"广饶县教学工作先进个人"。

新学年开始，学校安排我到一年级任教。

开学那天，孩子们很兴奋，他们像小鸟一样围在我身边叽叽喳喳，甜甜地喊着"老师，老师"，争先恐后地把自己的心里话告诉我。很快，我发现小钊同学与众不同。当我向同学们致欢迎词时，同学们都端端正正地坐着，认认真真地听着，只有小钊很随意，自顾自地玩。当我提醒他时，他不说话，两眼呆呆地望着我。当同学们看着画面，随着音乐做游戏时，他不跟着节拍做动作，那双无神的眼睛扫来扫去。很显然，他肯定是一个问题学生。

在随后的日子里，我一直关注着这个孩子。上课时，小钊一贯的形象是两只脚盘起来坐在凳子上或半躺着坐在凳子上，并且嘴里含着铅笔。我发现并及时纠正了他的坐姿，可是不到半分钟又恢复了原状。小钊的书桌乱七八糟，从来不会自己收拾，热心的同桌帮助他整理得井井有条，但那也只是昙花一现。我努力设计课堂教学，但很难引起小钊的兴趣。有一次，我展示了一幅精美的小猴摘桃子的画面，问："图上有什么？

你能用自己的话完整地说一说吗?"小钊终于高高地举起了手,但回答却让我非常失望,他结巴着说:"有……有猴子。"却不能说出一句完整的话。我布置完作业,其余孩子安安静静地写,小钊我行我素,好像作业与他没有关系。在这种状态下,小钊的成绩可想而知。

小钊的表现让我非常担忧。孩子从小不学习知识,没有规则意识,等他长大了,会成为怎样的人? 将来怎样在社会上立足? 后果不堪设想。

鉴于小钊的在校表现,我首先与家长进行了沟通与交流,希望找到合理的解决方法,家校共育,使小钊和其他孩子一样正常学习。小钊爸爸说,他们也发现了这种情况,暑假期间到北京儿童医院、天坛医院给孩子检查过,医生说孩子的智力发育迟缓,注意力涣散。入学以来,孩子的进步很大,每天晚上的作业虽然用时很长,但基本上能做对。我非常诧异,我和家长对孩子的看法竟然如此之大。在我眼里孩子的成绩基本为零,而在家长眼里是基本都会。问题出在哪里? 我再次询问:"是孩子独立完成的吗? 你确定没有提示孩子?"家长肯定地说,有提示,但提示的地方不多,一张试卷孩子得七八十分不成问题。我急切想知道小钊在家完成作业是怎样的情形。于是我找来一张试卷,让父子俩现场演示给我看。只见小钊拿起笔慢慢写起来,有时口中念念有词,爸爸在旁边时不时地插上一句"你再读一遍"、"你要相信自己"、"认真点"。十分钟后,小钊的作业让我刮目相看,虽然字写得不工整,但是大部分能解答正确,我对小钊充满了希望。

为了帮助小钊赶上其他同学的步伐,我对小钊同学的家庭情况进行了深入的了解。原来小钊的父母都在银行工作,两人平时都比较忙,只有晚上有时间陪孩子,白天小钊和奶奶在一起。全家人疼爱孩子,孩子过着衣来伸手、饭来张口的生活。小时候,家长并没有发现小钊有异常。上了幼儿园以后,发现小钊不听老师指令,但觉得孩子小,调皮、贪玩是天性,家长也没有在意。老师布置的手工作业,家长嫌孩子做得慢,做得不好,代替完成。直到上一年级之前,家长给小钊报了一个辅导班,发现别的孩子都能学会,而小钊学不会,这才引起家长重视,到北京给孩子做了检查。进入一年级以来,为了不让孩子掉队,每天晚上,家长坐在小钊身边,陪伴孩子写作业。刚开始时,小钊不听话,一写作业就喝点水呀,吃个水果啊,这时爸爸就吼他,甚至动手打他。慢慢地,小钊习惯了,被驯服了,他既依赖爸爸,又怕爸爸。只要爸爸坐在身边,他就乖乖地写作业。有时爸爸回家晚了,小钊盼爸爸回来,就嘟囔说:"爸爸怎么还不回来陪我写作业呀?"

孩子出现这样的问题,多半源自家庭环境对孩子的影响。尤其是通过"嵌入式"培训,我了解学习了儿童成长发展相关的心理学知识。仔细分析可以发现,小钊虽然年龄小,但对环境的感觉是灵敏的。家长的包办代替,使小钊产生了依赖心理。幼儿园时期小钊不听老师指令,家长以为孩子小,当做调皮处理,而没有给孩子正确的引导,教育孩子要遵守学校的纪律。当发现孩子的问题后,为了孩子的前途,家长的做法有过之而无不及。只要家长在家,就把孩子拴在身边,陪孩子学习,剥夺了孩子的自由发展空间,使孩子变成附庸品,失去了自立能力,更丧失了自信心,使本来智力发育迟缓的小钊产生错觉,认为家长要求做的才是学习,而老师要求的只是游戏而已,可做可不做。

针对小钊的情况,我和家长协商,共同制定了以下教育方案。

## (一) 培养孩子的自信心

自信是一切力量的源泉,是开启人生潜能的钥匙。自信是成功者必备的条件,它决定一个人在人生的道路上能走多远,能取得多大的成就。

第一,以身作则,给孩子做出榜样。

无论是父母还是老师,在孩子心目中是神,我们的言行无时无刻不影响着孩子。生活中,父母要表现出一副很自信的模样,在困难面前,绝不轻言放弃,给小钊做好榜样。学习中,老师更应发挥榜样的力量,让小钊看看老师是怎样克服学习中的困难的。这样小钊才能在成长的道路上披荆斩棘,勇往直前。

第二,要相信孩子。

我国著名教育家陈鹤琴先生说过:"凡是儿童能自己做的,应当让他自己做。"比如让小钊自己收拾玩具,自己整理书包,自己洗小件的衣服。家长不能代劳,要相信孩子能做好。老师要给小钊安排一定的值日任务,如浇花、摆桌椅。通过这些小事,来提高孩子的自理能力。

第三,多给孩子一些鼓励和赞美。

任何一个孩子身上都有无数的闪光点,小钊也不例外。生活中,父母要生有一双慧眼,善于发现孩子的长处,并及时表扬,充分肯定。为了鼓励小钊,老师可以让小钊回答一些相对容易的问题,这样一来,孩子体验到成功的喜悦,才能充满信心,越走越远。

### (二) 逐渐克服孩子的依赖心理

第一,尊重并培养孩子的独立意识。

对于小钊在生活或学习中萌发的独立意识,我们一定要给予重视,鼓励他:"你只要好好做,一定能做好!"千万不能因急躁泼冷水。与孩子交流时,要注意对孩子说话的语气和方式,不能用命令的口吻。听孩子说话时要认真,让孩子知道你在尊重他。

第二,为孩子的独立发展创造机会。

培养孩子的独立性,克服依赖心理,父母必须学会松松手。比如让小钊学会分担擦桌子、扫地、择菜等简单家务,让孩子参与家庭事务的决策等。做作业时家长学会渐渐地远离孩子,老师也要循序渐进地训练小钊独立作业的习惯。

小钊的表现不是一天两天形成的。由于智力发育迟缓,期待他短期内转变得很优秀是不可能的。但我们没有放弃,我们坚持了下来。期末检测的时间到了,考试前,我和小钊进行了很长时间的谈心,表扬他,鼓励他。他的脸上绽开了笑容,眼睛中散发出光彩。成绩出来了,小钊得了 77 分。同学们都向他翘起来大拇指,我给他颁发了"进步奖"。小钊的笑容更灿烂了。

孩子总有一天会长大,会有自己的人生,他必将独自面对社会,面对人生。父母不可能一辈子做他的"保护伞",为他遮风挡雨。所以,在孩子的成长过程中,父母和老师要有意识地减少对孩子的束缚,要相信孩子,多给孩子创造自主的机会,培养孩子自立自强与自信的品格,这才是对孩子真正的爱。记得有句话说得好,"有一种教育叫放手,就像握沙一样,握得越紧,沙从指缝间流失得越快"。朋友们,如果爱孩子,就松松手吧!

# 静悄悄的挑战

孙海珍

孙海珍,1978 年 4 月生,本科学历,中级教师,广饶县同和小学语文教师。1996 年参加工作以来,一直从事小学语文教学工作,2010 年被评为"东营市教育先进工作者",2011 年被评为"东营市小学语文教学能手",2011 年 12 月在山东省教育学会小学语文教学研究专业委员会第十六次年会上执教公开课。2018 年主持的省级课题"基于小班化背景下的高效课堂教学研究与实践"、"国家课程校本化实施策略研究"先后结题。

读《教师的挑战》是我们这次"嵌入式"培训活动的必修课。刚拿到这本书,看到"挑战"二字,心里不免有些打怵。毕竟自己已有二十余年的工作经历,思维模式已囿于经验主义的圈子。但面对这次不可多得的高端培训,我还是开始了内心深处静悄悄的挑战:挑战自己的所谓经验,挑战自己的狭隘眼界,挑战自己的固化行为。

《教师的挑战》中讲到:"全世界学校的课堂中都在进行着'宁静革命'。这种宁静的革命,在学习方式上表现为从各自呆坐的学习走向活动性的学习,从习得、记忆、巩固的学习转向探究、反思、表达的学习;在教学方式上表现为从传递、讲解、评价的教学转向触发、交流、分享的教学。"

反思我们的教学,有时会把"课堂的活跃"与"课堂的热闹"混为一体,呈现的只是形式和内容上的精彩,却没有去考虑这些形式和内容是否能触发学生的心灵,是否能实现学生深度的交流和学习。我们曾经因那些热热闹闹的课堂心潮澎湃,为设计一节趣味的、精彩的课煞费苦心，可一时精彩的背后给我们带来的却是无尽的遗憾和质疑。某个环节我如果这样设计就更好了！这么精心的设计怎么还会有那么多同学不配合呢？诸如此类，我们都在以自我为中心展开反思，而没有围绕学生的学习展开。我们的教学到底是为了教师的教，还是学生的学？这个问题往往在明晰中又走向模糊。为了追求设定的"答案"，即所谓的教学目标，让学生通过各种形式的活动去思考，一旦有学生(哪怕1名)举手示意，教师便迫不及待地提问，以走好自己所设计的流程。若正是所要答案，则进入下一环节，若对答案不满意，便一一提问其他举手的同学，直至得到自己满意的答案为止。我们的课堂成为灵敏学生的表演场，大部分学生成为"看客"。有时为实现全员参与，用"开火车"等方式，增加参与面，但这种参与只是形式的参与，并没有实现真正的学习。边缘化的儿童往往默默无闻，成为课堂的观众或听众，他们被动参与或不参与。多少节课，优秀学生为我们"解围"，我们在看似一帆风顺的课堂中获得了成功的快感。殊不知，我们为自己埋下了太多的障碍，有知识技能的，也有情感态度的，有特殊学生的，也有一般学生的。障碍之处，是多么需要"反刍"啊！"时间"、"进度"之类的借口，掩盖了我们的初衷。我们的教学中，"串联"真是少得可怜，有时偶尔与生活"串联"也只是蜻蜓点水。学习内容、形式都如同白开水，为喝而喝，喝得无味，甚至反胃。一个教学环节中仅有少数同学举手，说明学生在探究中遇上了困难，我们没有"反刍"前段，而是急于赶课程，课程进度赶上了，学生学习却落下了。我们的小组合作学习，从内容上看，大多是互相检查某一学习内容的巩固型合作，或是重难点的探究型合作，合作往往是优秀学生秀出自己的舞台，优秀学生的答案限制了其他学生的思考。学生一节课一节课地呆坐，我们培养的是没有主动思维的学生。这后果，是多么可怕！

是啊，这后果，是多么可怕！这促使我对"嵌入式"培训充满了更多的期待。2016年2月20日，我有幸聆听了上海市中小学心理辅导协会袁胜芳教授的"情绪与学习效果"报告，感触颇深。对水说声"爱和感谢"，水分子就会变得异常美丽，这是多么惊人的实验结果！还记得在一次"我最喜爱的老师"学生问卷活动中，很多认真严肃的教师(包括我自己在内)，都获得了极少的"赞票"，回想自己的兢兢业业，对此结果感到心寒。直至今天，我才恍然大悟，因为自己不当班主任，事务性工作又多，对孩子们很不耐烦，与孩子们在一起时，言行是过多的指令，偶尔有学生过来"搭讪"，也是敷衍了事，时间一久,孩子们就对我越来越疏远了。张口说声赞扬的话、抬手抚摸一下孩子们之类的举手之劳,也常出于理智,而非出于内心,真愧对于自己的这些"水分子"们。袁教授的报告中,讲到了坚持读诵一个月和 20 天行为矫正技术改变不良学习习惯的具体做法,强调了"坚持"。在习惯培养问题上,我清楚地知道只有坚持,才能成功,并且明白 21 天成就好习惯的道理。可日常工作中,一项习惯的培养不到 21 天,就会被其他事务所打扰。"表扬他的孩子,让家长有成就感",这是多么实在的教育法则,但在这件事上我们又是打了多少折扣呢? 家长会上,大多是蜻蜓点水,不能让家长平静的心泛起一点点的波澜,又何谈与家长的合力效应呢? 我们有时抱怨家长会时间太短,不能一一详尽点评,那么现在与家长沟通的渠道可是很多呢! 真打开微信想跟家长表扬他的孩子的时候,却又犹豫自己把握得不够准确了。

语文教学方面,我们不止一次地享受到了上海专家景洪春老师带来的思想盛宴。景老师清丽可人,初见时,一股莫名的活力沁入我的心脾。听课时段,我不断打量这位专家,景老师时而翻书查阅,时而观课思考,偶尔写写记记,看上去好轻松的样子。景老师讲到语文教师要有语文意识,在深入文本解读的基础上确定适合的教学内容,如果能确有心得地进行课文"细读",教师对教学内容有"登泰山而小天下"的感觉,在教学上便能深入浅出、进退自如、游刃有余。内容分析式的教学和贴"标签"式的教学,不是语文教学的本体内容,语文教学的本体是要着眼于学生的语言发展。要站在学的角度思考教学,让学习在课堂上真实发生。学习要发生在每一个学生身上,不能让课堂成为优生与教师展示的舞台。对学生的点评不等于点拨。点评的作用只是限于一种激励性评价,而点拨则是对学生的提升,这是教师的基本职责。教学中直奔目标或直奔教学内容,往往出现大多数学生跟不上节奏的情况,这就需要老师树"梯子",梯子怎么搭决定了学习的进程,更决定了学生学会了怎样的思维方式。就课堂思考课堂、就教材思考教材,缺乏底蕴的思考总是浅薄的。景老师的报告与评课,以案说理,每说到一点,案例就会信手拈来,这让我顿悟不断,自己对语文教学的认识也越来越明朗了。培训中,反复听到景老师说自己追求的"大牌"。是的,有了自己的"大牌",就有了自己的目标和前进的动力,更有了自己学习的榜样和研学的对象,景老师就是我心中的"大牌"。

"嵌入式"培训,让我的内心不断发起静悄悄挑战,真正的学习正在我和我的学生中间发生。

# 创设快乐、激发兴趣
## ——让孩子在欢乐中茁壮成长

田慈华

田慈华,女,1973 年 6 月生,本科学历,小学一级教师,1992 年 7 月至今在广饶县同和小学任教。具有良好的思想政治素质,勤于学习,勇于奉献,多次被评为广饶县"优秀辅导教师"、"优秀教练员"、"优秀裁判员"、"优秀教师"、"教学能手"以及东营市"优秀裁判员"。在县"一师一优课,一课一名师"中荣获一等奖;荣获"中小学体育学科优质课比赛一等奖";执教东营市《小学体育立定跳远》公开课,撰写的多篇论文获市、县一等奖,并在《当代教育》《教育前沿》等国家级刊物上发表论文,承担市级课题"基于小班化的小组合作学习和实践与研究",并参与多项市级、省级课题。

经过"嵌入式"培训,我更加确信:人的情感总是在一定的情境中产生的,良好的教学情境对学生学习情感的产生具有很大的作用,体育教学也不例外。良好的教学情境不仅能丰富学生的感性知识,而且能激发其强烈的好奇心。强烈的好奇心是保持旺盛学习动机的重要因素,是取得成功的先决条件。"快乐体育"在小学体育课实施中,因其自身的特点,特别强调情境的创设,重视在每节课中营造良好的氛围,让学生体验上体育课的乐趣。我在教学中着重从以下几方面激发学生的学习乐趣。

## 一、"乐"在情境创设

上课铃响了,学生对场地、器材的布置产生了极大的兴趣:几个由小木箱堆积而成的堡垒,里面放了很多垒球,8—10 米处有几块投掷靶竖立着,而另一处则是由体操棒、体操垫、跨栏架、跳绳组成的综合素质练习的场地。这样的场地、器材设计让学生从开始排队的那一刻起,内心就充满了喜悦,他们一边想象课的内容,一边迫切地想尝试练习。备场地、器材是体育教学的前奏,是上好一节体育课的前提。易受干扰是小学生心理特征中影响课堂教学秩序和效果的主要因素,这就要求体育教师要紧紧抓住学生的心理特征,充分利用场地、器材,充分利用无意注意的规律,将学生的注意力吸引过来,使他们产生参与练习的需要和兴趣。快乐是愉快情绪的体验,而愉快情绪的建立是以学生产生需要和兴趣为前提的。所以,场地、器材安排是激发学生学习动机与兴趣、建立快乐氛围的前提,是学生完成技术动作、掌握技能的序曲。

## 二、"乐"在精选素材

内容与形式的枯燥是影响学生学习兴趣和动机的主因。每节课周而复始地重复练习让学生产生了厌倦,他们喜爱上体育课的快乐也一点一点地消失。没有了快乐,如何谈得上全面提高学生的身体素质。提升学生的学习兴趣需要新颖、实用、有挑战性的教材。那么该如何选用和搭配教材呢? 比如说,可以与动物动作相联系,如青蛙—跳远、鹰爪—武术;可以与故事、童话相结合,如在低年级教学中将技术动作穿插在故事、童话中,边做边说边唱,充分利用器械完成技术动作;还可以创设情境,如通过阅兵仪式练习队列队形等。像这样将枯燥、单调的练习融入知识性、趣味性中,便显得教材新颖。体育特长生一般在学习初期显得兴趣浓厚,但当他们掌握技术动作后,便厌倦了,区别对待并选用适合他们的有挑战性的教材尤为重要。

## 三、"乐"在师生和融

教师、学生是课堂教学中的两个角色,在体育教学中无论教师一方还是学生一方的心理与行为变化都会给对方的心理和行为产生影响。其中以教师的变化尤为重要。教师在教学中与学生一起参与练习,一起游戏,与学生一起开怀大笑,一起做优美的动作,对学生的积极参与能起到极大的促进作用。学生视教师为朋友,与教师交流,将他们最喜爱的活动告诉教师。同时他们又视教师为导师,遇到困难时,会衷心请教教师帮助解决困难。教师鼓励学生积极主动参加课堂教学,用和蔼可亲的语言与学生进行交流。树立他们的自信心,告诉学生课堂是他们的,让学生从思想上认识到他们才是课堂真正的主人。一切教学活动都是为了发展学生的身体素质,促进学生的身心健康,鼓励学生在课堂中勇于提出自己的看法和观点。只要有利于激发学生参与体育的兴趣,能让学生"想学"、"敢学"、"乐学"的方法,教师都应该主动探索,使学生成为课堂真正的主人,让他们在体育课堂中能品尝体育的快乐。

俗话讲得好:言教不如身教。教师的一言一行给予学生潜移默化的影响。在教学中,教师应融入到学生中去,和孩子们打成一片,成为他们的朋友,利用肢体语言与学生交流,如:身体的接触、抚摩孩子、蹲下来和学生说话等。教师还可以利用自己行动感染学生,以微笑服务学生。如"大鱼网"的游戏,我亲自参加当渔夫,学生是小鱼,他们能自觉遵守游戏规则,我在游戏中启发他们通过大家的智慧去思考如何不被渔夫抓住,如何去救被抓住的小鱼等问题,这也充分调动了学生做游戏的积极性。因此,教师在课堂教学中的角色扮演是完成一节快乐体育课的重要条件,是调音符!

## 四、"乐"在回归生活

课程标准极力倡导体育教学内容要符合学生的特点,体现在课堂教学中就是所选内容应是学生平时熟悉的、喜欢的、贴近他们生活的。在教学内容的安排和设计上,教师要有针对性地创设一些"生活情境",使学生置于生活的氛围中,产生强烈的求知欲,让课堂真正活起来、让学生学习乐起来、让所有的孩子动起来,让每一个孩子的心情得到彻底的放飞,在活动中积极思考、积极锻炼,充分感悟体育的兴趣和勉力,为终身体育打下坚实的基础。

例如,在放松的时候,教师亲切地与学生围成一个圈,盘膝而坐,以创建花园城市为主题,让学生们畅所欲言,并巧妙设计游戏:一棵小树慢慢地长大(学生两手合并、慢慢上升),一根再一根(左手向左伸长、右手向右伸开),叶子绿了,微风轻轻吹(五指分开并轻轻抖动),风大了,小树摇呀摇(学生向左右侧一两次),风停了,小鸟飞回家(学生们学小鸟飞到队伍中)。这样,一节课在轻松愉快的气氛中结束。教师把生活情境再现到体育教学中,使抽象的教学内容具体化,让他们用自己的身体去体验,用自己的心灵去感悟。这样的巧妙安排,极大地激发了孩子们的兴趣,贴近了孩子们的生活,拉近了和孩子们的距离。在学习活动中,学生往往习惯先行后知,对于知识技能,他们更习惯通过自己的活动去获得、去体验,而不仅仅是靠教师的传授。新课程下的学生不再是被动接受,更多的是自主、合作、探究的学习方式。

例如,走跳练习这一课,通过带领学生去郊外游玩这一生活情境的创设,巧妙安排一系列与走跳有关的游戏:队列游戏、红绿灯、走过独木桥、跳过小沟及各种走法(自然走、手放在不同部分走、足尖走),让学生亲身体验哪种走的姿势最轻松。在跳的练习中,我不再先教技术动作,而是让学生模仿小白兔、小袋鼠、小青蛙的跳,并穿插惊险游戏,如"大灰狼来了,小兔子应该怎么办"。通过小组讨论,学生针对跳法进行创造,想出各种与跳有关的游戏,如跳房子、跳绳、摘果子、单跳追拍、跳单双圈等游戏。学生走法多样、跳法各异,充分发挥了学生的想象力、创造力、表现力。这就杜绝了体育课就是教师不断做示范动作,学生重复模仿、机械枯燥练习等严重制约学生身心健康发展的现象。在学生掌握一些基本的走跳方法之后,教师再进行技术的具体点拨,这样探索性的学习方式,更符合学生的认知规律和生活习惯。

## 五、"乐"在放飞个性

放飞个性实质就是让学生有更多的自由空间。过去的教学考虑得更多的是教学的系统性、规范性,队列练习要求整齐划一,游戏方式集合进行,学生站立的时间过长,在一定程度上制约了学生的积极性、主动性,挫伤了一些学生的体育情感。为了有效改善这些问题,在教学中应充分体现学生学习的自主性和参与的全面性,更加贴近学生的生活。以练习为切入口,在练习的过程中,让学生动脑、动手、动口,互相合作,互相交流,享受体育的乐趣。

例如,在小学低年级的投掷教学中,我在课前让学生准备了一张卡通纸和一支笔,上课时亲切地问:同学们,你们见过什么会飞呀?请你在纸上画一画好吗?并让学生说一说。这时候学生的情绪一下子被感染了,顿时热闹起来,学生自由畅想、自由交流。有的说:我要画一架性能最好的战斗机,让它飞翔在祖国的蓝天上,保卫我们美好的家园;有的说:我要画一只和平鸽,代表我们人类的美好愿望,让世界充满爱;有的说:我要画一只风筝,带着我们的理想自由自在地飞翔。你瞧,同学们自由自在地玩,是多么地快乐!这样的精心安排,一改以往教师技术讲解、学生埋头练习的传统模式。这时你会惊讶地发现,学生在这种无拘无束的活动中,想象力和创造力得到了丰富,个性得到了张扬。

总之,快乐的课堂教学能让学生更好地掌握技术、技能。为了让每一个孩子都能健康、快乐地成长,为了使我们的体育教学充满生机与活力,作为教师,不能仅仅关注知识技能的传授,更多的是要关注儿童的学习生活、学习态度、学习兴趣、情感体验和认知感悟。因此,赋予体育教学以生活意义和生命价值,理应成为教学改革的必然要求。总之,在"快乐体育"中,精心创设适合学生活动的情境,不仅可以激发学生的兴趣,让学生乐中学、趣中练,从而扩展其体质、个性、能力发展;而且可以使学生在一定的情境中受到美的熏陶,同时能潜移默化地获得知识、技能与身体的发展,从而形成良好的学习习惯与心理素质,达成在快乐中求发展、在发展中求快乐的教学目标。

# 感悟·成长·感恩

*王磊磊*

王磊磊,女,1983 年 11 月出生,本科学历。中国共产党员,2008 年参加工作。2008 年 9 月至今在广饶县同和小学任教语文兼班主任、语文教研组长、教导处副主任。

2017 年在全县和谐高效优质课评选中荣获一等奖,2017 年在全县习作优质课评选中荣获一等奖,2017 年在市优质课评选中获得二等奖,2018 年撰写论文《语文课上如何引导学生学会学习》获得县一等奖,2017 年撰写案例《多元评价机制:让每一个孩子都能主动发展》获得市一等奖,2018 年撰写的论文《课堂教学——基于倾听和串联的课堂对话》发表于《山东教育报》,2013 年撰写文章《多学少教　还课于生》发表于《东营教育研究》,2016 年撰写文章《多元评价机制:让每一个孩子都能主动发展》发表于《东营教育研究》,2017 年撰写文章《读〈教师的挑战〉的几点思考——基于倾听和串联的课堂对话》发表于《东营教育研究》。2018 年 7 月被广饶县教育局评选为"优秀党员"。

2015 年 4 月的一个周末,我有幸跟随学校领导聆听了来自上海名师学习研究所的江喜标所长和仝磊老师带来的有关新型教师培训的讲座——嵌入日常教学的教师质量提升。这一新生事物深深地吸引了我,让我产生了美好的期待。很感谢学校领导做出的决定,使得我们学校有机会成为全国首家进行"嵌入日常教学的教师质量提升"工程的学校。更庆幸,我这两年在上海名师学习研究所提供的专家团队的帮助下,业务水平有了很大的提高。

### 一、专家指点：我明白了备课要备什么。

2015 年 12 月 7 日，学校举行了"嵌入式"培训语文专家面对面指导活动。非常荣幸，能够得到这次讲课的机会，更荣幸的是得到了上海市闵行区语文教研员景洪春老师面对面的指导。

我执教三年级上册《美丽的小兴安岭》这一课时，想展示常态课堂，在此基础上得到专家嵌入日常教学的指导。结合我的这堂课，景老师做了非常详实的报告。景老师的报告让我明白了很多。给我触动非常大的两个关键词——需要、实践。景老师的报告让我对课前备学生有了新的、更深刻的认识——教学要从学生的需要出发。目前，我必须引起重视和急需要加强的是备学生。只有充分地备学生，才能从学生的需要出发设计教学。怎么样才能做到充分备学生？景老师结合我设计的预习卡作出了很好的点拨。景老师提到根据"学生需要"确定教学内容；参照教学内容确定学习起点；沿着学生起点关注学习状态、评估学习结果。这四个方面有着明显的内在联系，以循序渐进、螺旋上升的方式构建成一个确定教学内容的模式。对于景老师的这些话，我的理解是老师首先要做到超前几天甚至超周备课，在对文本进行充分解读，找到这篇课文中语言的训练点后，设计有层次、有维度的预习单。学生在预习单的指导下有目的地预习。老师通过检查学生的预习单发现学生不用老师教就能学会的内容以及通过自学不能学会的内容，在此基础上设计教学目标和内容。这样的课堂是建立在学生独立思考基础上的课堂，是解决学生普遍遇到的困难的课堂，那么这样的课堂应该就是受欢迎的课堂，同时也会是高效的课堂。我们都知道，语言学习过程是由语言的"输入"指向语言的"输出"，也就是由"理解记忆"到"表达运用"的过程。在这个过程中，学生的语言实践非常重要。针对这一点，景老师的建议就是能写就写，即使是课后抄写句子也是一个语言实践的过程。那么，老师在设计教学时，非常重要的一点就是要找准这篇课文的语言训练点在哪里。教学要从写作的生长点入手，从作者写作的语言表达形式上入手。

在景老师的指点下，我们开始了指向习作的单元教学设计，单元备课、超周备课成为常态。体现在课堂上，每一堂课都有小练笔。学生的表达能力有了很大的提高。

**二、专家荐书：我明白了课堂要关注什么。**

2015 年 8 月 27 日，"嵌入式教师专业发展项目"启动仪式上，我们有幸聆听了教育部基础教育课程改革工作组专家钟启泉教授的报告"国际视野与本土行动——'大众教育'时代的课程改革"。报告中钟教授强调教师质量的提升要从课堂改变开始，如果课堂不变，那么教师一定没有发生改变，学校也不会发生改变，他还给我们推荐了由他翻译的日本教育学专家佐藤学教授著的一本书《教师的挑战：宁静的课堂革命》，并介绍了其中的亮点。在这样的指引下我们全校教师一起走进了《教师的挑战》这本书。我们对这本书中所介绍的一些课堂教学理念产生了共鸣。在反复研读、写读书心得的过程中，我们开始在课堂上实践书中提到的核心理念，即基于倾听和串联的课堂对话。

佐藤学教授在书中写到的很多语言是耐人寻味的。在这里，我选取三句话展开来聊一聊其对我课堂教学的影响。

"这种宁静的革命，在学习方式上表现为从各自呆坐的学习走向活动性的学习。从习得、记忆、巩固的学习转向探究、反思、表达的学习。"对于这句话所传达的理念，我们很早就知晓，但是具体到每一节课上应该怎么做，这需要每一节课课前的用心思考和课上的践行。2016 年 3 月，我在日记中记录了这么一段话：课前预习，学生要完成课后"小话筒"里的问题，还要将自己在预习过程中遇到的问题或收获的感想做成泡泡语。学生预习的过程就是主动探究的过程，在与同学对话、与老师对话的过程中又一次实现了与文本的对话。人教版三年级下册第二单元有关于环境保护的综合性学习，我指导学生到校园内观察不同地点的垃圾污染状况并做观察记录、采访记录，根据学生对校园内垃圾污染的了解、记录，我组织学生回到教室开展口语交际，表达自己的所见、所闻、所感。这就是一种活动性的学习。再比如，人教版三年级下册第一单元，学完《荷花》这篇写景的课文，正好是桃花、迎春花开放的季节。我们组织学生走出教室，观察桃花、迎春花，回到教室，交流仿写的技巧。学生写出两篇写景物的作文。这也是一种活动性的学习。

"鼓励那些情绪焦虑的儿童'画一条线也行'，从旁边守护努力想要表达的儿童，对于需要帮助的儿童给予体贴入微的关照。"佐藤学教授的这句话向我传递了一个重要理念就是给学生创造安全感。我想，"鼓励那些情绪焦虑的儿童'画一条线也行'，从旁边守护努力想要表达的儿童,对于需要帮助的儿童给予体贴入微的关照",就是给学生安全感的最好方式吧!回顾自己之前的课堂,我们更多地关注优秀的同学,喜欢站在他们的身旁,期待会得到精彩的答案。在我们心里,那些弱势学生一个字也不写,或者写出的答案与正确答案相差千里似乎是很正常,可能老师已经给他们贴上了"不认真思考"、"不动脑"的标签。即使他们答不出或答非所问,老师都会觉得很正常。说到这里,我想起了2016年春天的一节课。那节课,校长在我们班听课,她参与了我们的课堂,并对学生提出了问题。其中有一个学生几次回答了她的问题,在我看来这个学生的答案与我们期待的答案根本不沾边,但是校长有两次是这样回应的:"同学们,听出来了吗?他开始思考了!""我听明白你的意思了!"同时并回过头向其他同学解释说:"他的意思是……"校长在用心倾听学生的发言,并完整地接纳学生的发言,这也正是尊重了学生的尊严,保护了学生的自尊心。校长的这种做法对我有不小的触动,也给我做了很好的示范。

"'合作学习关系'是当儿童遇到困惑或困难,请求援助询问'喂,这儿,怎么办'之际,其他学生回应这种请求的关系。"我们的合作学习大都是在老师的指示下同桌互相检查、互相交流自己的想法的关系。很少有孩子主动帮助或者主动要求帮助。于是,我不停地观察课堂内外互帮互助的同学,进行大力表扬、奖励,时间长了,同学们也就形成了习惯。

在《教师的挑战》这本书的影响下,我的教育理念发生了翻天覆地的变化,我的课堂也慢慢地转变为学生的课堂,学生在我的课堂上能够成为真正的主人。

### 三、借势荐文:我明白了语文教学之根本。

从事小学语文教学工作近十年,在参加"嵌入式"培训之前,对于语文的本质以及语文教学的本质,我还从未认真地思考过。很感谢上海名师学习研究所给我们提供的十篇文章,让我们能够静下心来反复研读、思考、寻找答案,并结合自己的教学实践对小学语文的认识做进一步纠正性的学习。

在十篇文章中,《"语文"究竟是什么?》、《略论语文学科的工具性和人文性的统一》、《从语文的本质和基本特点反观读经教学》、《小学语文学科的根本属性》这四篇文章都提到了语文的性质。

在反复研读中，我对小学语文本质有了更清晰的认识。语文是一门基础学科，是最重要的交际工具。它既有工具性、又有人文性，是工具性和人文性相统一的学科。但相对来讲，语文的工具性更强于人文性。追溯语文学科的发展史，我们知道"语文"即"语"和"文"，包含口头语言和书面语言两方面。因此，语文课必须听、说、读、写并重。语文是学生学习口头语言和书面语言的学科。学习语文的目的就是培养学生了解文字和运用文字的能力。再具体一点儿，就是有助于人们利用语言表达思想感情，交流思想感情，相互交际，达到相互了解。这也就是语文的工具性。

语文的人文性特点，首先应该是文章所传达的人文精神，即用语文教材中所特有的人文内涵对学生进行熏陶、感染；其次是语文教学过程中，以人为本的教学理念，即在教学中充分尊重学生的自由及自主权，培养学生独立思考的能力。同时，要珍视学生独特的感受、体验和理解。人文性的体现是依附于工具性之中的，不能够单独谈人文性，不要工具性。工具性也不可能单独存在，机械的死记硬背不是语文的理想追求。没有脱离人文性的单纯的工具性，也没有脱离工具性的单纯的人文性，两者是密切联系在一起的。

在研读中，我还明白了语言教学是整个语文教学的核心，任何形式的语文教学必须以语言实践为主体和归宿。语文教学的最高境界就是简简单单的听、说、读、写。叶圣陶先生说过：语文教学的根在听说读写，是听说读写之内的挖掘与创新，而不是游离于听说读写之外的花样翻新。"听"与"读"是信息的输入方式；"说"和"写"是信息的输出方式。它们既是我们老师在教学中精心培养学生所具有的四种能力，又是老师培养这四种能力经常采用的教学手段和教学方法。在教学中，语文老师必须静下心来，想办法提高学生的这四种能力。

在这些理论的指导下，结合《教师的挑战》和景洪春老师报告中的核心观点，我的教学不断地改进、成熟。

"嵌入式"培训就像一场及时雨，滋润了我，在这些专业理念的指导下，我的教学不断得到改进。我也坚信，在"嵌入式"培训的帮助下，我的专业发展将越走越远。

# 我们走在学习的道路上

## ——红黄蓝绿四色笔在小组合作中的应用

孙秋玲

孙秋玲,女,毕业于胜利油田师范专科学校数学教育专业。2002年参加工作,毕业后一直从事初中数学教学,自2013年开始在小学任教。无论在初中还是在小学,钻研各种教法,努力让孩子在各种情境中学习到知识,让孩子们在准备好学习的状态中提高学习效率,走进孩子的心里,让孩子在学习中达到心流的体验。

通过"嵌入式"培训,我认识到数学教学活动已不仅仅是为了传授数学知识,更重要的是培养学生自主探究、主动获取数学知识的能力。在课后的调查问卷中,我认识到学生参与度的重要性,为了提高孩子们的参与度,我在教学中开启了"小组合作学习模式"。新课标明确提出"有效的数学学习活动不能单纯地依赖模仿与记忆,动手实践、自主探索与合作交流是学生学习数学的重要方式"。因此,小组合作学习是时代赋予数学教学活动的要求。我发现课堂中相当一部分合作学习存在问题,合作学习的效率较低,仅仅把合作学习作为一种形式,一种点缀。

从小组合作学习中我们发现的问题有:不会合作,不会倾听,不会发言,不会评价。针对这些问题我设置了红黄蓝绿四色笔,在小组中发挥四色笔的作用来改善发现的问题,提高课堂的有效性。在教学中进行了一些实践和初探:

一、红黄蓝绿四种颜色代表发言顺序。不论是谁拿到哪种颜色,发言顺序总是按红黄蓝绿的顺序。这样做既可以保证小组学习有序有效进行,又能为全班交流提供便利。比如,在汇报交流时,不用再逐一叫学生名字,可以直接说:"请每个小组中拿绿色笔的同学来汇报。"教师也可以就同一个问题请不同小组的同一颜色学生发言。

二、红黄蓝绿四种颜色代表互相倾听。在汇报交流时,老师会让一个组的绿色来说一下他们组中蓝色同学的汇报结果是什么,用这种方式来督促小组合作时是否在倾听别人的想法。学会倾听,养成倾听的好习惯。

三、互相评价,当红色同学把自己的想法说出来的时候黄色同学进行评价,评价完黄色同学发言,依次进行下去,每个人都要发言并且对前一位同学的发言进行评价,在这个过程中学生们学会评价别人的同时也会互相欣赏,互相学习。

四、在发言时每个人都要有与别人不一样的想法或说法,不重复别人的发言。这样既节省了时间,也更大限度地激发了他们对问题的深入理解。通过这种方法,让同学们收获不同的想法,激发他们对同一问题不同的想法的探究欲望。在教学中,这种发言方法收到的效果比较明显,让我们知道绝不能低估学生的探究能力,他们甚至可以把科学家们发现的结论表述出来,并且还能找到相关的问题,得出结论的同时提出不同的问题,让我们的探究更深入,让我们对简单的问题进行深入研究。

下面附教学中具体问题的探究:

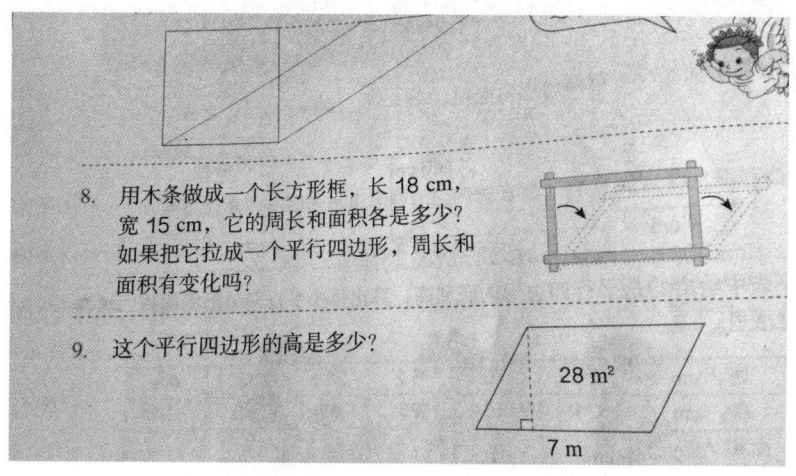

8. 用木条做成一个长方形框,长 18 cm,宽 15 cm,它的周长和面积各是多少?如果把它拉成一个平行四边形,周长和面积有变化吗?

9. 这个平行四边形的高是多少?

28 m²

7 m

这个题目是人教版五年级上册第六单元多边形面积后面的一道习题,对于把一个长方形拉成一个平行四边形,其周长和面积会发生什么变化的问题,我们进行了小组探究。小组探究的结果如下:

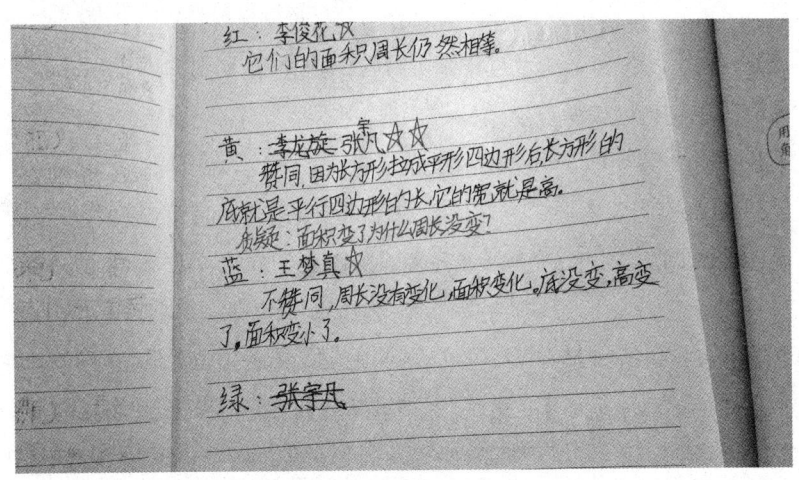

从这个小组的汇报中我们看到了有赞同，有质疑，让孩子们都说话，不在乎结论是否是正确的，至少让每个人的思考都呈现出来，每个人的想法都呈现出来，这样就有利于我们掌握孩子们的情况，他们能想到什么，他们解决了什么。

再来看下一个组的探究：

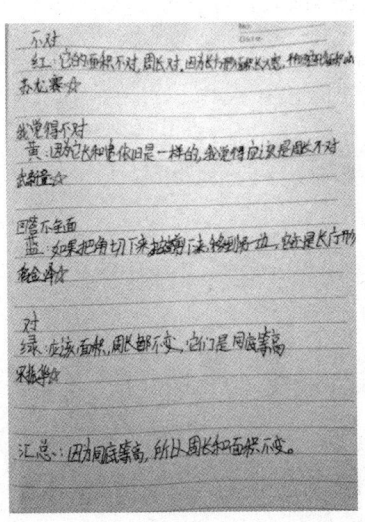

这个组的探究过程就比第一组要充实得多，少了一些质疑，多了一些评价，说出了一些得出结论的支撑理由，并且还得出了结论。

再来看这个小组的探究过程：

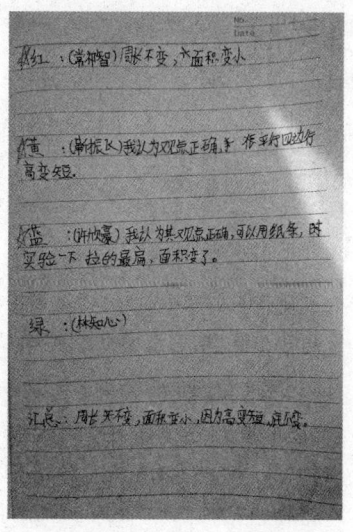

这个小组的讨论好像不太激烈，但是有了一种新的方法，自己用操作的方法验证面积变了。这是在高年级里经常被忽略的方法——动动手操作一下。这个小组最后也得出了他们的结论。

通过这种小组合作的探究，既能展现孩子们的想法，又能提高孩子们组织语言、发散思维的能力，在各种探究的过程中会得到很多意外的收获。再比如在鸡兔同笼的问题中我们也进行了小组探究。

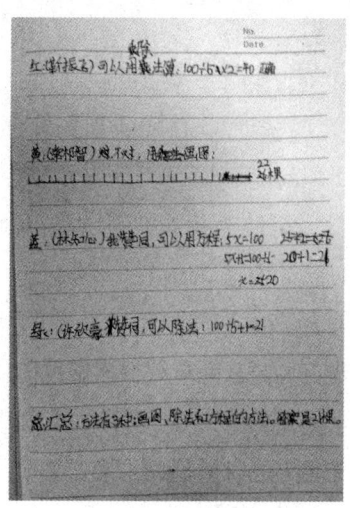

第一组在这个过程中找到了 3 种办法,画图法,除法和方程。比我们课本上介绍的方法更容易让孩子们理解。

再来看下个组的探究:

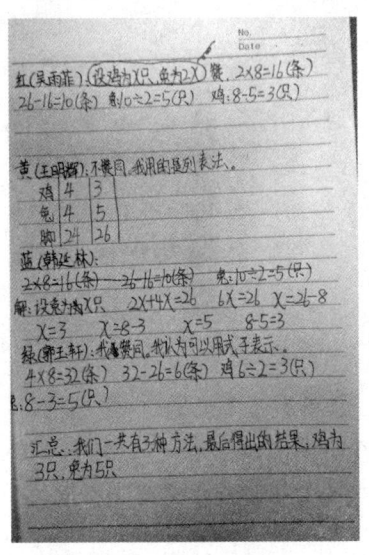

结合这些组的方法,我们把问题探究得够彻底、够明朗。小组探究的办法真的是不错,在小组合作中要重点发挥组长的作用。有人说过:"一个好的校长等于一所好的学校,一个好的班主任等于一个好的班级。"那么,我们可不可以说:"一个好的小组长就应该等于一个好的小组呢?"我想答案应该是肯定的。在我们目前提倡的小组合作学习中,每个小组都有一名小组长来负责本组的学习活动,组长的能力高低直接影响到全组组员的学习。所以说"小组长的培养"也是我们所面临的一个很重要的问题。

怎样来培养一个称职的小组长呢?

首先是确定小组长的人选。小组长必须具有多方面的素质:

(1)学习不一定要优秀,但责任心要强;

(2)能管住自己,有助人为乐的精神;

(3)善于倾听自己小组成员的发言,听取其他组成员的意见;

(4)要懂得怎样组织自己小组成员进行学习,鼓励同学多发言。

其次,要对小组长进行培训和指导。在培养小组长时,教师应当力求做到:

（1）使小组长明确小组活动的规则，如小组成员的角色分工，各角色的职责，小组合作学习中的"对学"、"群学"、"展示"等基本流程和规则，并经常提醒小组成员这些规则，使这些规则得到强化并内化。

（2）指导组长组织合作交流时，要先进行有序的安排，如鼓励组员大胆发言，让会说的先说，不会说的先听后说，促使不同的人得到不同的发展。让每一位学生都参与学习，激起学生强烈的学习欲望，否则，就容易造成摆样子、走过场的现象。

（3）指导组长在交流过程中进行灵活协调，如对于回答正确的同学报以掌声，当出现意见分歧时，组长应问个为什么，请组员说出理由，当出现冷场现象时，组长应带头先发言，起表率作用。从而培养组长的组织、安排、协调能力，促进合作交流的有效进行。

（4）指导组长善于收集组员在交流中对同一问题所做出的不同解答，并及时准确地向老师汇报。从而培养组长的归纳能力，促进合作交流的有效进行。

另外还应该注重组长能力的培养：

（1）小组内的向心力，向心力是一个学生学习和人格魅力的最好展示，要让组员乐于围绕在自己周围，顺利完成组内工作。

（2）沟通能力。对于在学习中出现的问题，要主动与别组或者老师进行沟通，及时有效地完成学习任务。

（3）语言表达能力。在交流展示环节中点评问题时，能够用规范严密的数学语言阐述本组成员的观点，思维灵活性也要很突出。

通过小组合作学习，提高了孩子们的参与度，参与度的提高也随之改变了课堂效果，在"嵌入式"培训的心流测试中也取得好的效果！学习无止境，小组合作的探究会引领我继续走在专业成长的道路上！

第二编

反思内省

# 说说我成长中的那些人，那些事儿
## ——五四青年节座谈会成长经验介绍发言稿

燕东霞

燕东霞，女，1968年7月生，大专学历，中小学高级教师。先后被评为"广饶县小学语文教学能手"、"广饶县优秀教师"、"广饶县优秀教育工作者"、"广饶县三八红旗手"、"广饶县教学工作先进个人"、"东营市优秀班主任"、"山东省优秀指导老师"。

作为班主任，她信任学生，尊重学生，关心呵护每一个学生。撰写的师德案例《恭喜你，孩子，你长大了》获县一等奖；班主任管理经验《如何培养小学生勤俭节约的良好习惯》在国家级刊物刊登。

作为教学能手，她积极参与课题研究和继续教育学习，主持的市重点课题"基于小班化的分层教学研究与实践"已结题，探索总结出分层教学的具体措施，形成了自己教学特色，让不同层次的学生得到了更好的发展。2017年6月执教了县公开课。

各位老师，大家下午好！

今天坐在这里发言，真的很惭愧，我的发展并不成功，成长也没有任何出色的地方。但是，大家让我谈谈我的成长经历，我就以一位有着34年教龄的大姐的身份，说说我成长中的一些人，一些事儿，说得不对、不好的地方，大家多多包涵！

说起来颜徐这块地方还真是我的福地。我的高级职称在这里晋的，中级职称也是在这里晋的。2005年9月教师节后，我在西刘桥中心小学填完中级职称晋升表，10月30日来到原广饶镇教委报到。后来才知道那年调动就不能晋级，我的表格都到市人事局了，又被抽回来了。

来到这里以后,我被安排到宋王小学任四年级二班的班主任,兼语文、品德与社会的任课教师。这个班在升级考试中,语文成绩在全镇 26 个平行班中是 14 名,我任教一年后,语文成绩在全镇统考中成为第一名。这一年我在这里又以广饶镇第一名的排分晋了中级职称。

也是在这一年里,我遇到了在我成长中起着重要作用的几位老师,其中一位是广饶镇教研室常识教研员牛英杰老师。记得我来这里任教的第二周,一个午后,牛老师骑着自行车,来到宋王小学,说要听我的品德与生活课。我毫无准备,一堂课 40 分钟,我上了 20 分钟,就没内容可讲了,于是我安排学生自习,自己红脸突突走到了坐在教室后面的牛老师旁边,坦诚地告诉他自己没的讲了。牛老师问:"你原先教什么? 你教过几年品德与社会?"我说第一次教。没想到他显得很兴奋:"你知道吗? 你的课老师虽然讲的不多,但是教学重点抓得对! 难点的突破是学生自己讨论得出的,而不是教师给的答案,相当不错。坐下来,我和你说说。"就这样,那节课,学生自己读书,牛老师和我谈了 20 分钟,借着刚才我讲的课,告诉我如何准确把握教材,如何将当堂所学知识让学生当堂消化,如何将教材与生活相联系,如何将学生生活与现实社会接轨。我觉得这次谈话不仅让我知道了品德与社会怎样教,对我的语文教学也有了很大的启迪。后来,在五年级会考前让我讲了复习课公开课,全广饶镇的品德与社会老师都听了我的课,并提出了很好的建议,也有尖锐的批评。在他们的指导与帮助下,2007 年在五年级会考中,宋王小学,我和苏建军老师教的语文、品德与生活两科,双双走在全县的最前列。

2008 年我随宋王小学的孩子一起合到了广饶县同和小学。在这里我遇到了对我的成长起着更大作用的庞秀华校长。

那年我已经 40 岁,觉得中级职称也晋了,高级职称无望,再说年龄也算大的了,今后不用太积极了。没想到,等着我的是更为严峻的考验。

**一、教学成绩不能说明一切,但绝对不能马虎。**

庞校长说:教学成绩不能说明一切,但一所学校,一个老师,教学成绩很糟糕,还有什么资格谈别的呢?

来这里第一年,学校就把我安排到了五年级。而且那时考察一个学校的教学成绩,就看五年级全县会考那一次。咱自己好不好没关系,不能给学校丢脸哪! 于是我放下架子干了起来,早来晚走,尽自己所能提高孩子的学习成绩。可是,新学校,很多工作都没到位,杂事儿特别多:清理卫生,搬凳子,摆桌子,接图书,接仪器,每天学生送走之后开全体教师会,真是忙得团团转。但是我告诉自己再忙也不能耽误孩子们的课! 记得开学不久,因为教学楼里噪音大,领导给每个年级一把锤子让班主任给每个桌腿、凳腿上钉上胶皮垫子。可是,一张桌子四条腿,一条腿上至少需要四个钉子,一个孩子需要一张桌子一个凳子,一个班小五十人,叮叮当当敲起来怎么上课? 得花费学生多少时间? 而且翻桌子、凳子,也很不安全。晚饭后,我就请老公帮忙,拿上锤子,两个人到校叮叮当当地开始加班。值班的李云强校长听见了也来帮忙,一个晚上全部钉好,第二天,我班学生就能坐在安静的教室里上课了。

可是,刚合校,也不知按什么分的班,我们班成绩特差,语文光考个位数的就有三个。四个班,上学期期中检测,我们第四,平均分被第一名拉下五分还多。费了九牛二虎之力,上学期末检测上了一个名次,到学年结束,全县统考,我们班成了学校第一名。

第二年,安排我两个班的五年级语文,庞校长告诉我,全县统考,如果光看我的两个班,是全县第二。

接下来的几年,我一直是五年级两个班的语文。第七年学年末两个班语文成绩平均 92.03 分,我当班主任的一班的最低分是 83 分。在我的再三要求下,第九年到了一年级,语文平均成绩创出了 96.57 分的好成绩。

## 二、跟上学校发展的步伐,提高自己授课水平。

好的成绩需要高效的语文课堂。所以跟上学校发展的步伐,提高自身授课水平,是我在广饶县同和小学另一方面的成长。

提高教师素质,提升教师授课水平是庞校长费心血最多的一件事。特别是参与"嵌入式"培训以来,学校每年都派出很多教师出去学习,不管近的远的,只要有机会,校长总是和各方沟通协调,让我们走出去。同时她还通过上海名师学习研究所引进像李振村、景洪春、李镇西、李景春、李家栋、陈晓梅、于永正这样的全国名师来学校手把手教我们。其中陈晓梅老师常包我们学校整整一年。她先带领我们梳理了小学阶段的课程标准,接下来每周四下午语文教研时间,都有两位老师讲课,陈老师以课程标准为准绳进行评课,并教给我们讨论具体的改进方案。不管哪个老师讲课,备课全体语文老师都要参与。因为只有你真正去研究了,才会发现问题,专家评课的时候,你才会收获更多。比如李艳霞老师要讲《爬天都峰》,孙主任下令放学后,都到李老师办公室备课。人到齐了后先解读文本,一人一遍读课文,并说说,你读出了什么。"我站在天都峰脚下抬头望:啊,峰顶这么高,在云彩上面哩!"这句话怎么读?是赞美?是惊叹?还是畏缩?反过来如果让学生想象站在山顶往下看,会看到什么?会怎么用文字表达?讨论完了,回去自己研究、备课。第二天下午放学后,庞校长把我们全部叫到了她的办公室,"说说你都查阅了哪些资料?都做了哪些准备?燕老师,你先说!孙老师,你说……"大家都说完了,问"大家都听到了么?回家每人写一份教学设计,今晚十点半之前发到我的邮箱!"

不但备课人人参与,讲课也是这样,不能落下一个。庞校长说:"落下一个班主任就要落下一个班;落下一个语文老师,就有可能落下两个班的语文教学。新的学校,你教师的成长需要时间,可人家孩子小学就这么五年,耽误不起呀!"记得于永正老师要来校视导,庞校长下令大家都备课,到时候抓阄,谁抓到谁讲。我们几个年龄大点的想:说是那么说,不会叫我们的。于老师来了以后,孙主任当着于老师的面做阄,让我们抓,结果讲课的任务落到了比我还大三岁、语文教师中年龄最大的司桂莲老师身上。

想想这些年,很少有放了学就回家的时候,真是苦啊!可就是在这样一次次苦苦的磨课中,一个个的语文老师渐渐成长起来。水涨船高,我也学到了不少。多次获市、县优质课一等奖,去年执教县公开课,受到县教研室韩老师的大加赞赏。

### 三、服从学校安排,在过程中成长。

在同和的这些年,我确实挑战了些不可能的事儿。第一就是编写校本阅读课程《孙子兵法》口袋书。2009年暑假,庞校长选了五名老师编写校本阅读课程:一年级李艳霞负责《三字经》;二年级周丽霞负责《百家姓》;三年级王磊磊负责《千字文》,四年级逯霞负责《论语》;五年级是我,负责《孙子兵法》。关于《孙子兵法》口袋书,庞校长的意思是要找出每篇里最经典的一句或几句,用儿童易懂的文字翻译出来,配上精美的图画,再加上能够体现经典句的历史故事,制成口袋书,好让孩子们在闲暇之余诵一诵,记一记,哪怕是一知半解,只求积累,等他们长大了的某一天,遇到一件什么事,也许会突然想起,并用之解难,那就算我们的心血没有白费。可是我对于《孙子兵法》十三篇,好像只知道"知彼知己,百战不殆"这一句!没办法,一句一句地啃吧!那个暑假,我几乎是守着电脑和一大堆《孙子兵法》读物度过的。

第二年,校园文化建设。语文老师读儿童读物,推荐最适合本年级阅读的书目。下载封面图、插图,写出作者介绍、作品简介,出示精彩片段欣赏,制成精美版面,也就是现在同和走廊里墙上挂着的好书推荐。对于计算机操作生疏的我来说,这也是一个不小的挑战。

第三年暑假,大量阅读,庞校长提出"以一带三"。她当时的想法等同于我们今天用的"主题阅读"。就是课本的每一篇文章都要找出或主题相同,或写法相似,或内容相关的三篇文章,并列出阅读习题,以增加阅读量,辅助教学。上哪里找?我们当时用的教材是北师大版,就上人教版、苏教版、粤教版找,上香港、台湾课本上找,上民国课本上找。

就这样一年年下来,成果没有多少,书读了不少,自己的计算机操作越来越熟练了,知道的东西越来越多了,工作起来也得心应手了。这也为省里的课题研究"校园文化建设的研究与应用"积累了材料,打下了基础。

再后来,学校领导发现我们班消除了不及格现象,就安排我主持研究了市重点课题"基于小班化的分层教学研究与应用",我们分层预习,分层提问,分层作业,取得了很好的成果,学习较困难的学生尝到了成功的喜悦,迎难而上;中等生找到了自己的学习目标,满腔热情地投入到学习中去;优秀生摆脱了机械识记作业的枯燥无味,热情更加高涨,自由阅读、自由写作,像于梓月、邵梦云、孙淑婷、牛舒畅、曹宇楠、李云哲、毛汝谦等不少同学已经写出了自己的"第一本书",其中很多同学的作品在《创新作文与阅读》、《快乐阅读与写作》、《山东青年教育周刊》、《山东网上学校家长网》、《齐鲁少年》、《黄河口晚刊》等市、省、国家级刊物上发表。去年秋天,大家给我算了算,同和九年,我指导参赛、获县级以上奖励、在刊物上发表文章的学生不下百余人次。

2015年10月16日,全市小学教育教学改革工作暨现场经验交流会在广饶县同和小学召开。庞校长以现场介绍的方式向与会人员呈现了学校分层教学、自主作业改革的实施过程和经验材料。有关的实施办法得到了与会专家与领导的充分肯定。前几天,市教研室孟宪军老师短信告诉我,"基于小班化的分层教学研究与应用"科研成果已经被选中出版,参加国家级小班化课题鉴定。

学校的发展离不开教师的努力和孩子的成长,教师的成长更离不开学校提供的舞台。咱们学校有专家级别的领导班子,有这么多高素质的教师,加上"嵌入式"的学习,还有上海名师学习研究所的指导和帮助,走在全县、全市乃至全省、全国教育的最前列是义不容辞的,希望看到咱们学校更为出色、出众、出彩的发展!

# 一节语文课引发的思考

## ——"嵌入式"培训中的反思

逯 霞

逯霞,女,1980年3月出生,2000年8月参加工作,一级教师。自参加工作以来,一直坚守在教育教学工作第一线,热爱教育事业,在工作中,踏实认真,努力提高教学质量,改进教学工作,并取得了一点成绩。结合自己的课堂教学实践经验,参与了《小学语文基础训练》教辅资料的编写和修订,并由山东教育出版社出版发行。所撰写的论文、教学设计等有多篇获省、市、县一等奖,并且在《现代教育》等刊物发表。2013年4月执教了山东省公开课,多次执教市、县公开课;2014年12月,获得了"东营市教学能手"称号;2016年12月荣获"东营市骨干教师"称号;撰写的多篇教学论文和案例都获得了较优异的名次,被广饶县教育局评为"先进教学个人"。

**教育理念:** 立足语用,有效提高语文课堂教学质量。

2017年4月23日,是一个特殊的日子。说它特殊,不仅因为它是世界读书日,还因为这天我享受了一场听觉视觉的盛宴。就在这一天,我聆听了《可贵的沉默》一课的教学,分别由我校教师与上海名师蒋方叶老师同课异构。两节课上完后,我也如课题所说,陷入了深深的思索。通过课堂的对比,我在想:我们的语文课到底要教什么,要让孩子学什么,怎样学?通过我们的教学让他们得到怎样的发展?新课改进行了这么多年,"嵌入式"培训学习至今已在我校进行了两年的时间,在这段时间里我们接受了来自全国乃至上海许多顶尖教授及教师先进教学理念的洗礼,我们天天进行语文教学,但我们的教学究竟发生了多少改变。今天,蒋老师这节课真的带给我很大的震撼,让我不得不重新思索课堂教学,要让学生从以下这几方面发生改变。

# 让我们的孩子学会观察

课堂伊始,老师与学生做猜词语的游戏,课件上出示了图片,老师先让学生认真观察,找出图片中的表达点,学生以此猜测词语,当学生猜不出来了,老师偷偷告诉一位同学,让学生做动作,同学们再观察同学的动作来猜,在这样的活动中,学生们不单是学习热情被调动起来了,思维能力也被激发出来。课堂中,指导词语认读与书写,我校王老师通过检查学生预习发现学生书写的错误点,让学生再次观察,提醒其他同学注意易错的地方,老师进行范写指导,学生再练写,强化巩固;而在蒋老师的课堂上,老师抓住生成(学生读文时经常出错),指导学生进行观察。"稚拙"一词的读音与书写是本课的易错点,也是本课的难点,老师单独出示"稚拙"一词让学生进行认读,并出示文中词语所在的段落,引导学生理解词义,在此过程中指导"稚"的书写,让字不但写得准确,还要写得美观,让学生观察汇报,抓住学生发现的重点指导笔画,相继指导后范写,学生再练写,字的书写及间架结构有了很大改观,真正体现了学生的主体地位,两位教师虽都从学生的角度入手,但蒋老师的教学更扎实有效,书写所要表达的效果已经显而易见。我们的课堂要达到这样的教学效果,需要在教学中指导学生书写时,从学生中来,再到学生中去,让学生观察,找到写好字的关键,真正关注学生,毕竟学生是学习的主体。

# 在学习过程中学会发现

在蒋老师课中,对于词语的教学真是让我大开眼界。蒋老师不像我们一样出示词语让学生去认读,只要读准字音,再从语境理解词意就算完成词语教学了。蒋老师的词语教学是以引导学生发现为主的,她先出示第一组词语:异口同声、骄傲、左顾右盼、神气十足、七嘴八舌、不约而同,让学生认读后去思考从中发现了什么。学生认真思考后,有的学生说有两字词、四字词;有的学生说是写神态的……不论学生有什么样的发现,蒋老师都对其认可,并进行相应点拨引导,以让学生发现词语真正的奥秘,学生通过研读终于有所发现,这些词语都是描写当时"热闹"场面的,而且还发现"异口同声"

与"不约而同"意思还相近。及此,老师出示语句①"知道!知道!"孩子们异口同声地回答。②不久,学校开家长会,那些爸爸妈妈不约而同地说道:"我那小家伙真懂事了呢!""他祝我生日快乐!""他送了我礼物!""他给我写信叫我不要烦恼!""他会体贴人了!"借此对比两个词语意思的区别,学生就在教师的引导下认真思索,终于发现了"异口同声"说出的话语是一样的,"不约而同"说出的话语是不一样的,学生在发现中成长,在发现中提高;教师接着又出示第二组词语:赦免、迅速、蕴藏、重复、缓和、祝贺、烦恼、享受,再次让学生发现它们有什么共同点,我也认真地读词语,心想:这些词语有什么共同点呢?都是二字词?除了这个还有什么是共通的呢?我在私底下和其他教师交流,其他教师也没发现特别之处。这组词语不用说对学生,就是对教师而言,谈发现都有难度。教师也觉察到了,一直鼓励与引导,有学生汇报:都是两个字的,老师评价引导:很伟大的发现,再看看那两个字怎样?有一个学生通过"重复"一词谈了想法,教师适时抓住课堂的生成引导学生进一步发现所有词语前后两个字都是近义的,我听后也茅塞顿开。确实是呀,我怎么就没有发现呢?以此再来对照我们的课堂,我们可否引导学生这样进行发现,我们一直鼓励学生认真思考,但当我们没有给他们准备适合他们的"食粮"时,就无法谈及分层教学,更不用说学生会从真正意义上有所发展与提高。

## 课堂中发散思维学会想象

想象是发展思维的一个重要环节。要想让学生将文本从真正意义上理解、感悟到位,把当时的场面想象成一幅幅画面是至关重要的。

蒋老师这一点就做得特别到位,在感受第二个热闹的场景时,她先让学生自读,让学生自己初步领会,然后教师根据文中的情境引读,学生领会角色读,师生分角色读,多种形式的阅读运行其中,让学生想象当时的场景,在此过程中,还穿插表演,让学生做文中的动作,引导学生进行话语表达,还原文中的画面,让全体学生参与其中,在不自觉中,学生成为了文中的主人公,仿佛这件事情就发生在这个班里,就发生在他们自己的身上,画面清晰深刻地印到了学生头脑之中。教师再安排学生合作共读,学生的感受更清晰、更深入,呈现出来的画面感更立体。学生的亲自参与带来了课堂中的生动展现,然后再让学生根据课文的描述进行复述,教师在不露痕迹中已经将写作的方法悄然融入,学生不再认为这样的场景描写太难,课堂进行到这里,老师还没有停止,继续让学生感受,出示词语提示让学生回顾,并进行第一次与第二次热闹场景的对比,又渗透了详写与略写的写法指导,整个过程浑然天成,目标达成水到渠成。而在我的课堂上,这种方法的使用是匮乏的。在我的课堂上,我会出示文段,让学生通过不同形式去读,在读的过程中感受这两次热闹的场景。蒋老师的课堂是引导学生初步感知,再到深入感受、理解、亲身参与,然后静下来回顾想象,这样课堂的主动权在学生那里,我觉得这样的方式学生更乐意,接受起来更容易、更准确。

## 积累整合学会运用

运用创作一直是教学中的难点,但在蒋老师的课上,这样的难点不复存在,教师用文章中的描写作为切入点,给了学生很好的范例,在引导学生感悟场景描写时功课做得很足,让学生亲身参与,切实感受,并激发想象还原过程,学生进行创作时便有感而发。学生有了想象力,有了词语的积累、有了例文的对照,创作也容易很多,再加上写法的渗透、情境的创设,学生便会从生活中寻找素材进行充分展现。

纵观整堂课,教师没有那么多的花样,只是在引导学生观察、发现、思考、体验、实践并进行运用,学生在此过程中的成长和提升是明显的。一节课下来,学生的注意力一直高度集中,没有一个孩子走神;学生的学习兴趣始终高涨,学生的发散能力、想象力、表达能力都被不同程度地激发出来,不同层次的学生都得到了相应的提高。这样的课堂怎能不高效,这与老师的教学功底与解读文本的能力是分不开的,更重要的是教师的出发点是学生,落脚点也是学生。而对比、反思我现在的课堂教学,虽从思想上一直从语用的角度出发,但并没有理解什么是真正的语用,该如何去自如地运用。蒋老师的这堂课就是生动的展现,给我做了很好的示范,给我以后的教学指明了方向。我们的语文课堂真正需要的就是要让学生学会些什么,让学生懂得如何掌握、运用,在接下来的课堂中我也将如此,实实在在、简简单单、扎实有效地进行教学,真正实现课堂教学的高效。

# 做一个有温度感的教师

许　萍

许萍,高级教师,广饶县同和小学德育处主任。荣获山东省优秀少先大队辅导员、东营市小学音乐教学能手、东营市小学音乐学科带头人、东营市教学教研评选专家、东营市中小学素质教育工作先进个人、广饶县优秀共产党员等称号。多次参与并主持省市级课题研究;执教的优质课获得市、县一等奖;多次执教市、县公开课;撰写的论文获得国家级、省级一等奖;指导学生参加各级比赛成绩优异。

曾经有人问我:"你后悔做教师吗?"我说我一点也不后悔,可能我经济收入低,社会地位不高,但我依然庆幸我是一名教师,庆幸在经历了生活的种种磨砺后依然能保持自己内心的清澈。我享受课堂带给我的充实,享受与孩子们在一起的快乐时光。和孩子一起上学放学,一起读书学习,共同成长,一路走来,我感觉自己很幸福,也很温暖。我想把这种幸福和温暖传递给身边的人,做一个有温度感的教师——做温暖人心的教育,心中有爱。就像孔夫子那样,有着深刻的文化自信,不急躁,不极端,积极乐观,热情向上。

## 文化自信引领·情怀温度传承

文化是一个国家、一个民族的灵魂。随着习近平总书记提出的"文化自信",近两年来,中央电视台相继推出了《中国汉字听写大会》《中国诗词大会》《朗读者》《经典咏流传》《信·中国》等弘扬中国传统文化系列节目。这些节目很快"燃"遍了祖国大地,温暖了我们每一个中华儿女。可爱的六岁小男孩沈子杨,一年内就背诵500多首诗。他不俗的诗词积淀,萌翻了全场,征服了评委老师。相貌平平的外卖小哥雷海,凭借自己对祖国传统文化诗词的喜爱,多年努力,厚积薄发,勇夺第三届《中国诗词大会》冠军。88岁的巫漪丽,中国第一代一级钢琴家,从新加坡赶到中央电视台参加《经典咏流传》节目,当节目组问巫老师需要什么照顾时,巫老师说,我只有一个要求,请给我找一个能够练习钢琴的地方。感动于她对艺术的精益求精,更感动于她对自己事业的完美追求。还有为了理想,为了让中华文化走到世界,为了让国人读到更好的译作,付出了自己所有精力的97岁高龄的许渊冲老先生……从他们身上我感受到了中国文化的博大精深,感受到中国文化背后的智慧和情怀,感受到了中华民族文化传承的温度。这种文化自信和可贵的精神深深地打动着我,感染并温暖着我。让我重新认识自己,定位自己,认识自己职业的境界,不断反思自我。身为一名教师,我们要以这些人为榜样,从他们身上感受精神的力量,汲取向上的能量,传承身边的温度。

## 团队发展圆梦想·温度传递促成长

所谓"独行快,众行远",意思是一个人走路可以走得很快,但不会太远;大家共同努力才会走得更远。这句话同样适用于我们教师的发展。对教师来说,个人发展受到许多因素的制约,"单打独斗"往往很难达到专业发展所需的深度和广度,团队合作成为教师发展的必然选择。随着"嵌入式"培训的开展,同和小学的校园内出现了一群群结伴同行的团队。有范老师带领的"快乐英语"组;王丽成立的"我绘我陶"组;音乐组的"快乐doremi"组;有师徒结队组;骨干教师和学科带头人组;名师工作室等。每一位同和小学的老师总能在不同的阵营中找到自己的位置。

2015年春天,东营市教研室组织开展音乐优质课评选活动,对于年轻教师专业发展来说,这是一次难得的提升和锻炼自己的机会。"快乐doremi"组的王老师是一位年轻的音乐老师,虽然工作扎实勤恳,但由于学科原因平时参加优质课评选活动的机会不多,缺乏锻炼,对于上级教研部门开展的这种评选赛课类教研活动总是缺乏自信,不敢报名参加。年轻教师的发展需要这样的机会,如果就这样错过了将无比可惜! 无论对于她个人专业成长还是学校音乐教研组的发展来说都将会是不小的损失。作为音乐组的带头人,我看在眼里急在心上,就多次和她谈心交流,给她打气鼓劲。在我的不断鼓励下,王老师终于鼓起勇气报名参赛。接下来针对王老师的情况,我们团队为之量身订制了一份详细的成长计划:首先团队成员之间开展"同课异构"活动——通过评课、改进、二次备课——请王老师二次上课——再次评课、改进、三次备课……就在这样不断的"集体备课、上课、辨课、磨课"的过程中,王老师渐渐成长起来,课堂授课能力和水平有了很大提高。而团队的其他成员在参与活动的过程中相互分享和学习,将集体智慧发挥到极致,同时也使自己的专业成长得到了不同程度的发展。去年王老师参加"一师一优课"评选活动,荣获县一等奖和市一等奖,并在东营市市直音乐教师互助式观摩会上执教公开课,9 月份在全市的音美互助式研讨会上做了"团队互助——让我充满自信"的经验介绍;2016 年 12 月获得东营市小学音乐学科教学能手称号。一路走来,我们不仅看到王老师成长的步伐,更深刻感受到一个团队手拉手前进的力量。

　　李曼老师要参加山东省优质课比赛,"快乐 doremi"组全体成员和李老师共备一节课,同上一节课,利用这种方式激发团队成员智慧的碰撞。团队成员间的"同课异构"让我们清楚地看到不同教师对同一教材内容的不同处理,不同的教学策略所产生的不同教学效果,并由此打开了教师们的教学思路。在此基础上李老师根据自身的特长,再次补充完善教案。我们深感学校团队的能力水平有限,全体成员又多次陪伴李老师到东营市请专家和名师指导,无数个夜晚和休息日,团队成员在一起思辨和研讨。最终李曼老师不负众望,获得山东省小学音乐优质课一等奖,这也是有史以来东营市参加山东省小学音乐优质课评选的最好成绩,创造了纪录。这不仅是李曼老师的成绩,也是东营市的荣耀,更是对同和小学"快乐 doremi"组全体成员的最高褒奖。在这个过程中不仅是李曼老师的专业水平达到了一定的高度,"快乐 doremi"组全体成员也都真正实现了资源共享,优势互补,个人专业成长得到了最大程度的提升。

　　众人拾柴火焰高,在团队合作的过程中,像这样令人感动的瞬间、温暖的小故事还有很多很多。一群有着共同梦想的人在一起,相互扶持,共同传递积极向上、追求卓越的思想;传递感恩他人、回报社会的情感;传递善于学习、与时俱进的精神。彼此间抱团成长，从同伴身上汲取需要的力量和能量；彼此抱团温暖，用自己的行动和姿态，把这种温暖的力量不断地传递下去。

## 做爱心教育·星火可燎原

教师的发展需要团队的力量，孩子的成长更需要教师的温度。女儿上小学的时候，有一天，兴高采烈地回来告诉我："妈妈，今天老师摸我头了，老师一定很喜欢我。"她仰起的小脸上写满了自豪和幸福感，一下子碰触到了我心底的柔软，我忽然觉得作为教师是多么神圣的一件事。成人的我们，或许并不知道自己的一个小小举动，竟然会对孩子的心理产生这样大的影响。那一刻。我陷入了沉思。在孩子们眼里，我们教师意味着什么？是智慧的化身，更是道德的典范，教师的一言一行、一举一动，都有可能对学生产生重要的影响。许多人，包括许多伟人，在回忆自己的成长经历时，脑海中往往会浮现一个老师的形象。作为教师，我们该如何去定位自己，如何看待自己肩上的责任呢？

我担任班主任时，班级里有几个特殊的孩子：小樵是三峡移民，爷爷奶奶身体不好，爸爸瘫痪，母亲靠捡拾破烂维持一家7口人的生活，家庭条件特别贫困。他又是外地转来的，处在一个完全陌生的环境中，没有亲朋也没有好友，他的孤独可想而知。小小的年纪，灰色的目光里整天充满了忧郁。多方面的原因导致这个孩子性格倔强、孤僻、叛逆，不愿意和别人接触。看到孩子的这种情况，我想了好多办法，比如在生活中和学习上多多关注他、鼓励他，帮助他交上好的小伙伴，感受到同学之间的友情；为考试的进步奖励他一个铅笔盒，让他感受到老师对他的关爱；时时关注发现他的优点，哪怕是极细微的，如某天值日卫生做得好，某次上课主动发言等，都及时给予表扬鼓励，并经常与他谈心，帮他申请学困生补助，通过少先队组织解决部分经济问题。一段时间下来，小樵发生了很大的变化，整个人活泼了，不再像以前一样孤僻，课堂上也能听到他和同学们讨论并大声回答问题的声音了。后来，小樵在日记里写道："老师的鼓励，同学的信任，给了我无穷的力量，我会永远记住这件事的！"给予是最好的爱，也是最温暖的。对于这些特殊学生，我们教师需要用更多的爱去温暖他们，抚慰他们，教给他们阳光和自信，自尊和自强，让他们正确地认识自己，成就自己，在未来书写自己的精彩人生。

　　身边这样温暖的故事还有很多。二年级的一个孩子父母闹离婚，孩子放学没人接。给家长打电话谁也不接，我们的孙海珍主任把孩子领到自己家里，给孩子洗澡、洗衣，辅导功课，一住就是好几天；李文汝老师的班上有一个得小儿麻痹的孩子，自己不能行走，李老师组织孩子们成立互助小组帮助这个孩子，课间搀扶他上厕所，放学送他到校门口，一做就是五年……对教师来说，爱就是给予，爱就是温度，把老师身上的温度传递给孩子，让孩子在有温度的教育中成长，必将比任何时候都更健康、更茁壮！

　　乌申斯基指出："教师个人对学生心灵的影响所产生的教育，无论什么样的教科书，无论什么样的思潮，无论什么样的奖惩制度都是代替不了的。"我们的教育更确切地说是一场思想对话、精神引领，教师的生活学习态度和精神品质至关重要。教师有温度感，学生才会有温度。

　　做一个有温度感的教师，全身心地投入自己所热爱的教育事业，做好文化的传承和引领，用自己的温度去感染温暖身边的人，努力挖掘职业的内在美，享受职业的魅力，收获职业的幸福感！我相信星星之火可以燎原……

　　做一个有温度感的教师，我们一起努力！

# 领略教育前沿　感受"大家"风范

## ——"嵌入式"培训学习体会

陈永刚

陈永刚,一级教师,同和小学少先队辅导员,荣获"东营市少先队先进个人"、"市优秀志愿者"、"广饶县优秀辅导员"、"广饶县关心下一代先进个人",多次参加省、市级课题研究,执教的市"一师一优课"获一等奖,撰写的论文获省、市一等奖,在全国青少年普法考试中获得全国指导教师称号,多次获县优秀指导教师、县级优秀裁判等荣誉,指导学生参加各级比赛,成绩优异。

自参与"嵌入式"培训以来,我们接受了不同层次的专家指导,不同形式的培训内容。2016年5月4日到5月8日,我有幸参加了为期三天的学习培训,听了四场专家讲座,即:教育部教育装备研究与发展中心主任曹志祥的"我国基础教育课程改革的特点分析";北京十四中学校长王建宗的"怎样做一个促进学校发展的好校长";北京教育学院校长研修学院副教授迟希新的"校长如何做教师专业化发展的助者";原北京光明小学校长刘永胜的"面对深化改革,教育者的思考"。参观了两所学校,即:北京市润丰学校和人大附中。从中了解了一些重要的信息,如教育前沿、教育课改、教育教学等,感受颇深、受益匪浅,也近距离感受了教育"大家"的风范。

下面跟大家分享的是尽我最大努力收集到的,认为与我们切身相关并相对比较迫切的三个方面的信息,即王建宗校长的部分讲座内容。

## 一、教学促进、以学定教、直观直接

以小学数学为例，王建宗校长提到，我们小学数学课标中有 910 个点，这个点就是所谓的概念、原理。他的意思是给这些概念、原理插上直观的翅膀，即把每个概念直观化，找出与概念相联系的实际例子，让学生能够一目了然，一看就会。

到底是什么意思呢？王校长举出"圆"的概念案例，执教老师拿着一个钥匙链在手中转，问学生，什么是圆？定点到定长的连线就叫圆，再让学生拿圆规画圆，进一步体验。

试想：包括我在内，如果老师们能够把教什么的点弄清楚，再给每一个点配上直观教学，如"嵌入式"培训中，上海曹文娟老师所说的面积是长在物体上的，大家就不会那么难以理解。我们的学生就能够明明白白、清清楚楚地掌握所学的知识。继而再把这些案例积累、汇集成册，那是多么大的一笔智慧财富！这也是我的一个愿望。

## 二、课程引领、以知定教，是什么、教什么

这也是我认为的核心内容。王校长提出了一个问题：语文是什么、教什么/数学是什么、教什么/英语是什么、教什么/品社是什么、教什么/科学是什么、教什么/音乐是什么、教什么/体育是什么、教什么/美术是什么、教什么？随后，校长请在座的老师根据自己的学科先思考一下。

当时，我也使劲地在思考，数学是什么、教什么。紧接着，校长以语文为例，他举的第一个例子内容是这样的：爸爸妈妈上班很累，回到家，妈妈对孩子说：妈妈很累了，帮妈妈拿一个有靠背、能坐的东西。那是什么？对，是椅子。只要有靠背、能坐的就是椅子。不管是硬的，还是软的；无论是长的还是方的或是圆的；四条腿的还是三条腿的；红色还是绿色的都是椅子。而不是单纯的教发音，教字形……意思到底指什么？对，就是教本质。

包括我在内，我们经常疑惑，为什么曾经教给孩子的题，他会做，稍微一变就不会了呢。我突然意识到，这就是因为我们没有抓住知识的本质呀。那么数学的本质是什么？"嵌入式"培训为我们提供的 10 个文献包里就有答案，相信我们数学老师已经有了自己想要的答案。

那么语文到底是什么？王校长告诉我们，语文是艺术性的语言。而艺术要求把话说美，语言要求把话说顺。

借助王校长举的例子，结合我的理解是这样的。我们成人跟幼儿交流的时候喜欢用宝宝语言，如睡觉觉，小便说尿尿等。隋昕芮小时候遇到一个很现实的问题，平常说尿尿，她就会理解并去小便。但上幼儿园，老师会用专业的语言跟孩子交流，据我的了解，老师会带着整班的孩子一起去小便。所以我担心她不懂导致尿裤子，就提前跟孩子练习了几次，并叮嘱如果老师问，谁想小便，意思就是想尿尿的，如果憋得慌就跟老师讲。

王校长跟我们沟通的意思是，很多家长没有用正式的语言跟小孩交流，这些孩子上一年级的时候，因为老师是用专业的语文术语或数学术语或其他学科的专业术语跟他们在课堂上互动，这些孩子就会听不懂或反应慢。我想一年级老师对这点深有体会，所以不要认为这部分孩子笨，而是他们不适应。因此作为家长的我们或准父母们要从小就跟他们用规范的语言沟通，不要怕他们听不懂。

这就是把语言说顺。如，太阳落山了。这句话很顺，说成夕阳西下，就是把话说美。当然语文我不太在行，还有其他更美的句子。

接下来我们聊一聊，语文教什么：培养语感。语感包括两方面，一是流畅；二是美感或形象感。

王校长以《美丽的西沙群岛》为例，执教老师上课开始问："同学们，你们去过西沙群岛吗？""没有。"接着，老师拿出地图，"你能从地图上找到吗？""你们不仅找到了西沙群岛，还找到了南沙群岛。"试问这是教给学生语感吗？不是，这是在上地理课。接下来播放视频，内容是美丽的西沙群岛，有大龙虾、各色的鱼、珊瑚等等。这是教给学生语感吗？不是，这是在让学生欣赏画面的美。最后让学生分组角色扮演大龙虾等，演完后时间就结束了。整个教学过程没有培养语感，那么应该怎么教语感呢？

第一个环节，先让学生读顺。（老师示范，学生试读）在此期间，不认识的字、不理解的词逐个解决。

第二个环节，把话读美。（老师示范：用动作、语气把大龙虾等读出来，读出形象感）

### 三、教育业务、立德树人、公德优先

这一方面很好理解，我简单说。王校长提出，不给文明造污染，不给他人造麻烦。如，过马路要走斑马线，等地铁、过安检要站在黄线以外，先出后进、女性优先等，这是我们老师在学校需要培养学生习得的素养。而不是给父母捶背、洗脚等，这是家庭教育应该关注的，不是学校的重心。就像我们的孩子只见到教自己的老师或自己学校的老师打招呼，而不是礼貌对待每一个人一样，这样是不行的。我们要培养他们的公德，即公共道德。

当然，还有很多很多，"嵌入式"培训给我们带来了不一样的学习机会。我很欣喜能够有幸参与这一培训！

# 繁星闪烁
## ——写给我的"小星星"们

邢 晨

邢晨，女，小学语文教师。自参加工作以来，一直担任小学语文的教学工作并身兼班主任职务。2018年参加"一师一优课"，获得县一等奖、市二等奖。

在教学实践活动中，一直坚持不断学习，认真教学，与孩子们一同成长的理念。认为每个学生都是一颗独一无二的明星，而教师的工作就是发现他们的宝贵之处并加以挖掘，帮助其发展。持续关注同学们每天的成长，与他们一同进步！

**教育理念：** 每个孩子都是一颗星星，老师的职责就是为他们拂去尘埃，让他们闪烁起来。

"聚是一团火，散作满天星。"在我迈向教师岗位之前，我从来没有真正理解过这里面满天繁星的含义。然而，在经历"嵌入式"培训之后，我发现我好像一直徜徉于耿耿星河，不断发现着一颗又一颗闪烁的星星。

他们都是我班上的孩子，平时他们或许淘气，或许认真，或许聪明，也或许被很多人认为只是资质平平的普通学生。可是在他们的身上，我能够看到的往往不止这些表象。他们真是像一个巨大的宝藏，在或华丽或朴素的包装之下，都是一颗颗闪闪发光的金子。而作为老师，我时常觉得我就是那个掌管宝藏钥匙的看门人，或者是连接人间与星空的一座小木桥。

第一颗星星是一位叫作阿景的男孩子。

那是我参加"嵌入式"培训的第一年，阿景是我班上的班长，也是所有老师口中的聪明孩子。上课的时候，他的长睫毛总是忽闪忽闪，向老师们传达出他懂或不懂的回馈。下课的时候,他也会和同学们一起搞些小小的恶作剧,让欢笑声从班里一直传到操场上。更多的时候,他喜欢一个人呆在课桌前,静静地阅读他喜欢的书籍。有时候,我也会翻阅一下让他着迷的书或文章,而且我发现,他会用简单几笔记录下他的想法,并且常常给人惊喜。

那天上课的时候,我正在给他们讲英国童话作家王尔德的《巨人的花园》。这篇短短的童话讲述了一个耐人寻味的故事,在故事中,一位巨人拥有一座漂亮的花园,孩子们都喜欢在花园里追逐玩耍,可是旅行归来的巨人将孩子们都赶跑了,从此春天再也没有来到过这座花园。直到有一天,孩子们从花园围墙破损的地方偷偷跑了进来,带来了欢笑,也带来了春天。这时巨人才发现,孩子才能带来春天,而自己的任性和冷酷只能将寒冬留在身边。

讲完这篇课文,我像往常一样引导同学们思考这篇童话告诉了我们什么道理。同学们七嘴八舌地发表着意见,有人说是告诉我们孩子是春天和希望的象征,有人说是告诉我们要学会分享。正当大家都在表达自己的意见时,我却意外地发现阿景不像平时那么积极,反而显得若有所思似的。于是我问他有什么想法吗。他迟疑了一会儿,站起来说,

"老师,我觉得巨人做得没错。"

我有一些意外,但我一下子想到了"嵌入式"培训时,蒋薇美老师提到的比教知识更重要的是教会孩子独立思考的观点。于是,我点头示意他继续说完。

"老师,我觉得花园是巨人的财产,他想邀请孩子们来玩就邀请孩子,他想邀请老人就邀请老人,他想谁都不邀请,那就谁都不邀请。可是孩子们在巨人不允许的情况下偷偷跑进别人家里,还乱跑乱叫大声吵闹,那是不对的。"

课堂上突然安静了下来,我看许多同学也都陷入了思考。

我先是有些意外,阿景竟然从这个角度提出了他的想法;意外过后我又有些惊喜,因为我觉得他说得也有道理。因此,我先是表扬了阿景的独立思考能力和规则意识,然后我问了同学们对阿景的观点有什么看法,我发现有将近一半的同学都在微微点头。于是我说,那么我们就来办一场辩论赛吧!同学们按照自己支持的观点自由组队,准备论据,一周之后的语文课大家来交流一下自己的观点。

一周的时间悄然而过,那节语文课给我留下了美好的记忆。在课上,阿景领衔的

"巨人队"抛出了一个又一个的论点,证明了私人财产的不可侵犯和个人自由选择的合理性;而由一位女同学带领的"孩子队"则从爱与包容的角度出发,证明了分享才能带来快乐。作为一名语文老师,我不仅在他们身上看到了语文素养和表达能力,我还看到了他们独立思考的能力。

阿景是一颗星,这颗星星叫做"质疑"。不止是阿景,在那节辩论课上,我看到了每个学生的质疑和思考能力。

如果说阿景是特别的,那么西西就是一个平凡普通的女孩子。

西西是个转学生,她不高不矮,不胖不瘦,头发不长不短,学习成绩也不好不差。说话轻轻柔柔,在一群吵吵闹闹的孩子们中间,确实很容易被忽视掉。我尝试了用很多方法跟她交流,希望她能够变得稍微活泼外向一点,融入进这个新的家庭,可是她都只是微笑着,然后还是那么安静。

可是那天,向来跟老师不太亲近的西西在放学之后敲响了我办公室的门。我有些意外,因为在平时这个时间我已经回家了,今天我只是碰巧留下修改一下第二天上课要用的课件。她怎么会来敲我的门呢?

我让她进来办公室,询问她有什么需要我帮忙的。她嗫嚅了一会儿,问我:"老师,你能跟我来一下吗?"

我立刻跟着西西走出了办公室,她带着我来到了花园。我看到花园角落里有一个纸箱,我疑惑地走近一看,原来是一只即将要生产的流浪猫!

顾不上问西西这是怎么回事,我立刻回办公室将我平时放在那里的厚外套拿了过来给小猫垫在了身下,我和西西一起蹲在纸箱前,听着猫妈妈呼噜呼噜的粗重呼吸声都有些着急。过了一会儿,母猫开始生产,还好我小时候有过养猫的经历,于是我告诉西西,如果一切顺利的话,母猫是能够自己生产的。果然前三只小猫的脑袋都顺利地依次从妈妈的肚子里探了出来并安全"着陆",只剩最后一只小猫时,我们拿来一盒牛奶帮助猫妈妈补充体力,过了一会儿,四只小猫都顺利地生产了。我第一次看到西西脸上那么明亮的笑容。

后面的时间里,我一直和西西一起照料着花园里的母子五只猫,直到这些猫都被妥善地领养走。

后来我问西西,那天她怎么知道我在办公室。西西跟我说,她已经独自照顾那只猫妈妈很久了,因为她觉得猫妈妈即将生产却还是孤零零的,太可怜了。所以她就从门卫叔叔那里要来了纸箱,上学时就带给小猫牛奶和面包,课间就去陪猫妈妈聊聊天。那天她做值日生,做完之后顺便去看望了下小猫,发现小猫要生产,有些慌张,才急急忙忙跑到办公室,希望碰碰运气找到人来帮忙。

我没有想到,平时安安静静,看起来对什么事情都不太关心的西西,心底是这么的柔软。西西也是一颗珍贵的星星,这颗星星的名字叫做"善良"。或许有时候这颗星星并不够明亮,也不总是霸道地占据人们的视线,可是她永远在那里,发出温柔但永恒的光芒。

小顾是个调皮的男孩儿,也是我们班上的"孩子头儿",平时他喜欢领着一帮半大小子在校园里踢天弄井,今天偷偷吃点零食,明天悄悄溜进草坪,可是从来没惹出过什么麻烦事,我也总是睁一只眼闭一只眼。

可是那天早上是我的语文课,小顾迟迟没有来上课,家长也没打电话过来请假。我有些担心,就让同学们先读着课文,我去问了小顾的几个朋友,可是小顾的朋友们都摇头,表示不知道他去了哪儿。我正心慌,准备打给小顾的妈妈,没想到这时候小顾走进了教室,怯生生地喊了一声"报告"。

我回头一看,小顾就站在教室门口,白色校服衬衫脏兮兮的,裤脚也有些破了,好在看起来没有受伤,只是狼狈的样子。但我还是不太放心,下课后就把小顾叫来了办公室,准备好好跟他聊一聊。因为他平时虽然调皮,可是从来不会打架生事。没想到,小顾来到办公室却一言不发,只是低着头看着地面。我有些无奈,只能假意威胁道:"如果你不打算告诉老师的话,老师就只好跟你家长联系了。"小顾抬了抬头,还是没有说话。我想了想就让他回去了。晚上,当我躺在床上思索这天发生的这件事时,脑中闪现出了"嵌入式"培训时景洪春老师提到的"习作是自由的言说",我一下子从床上弹了起来,何不设计一个"小秘密"的练笔呢?

第二天,我抱着作文本来到了班上,在黑板上写下了"小秘密"这个题目,跟同学们解释说,"今天的作文练笔是写下你的'小秘密',可以是任何你想要倾诉又不好意思跟人说的事情。"下课铃响,我将作文本收走,第一个将小顾的作文挑了出来。

果然,小顾向我解释了前一天发生了什么。

原来是他上学的路上,遇到了三年级的邻居妹妹,有几个五年级的男孩子正追着她跑,小顾一看就冲了上去帮妹妹"干了一架"。五年级的孩子们自知理亏,没纠缠多久就跑了,他这才来上课。我担心他会不好意思跟我当面交流,就在批语中表扬了他的见义勇为,并提醒他下次遇到这种事情,也要学会保护自己的安全。还跟他说如果他想要找人聊聊,我随时欢迎。后来我又开了一节专题班会,教给他们"见义勇为",更重要的是"见义智为"。

小顾不是传统意义上的好学生,可是我知道,他的心底也铺满了善良和勇气,这个名叫"勇敢"的星星,也是一样的耀眼。

我想班级里每个学生都是一颗独一无二的星星,有的同学天资并不聪颖,可是学习刻苦,仔细认真,每次都交上最干净整洁的作业,这颗星星叫做"努力";有的同学手工能力发达,每次我们制作板报时,她总会大放异彩,我把这颗星星叫做"心灵手巧";还有的同学家庭条件不好,可是总是乐观地面对一切,这是一颗名叫"坚强"的星星……

我只是一名普通的小学班主任,在遇到班上的同学之前,我对这份职业的想象无非是"教书",真正接触到这一张张笑脸,我才逐渐意识到什么叫做"育人"。每个学生都是一颗明亮耀眼的星星,当他们来到这个班级就形成了一团火焰,我愿意和他们一道,点亮他们人生的未来。在以后的日子他们会与我分别也彼此分别,到时候,他们就是漫天的繁星。

我一直在等,等每颗星星闪烁,等每块金子发光,等每棵树苗长成参天良木。或许,这是他们的成长,也是我作为老师的第二次成长。

# 我的"嵌入式"发展之路

谭艾林

谭艾林，2005年毕业于西安建筑科技大学管理学院信息管理与信息系统专业。现是广饶县同和小学信息技术教师、教导处主任。主要担任学校教学管理、教育信息化和创客教育等工作。2015年至2017年负责学校"嵌入式"培训的后勤保障和信息技术工作。期间获得市优质课一等奖3次，执教县公开课1次，获得县小学信息技术学科教学能手称号，被推选为东营市信息技术学科青年教师重点培养对象。

2015年8月，学校依托上海名师学习研究所，启动了"嵌入式教师专业发展项目"，该项目在全国尚属首例，同和小学是第一所介入研究的学校。作为学校电教负责人，我参与了项目开展的全过程。通过两年的项目跟进，不仅见证了参训学员的专业成长，也见证了项目从实验探索到逐步完善成熟的全过程。我很乐意分享自己两年来与"嵌入式"培训的故事。

2015年，当校长决定在学校开始实施"嵌入式"培训的时候，我对"嵌入式"培训能否坚持开展两年是持怀疑态度的，毕竟这种培训形式以前从未接触过。两年培训期，老师们需要牺牲大量的休息时间，真刀真枪地抓课堂教学，解决自己课堂存在的实际问题，而不是听个报告、写个总结就完事。因为这个培训需要一定的信息技术手段支持，对学校信息技术保障能力是有一定要求的。领导征求了我的意见，当时我的想法很单纯，作为学校电教工作主要负责人，我有义务和责任完成学校安排的工作任务，并且我觉得自己的学习能力也比较强，应该不会被培训项目中的技术问题难倒，同时也想挑战一下自己。可是当我得知项目的首个技术任务时，我就有些傻眼了。

## 故事一："嵌入式"培训的首个技术任务

40节课堂实录,每个参训老师一节,作为教师前期课堂教学水平估评的直接资源载体,供上海专家研究分析每位老师的课堂教学。当时我还负责学校的总务工作,平时都非常忙,自己感觉40节课,需要前后两机位合成,任务量真是很大。江所长安慰我说不要着急,尽自己最大努力做好就行,可我明白这40节课课堂实录越早完成,项目才能顺利推进。根据江所长提供的设备参数,我第二天就完成了设备购置,当天下午就对参训老师进行了使用培训,并亲自对机位位置、镜头方向和画面范围进行了统一示范,对老师录制课堂实录进行了统一安排。在刚开始录制课堂实录的那两天,我基本上都是跟着录像机转,因为老师们平时接触这些设备少,操作还不熟练,老怕他们出问题,影响录制进度。我让年轻老师先录,先教会他们,再让他们帮助老教师,老师们录制的整个过程还是比较顺利的。每天下午放学后,我都会收回机器、导出录像、给机器充好电,为第二天的录制做好准备。

以前制作录像课一天最多做2到3节,现在面对每天差不多6节课的原始视频,刚开始真的无从下手,我想不会因为这几节课,需要我通宵加班吧?因为今天的视频素材处理不完,明天又有6节课,更没有时间制作了,再者我工作用的计算机就是普通办公计算机,根本没有那么多的存储空间来存这些素材呀!我想我需要进一步学习一下视频后期处理了,看看有没有更省时省力的好方法。于是,我从网上查阅资料,学习后期制作软件的高级使用,用了2个小时就基本解决了这个难题。我在放学后首先将每位老师的素材进行后期合成编辑,在下班前通过批次处理的方式让机器晚上自己生成视频文件。简单来说就是:"人休息,机器不休息。"第二天再对生成的文件统一进行压缩编码。机器做视频,我忙学校的其他工作,基本上在下午放学前6节课就处理完成了。差不多用了7个工作日,顺利完成了40节课的制作任务。虽然每天晚上我差不多7、8点才能离校,但是我还是很有成就感的,我觉得我又学了一招,而且这招是非常有用的,在以后的工作中,我再也不用担心大量的视频处理任务了。

"嵌入式"培训有专用的培训平台,需要老师将自己的课堂实录上传到平台上,专家、家长、学生通过平台来观课、讨论。在 2015 年时这种网络研修模式还是比较前卫的。为了保证第一次上传课堂实录不出任何问题,我主动要求首次传课都由我来操作,顺便摸索一下培训平台的使用方法,方便以后指导参训老师使用。40 节课都要上传到平台,如果一节一节上传,需要很长时间,于是我下载了 5 种不同的浏览器,尝试同时传五位老师的课堂实录,结果用了差不多 3 个小时就将 40 节课全部上传到了培训平台。在此后的培训过程中,我对出现的技术问题都做了比较恰当的处理,我觉得我的信息技术水平也在这两年有了明显进步。

## 故事二：创新就在一念之间

2015 年年底,我获得了参加东营市市级优质课评选的机会。县教研员宋老师在指导我备课时提出,要想获得一等奖必须在课堂上有亮点,这个亮点一定是非常突出的。当时我就思考讲的都是同一课题,你能想到的点子,别人基本都能想到,这个亮点不好找。突然我想到了"嵌入式"培训平台,老师可以利用网络工具来研修,我的课堂是不是可以利用网络工具来做些什么呢? 信息技术课本来就应该与时俱进,引入新的技术手段来帮助课堂教学。思前想后我觉得在学生评价环节设计上进行突破是最可行的,因为现在的教育理念是让每位孩子在课堂上都有表达的机会,我觉得利用适合的信息技术工具,这个理念是可以实现的。

我从网上查阅资料,发现可以使用网络问卷系统来完成课堂评价的自评环节,每名学生都有机会表达自己对这节课的看法,对自己的学习情况进行自我评价。因为是匿名问卷,可以大胆表达自己的真实想法,不用担心被别人看见,保护了孩子的自尊心。老师可以利用网络工具的统计分析功能,快速汇总课堂全体学生的自评数据,为进一步分析课堂教学、改进课堂教学提供最为全面客观的数据资源,这不正是互联网时代的鲜明特点吗?

最终我找到了非常适合课堂自评的网络工具,并且在教学设计学生评价环节进行了应用。这次优质课评选我获得了一等奖,在评课环节,评审专家特别提出这是首次有老师在课堂评价环节使用了网络工具,创新了信息技术课堂评价的方法。我当时想,能获得一等奖,这个亮点我是找对了。在后来的课堂教学中我也多次尝试这种新方法,不仅使自己的课堂有特色,也为我进一步改进课堂教学提供了客观依据,使我的课堂教学越来越有针对性,对学情的把握也越来越准确。

## 故事三:钟启泉教授的一句话

2016 年初,我有幸参加了广饶县小学信息技术课程研讨活动,并执教了一节公开课。这次活动由 2 节研讨课和评课活动组成,县教研室宋老师邀请了东营市教科院刘院长亲自参加了这次活动。接到任务后,我就认为这次是展示学校"嵌入式"培训效果的好机会,一定要认真准备。钟启泉教授的报告中曾说过:"课堂其实就是孩子不断与教科书对话、不断与同学对话、不断与自己对话的过程。"我认为钟教授的这句话简洁明了地诠释了课堂教学的真谛,为我的课堂教学指明了方向。我在备课时始终用这句话来验证自己的教学设计,每个教学环节反复打磨,课堂活动也以这句话为指导,从学生课堂对话的角度来设计活动。当这节课上完后,我感觉这是我工作以来上得最好的一堂课,因为孩子们的眼神告诉我,"他们不愿意下课",这是我以前从未遇到过的。知识的传授已不再是课堂的唯一,孩子们充满渴望的眼神才是教育的真谛。我觉得这节课让我的教学水平又上了一个新的台阶。

在评课环节我将钟教授的这句话和"嵌入式"培训对我的影响与参会老师作了分享,大家都非常认同;特别是最后刘院长在点评环节还专门引用了钟教授的这句话来分析课堂教学,并提出有机会一定到同和小学去了解"嵌入式"培训。我真的感到非常高兴,因为自己的付出得到了专家的认可,我也找到了自己课堂教学发展的方向。在以后的优质课评比中,我分别在市、县都取得了优异的成绩,我的业务发展之路也越走越宽,这与"嵌入式"培训是分不开的。

这就是我在学校"嵌入式"培训中的三个小故事,虽然故事里没有宏篇大论,也没有催人泪下的词句,但都是我的真实经历,是我专业成长路上的宝贵财富。两年的培训经历留给我的故事有很多,以上是我印象最为深刻的三个故事。两年时间在一名教师的职业生涯中不算长,但影响却会是一生。我感恩那些让我成长的人和事、那些看似平淡的点点滴滴。路在脚下,目标还在远方,唯有坚定信念不断前进,才会看见心中更美的风景!

# 梅香飘逸浸心间　嵌入学习硕果显

## ——"嵌入式"学习的点点滴滴

司桂莲

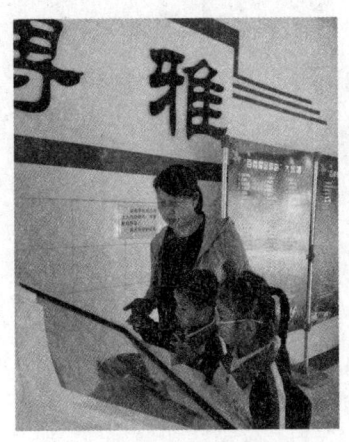

司桂莲,一级教师,从教33年,一直担任小学语文教学工作和班主任工作。从教三十多年来,她始终忠诚于党的教育事业,时时以一个优秀教师的标准要求自己。兢兢业业,任劳任怨,全身心投入到教育教学和班主任工作中,用真诚的心去对待每一个孩子,获得了家长和孩子们的尊重和喜爱。先后被评为校级"师德模范教师"、"优秀班主任"、"广饶县优秀教师"、"广饶县教学能手"、"广饶县优秀班主任"、"东营市优秀教师"、"东营市优秀班主任"等。

**教育理念:**发展每一个,幸福每一个,让每一个孩子健康快乐成长。

　　2015年的秋季开学,我们同和小学的教师开启了一项崭新的培训学习方式——"嵌入式"培训。记得刚开始参加"嵌入式"培训的时候,大家心里都忐忑不安,头脑中没有头绪,感觉无从下手。"嵌入式"培训到底是一种怎样的培训呢?我校采取走出去、请进来的途径提升教师们的业务水平。上海的专家一次次来我校亲临指导,做有关报告、上示范课,我校选派骨干教师到上海进行观摩学习,大家都觉得对教育教学有了崭新的认识。通过学习,大家把在上海学到的课堂教学经验带回来,再传给自己的团队。这样,整个学科团队都得到收益、得到提升。特别是景洪春老师亲临我校,针对老师们的课堂——耐心地指导,使老师们清楚自己的课堂应该怎样来做。经过两年多的"嵌入式"培训,每位教师都在专业成长之路上得到了提升发展。现在我们同和小学发生了令人瞩目的变化,其中,教师的课堂和学生学习情况的变化尤为明显。

# 多彩的课堂

以前我在教学时,只注重孩子们的课本知识教学,对课本知识的拓展很少。从而,孩子的想象力和思维发展受到了束缚。比如:在学习课文时,孩子们只是机械地读文认字,久而久之,孩子们对语文的学习就会产生厌倦心理。通过"嵌入式"培训,特别是上海蒋方叶老师带来的示范课以及景洪春老师一次次面对面的评课,让我意识到自己的课堂存在着太多的缺陷,光凭借自己多年的教学经验已经不能适应当下教学的要求;认识到了在低年级学段的语文教学中,不只是让学生简单地读文、识字、写字,更重要的是让学生在识字过程中注重生字音形义的结合。我现在的语文教学课堂上,孩子们在生字的学习中非常乐学、感到识字很有趣味。比如:在学习生字时,让孩子读准音,还要让他们说一说自己记住生字读音的好方法,与大家分享交流。孩子们会争先恐后来说自己的识字方法。有的用加一加,有的用换偏旁,有的根据字理编成字谜,还有的大量扩词。老师会根据生字的特点来演示生字的古今演变。另外,我根据形相近的生字来穿插形近字的比较,多音字的学习等。这样,学生不仅学到了本课的生字,还使以前的生字得以巩固,扩大了学生的识字量。学生对生字的掌握也非常牢固。一节课下来,孩子们的收获满满。在学习课文的过程中,我根据上海专家、名师的指导,不再被课本所束缚,每次学习课文时会引导学生练习说话、说完整的话,为孩子们的口语交际打下基础。随后根据课文主题、内容、文体、写法来拓展扩充相关内容的文章让学生学习。此外,我在教学中比较注重孩子们的课外阅读和课外拓展。

新的理念教学促进了学生想象和思维的发展。记得在学习《彩虹》这首儿童诗时,我让学生也来做小诗人编一段。这时孩子们可活跃了,争先恐后地举手发言。只见树泽眨眨眼睛站起来说:"姐姐,你画画用的彩笔呢?如果我拿着它,走到桥上,在桥上画画,那天上的云朵不就是彩色的吗?看到彩色的云,你高兴吗?"我班的读书大王钟子龙和巴舒畅也举起小手,子龙说:"奶奶,你那挠痒痒的痒痒挠呢?如果我拿着它,走到桥上,天上不就多了一个……"子龙急得挠头皮说不上来了。这时舒畅站起来接着说:"天上不就多了一只小手吗?用这只小手给你挠痒痒,你高兴吗?"听了孩子们编的诗句,全班同学响起了掌声。这就是通过"嵌入式"培训带来的课堂变化,学生的提升发展。

# 学会与家长沟通

"嵌入式"培训不但让我们教师的课堂教学发生了质的变化,而且还学习到班主任如何管理班级,教师如何与家长沟通的学问。我们知道教师与家长的沟通是为了一个共同的目标,那就是教育好孩子。共同的爱使家长和教师的距离拉得很近,使家校沟通更加自然融洽。在工作中,我发现:拥有一颗爱心,对学生真心付出,学生们也会同样地真心喜欢你。这种爱心还表现于对学生的赞美与宽容,尊重孩子的成功,哪怕只有一点点的成绩,也要让他们学会自信。所以作为教师,需要发掘出每个学生身上的闪光点,并及时地给予赞美。一个有责任心和爱心的老师会随时发现孩子身上的闪光点,帮孩子树立自信心,让孩子学会自信。

一个好的教师要学会与家长沟通,调动家长的力量来协助班级工作。我班有一个特殊的小女孩李佳鑫,平时学习东西非常慢,在课上学习的知识无法当堂掌握。我利用家长来接送孩子的机会和家长沟通,让家长在家好好辅导。经过了解,知道佳鑫是个早产儿,三岁时父母离异,母亲年近五十根本教不了佳鑫,只能靠怀孕的大姐每天晚上来辅导小佳鑫的学习。了解到情况后,我对佳鑫的各方面更加关注,只要佳鑫有一点小进步,就在班上表扬她,也告诉家长,让孩子和家长都有信心。在寒假前的家长会上,佳鑫的姐姐来开家长会,一进教室门,我告诉她佳鑫期末检测考得不错,被评为"进步小明星"。姐姐当时激动得热泪盈眶,说:"老师,咱们抱一抱吧!"在家长会上,我把半年来,在孩子们的努力下班级所取得的成绩一一向家长做了汇报,并根据每个孩子的特点向家长做了说明。既让家长看到自己孩子所在的班级是最优胜的班级,孩子在这样的班级非常幸运,也让家长看到自己孩子的闪光点和今后需努力的方面。只有把家长的力量调动起来,教师的教学工作才会得心应手。老师们要学会和家长沟通的技巧,千万不要一味地去指责家长,要让家长感到自己的孩子在老师眼里是被关心的、被喜欢的好孩子,只有这样,家长才会全力以赴地支持你的工作,你才会感到自己的工作是多么地舒心、有趣。

# 自信的力量

我们知道赞美和师爱对学生成长会有很大的影响。每个学生都需要赞美和爱，一个心理健康的人，相信别人，由衷地欢迎别人，也渴望别人爱自己，信任自己。所以作为教师，需要发掘出每个学生身上的闪光点，并及时地给予赞美。欣赏每一个学生，努力做一个有魅力的教师。一个有责任心和爱心的老师会随时发现孩子身上的闪光点，帮孩子树立自信心。

去年我担任二年级二班的班主任及语文任课教师，刚接手这个班时，我发现孩子们的许多习惯都没有养成，致使有的孩子在学习上"掉队"，课堂上注意力不集中，回答问题不积极，作业经常丢三落四完不成，王雅琪就是典型的一个代表。

雅琪是个瘦小的女孩，个头矮矮的，不爱说话，独来独往，很少与小伙伴交流，在班里很不起眼。记得大课间，同学们在跳绳，只见雅琪拿着跳绳抡一下并脚跳过去，停顿一会儿，再抡一下，根本不能连贯起来跳。体育老师蒋春霞是一位很有教学经验的老师，她不厌其烦地指导小雅琪练习，并告诉她要抽空坚持练。经过近三个月的练习，小雅琪终于学会连贯地跳绳了，体育老师和同学们对她大加夸赞，她自己的小脸上也露出灿烂的笑容。一次语文课上，我让同学们用"终于"练习说话，只见小雅琪高高地举起小手。我说："雅琪，你来说一说。"小雅琪迅速站起来大声回答道："我终于会跳绳了。"我听后非常高兴，对同学们说："你们看，雅琪这句话说得多好！"这时同学们争着告诉我："老师，王雅琪现在已经能连贯跳十几下了。"我趁机提议："同学们，雅琪可真了不起，让我们为雅琪的进步鼓鼓掌好不好？"同学们异口同声地回答："好！"顿时，热烈的掌声响起来，雅琪的脸美得像一朵花。

从此，小雅琪就像换了一个人，课堂上经常会听到她回答问题的声音，作业按时完成，字也写得漂亮了，每次检测成绩能达到 A。每天看到雅琪充满自信的模样，看到她的进步，我心想：给孩子自信心是多么重要啊。我们做老师的不要吝啬对孩子们的表扬和鼓励，多给他们一些自信吧！

我们做教师的真的需要俯下身子与学生进行心灵的对话，像呵护眼睛一样去呵护他们！给予他们一些宽容和等待，我们会听到花开的声音！

孩子的世界其实没有我们想象中复杂，他们单纯而透明，很多时候，你多一份用心和关爱，也许事情就会完全变样！每个孩子都有他独特的灿烂和芬芳，也有独属于他自己的弱点，我们需要花时间真正走近每一个孩子，才能更好地引导孩子取长补短，帮他们树立信心，更好地发展自己。真正做到在课堂上，发展每一个，幸福每一个！作为一名教师，最大的欣慰莫过于自己所教的学生有了出息，特别是一些各方面有困难的学生得到自己的帮助后树立信心走向成功，那种幸福我想每位老师都深有体会吧！我觉得这种幸福来自于对学生充满"爱与责任"的意识。作为一名普通的教师和班主任，我们应该脚踏实地，用爱与责任奉献点滴，滋润万物。

通过我们教师专业发展学习——"嵌入式"培训，看到的是我们同和小学的发展和提升，是老师和孩子们的快速发展和提升，虽然我们已经取得了一些经验，但是，我们的工作中还存在着很多的不足，在今后的教育教学中，我们将继续学习上海的先进经验，发挥长处、找出缺点，争取更大的进步。愿我们的同和小学越来越美好！

# 成长与蜕变

王秋兰

王秋兰,1970年12月生,本科学历,小学二级教师。1997年参加工作,在偏远乡镇任教17年之久,2014年调入同和小学,任教数年来,兢兢业业工作,勤勤恳恳育人。把满腔热情和爱心无私地奉献给了教育事业。

**教育理念:**营造轻松活泼的课堂,让爱充满课堂的每一个角落。

时间过得真快,来同和小学已是第五个年头,刚来那年已经四十四岁,进入职业倦怠期,缺乏进取心。偏偏遇上"嵌入式"培训,心理上一时难以接受。作为学校的一名数学教师,无奈地接受了各种训练。听着各位专家的讲座,潜移默化之中,对这种培训越来越认同,尤其是听了姚建强教授对我的课堂进行的分析,确实认识到自己在课堂掌控能力和教学研究上的不足。年龄不应成为自己成长的阻力,于是放下架子,发誓与二三十岁的年轻教师共同成长。经过两年的培训,更新了自己的教学理念,改变了以往陈旧的教学方式,课堂的点点滴滴都能折射出我教学理念的改变,现收集几个片段来记录自己这两年的收获。

## 反刍陈旧的课堂

记得第一年教小学一年级数学,教学"5以内的数的认识和相关加减法"时,问学生会不会,学生都说会,如此简单的"5以内的加减法"还用得着教吗? 于是一节课把一个单元的内容讲完了,然后做练习题。学生的表现让我目瞪口呆,孩子们不知道如何做。我才发现自己犯了个低级的错误，用成人的思维去看待刚刚入学的孩子。六七岁的孩子，可能会口算几加几等于几，但他们的数学知识是零碎的、不系统的，他们还是第一天拿起数学课本的孩子，我怎么能像教初中生一样灌输他们知识呢？我反思自己，需要慢下来，按课时要求一节一节地上课。

接下来的数学课，课本上有什么，我就教什么，一年下来，我们班的数学成绩总落在别的班级之后，我的教学问题出在哪里？我不得不进一步反思。不与人交流的教学是行不通的，要想上好课，只研究教材是不够的，还必须研究学生，参加教研。渐渐地，感觉到有专家参与指导过的课，学生接受起来就会轻松，重难点的突破也容易多了。不知不觉中，心理上认可了这种培训方式，并期待专家对自己的课堂进行更多的指导。

## 故事中的数学

长期与七八岁的孩子在一起，我发现孩子之间的思维差异是很大的。同时语言的表述与数学思维之间紧密相关。语言表达清楚的孩子，数学思维也非常缜密；而那些连自己想干什么，想表达什么都说不明白的孩子，数学思维也不到位。于是我的数学课不再是单纯地教学生如何做数学题，而是和孩子多交流，教会孩子如何用语言把自己所想的事情清楚地表达出来，从多个方面训练孩子的表达能力。

小学一年级的教科书，多数的数学问题是用图画的形式来呈现，为了训练孩子的语言表达能力和数学思维能力，看到每一幅图，我先引导孩子们互相编数学故事，把数学故事讲得大家明白了，数学思维也就提升到位了。半个学期之后，孩子们翻到数学课本的每一张，都能讲出不同的数学故事。通过讲数学故事，我发现孩子们越来越喜欢数学了。一年级学生不允许布置书面作业，每次放学，我这样和学生说：回家把今天数学课上学习的知识教给你的妈妈，一定把妈妈教会。目的是让学生复习课上所学习的知识，来训练学生的语言表达能力和数学思维能力。

## 儿歌中的数学

为了培养学生的语言表达能力和学习数学的兴趣，我大胆地选取"儿歌"作为工具来辅助我的数学教学。因为儿歌贴近学生的生活实际，读起来又朗朗上口，孩子们非常喜欢。久而久之，我发现"儿歌"成了我开启孩子们数学思维的一把"金钥匙"。

### 片段一

我伴随着上课铃声走进教室，发现还有七八个学生没有坐好。我轻轻地放下手中的书，一边两手拍打自己的双肘一边说："小手小手放哪里？"孩子们立刻模仿我的动作双手拍打自己的双肘，说"小手小手放桌上"，然后我用手指一边指着自己的眼睛一边说："眼睛眼睛看哪里？"孩子们跟着我的指引，大声地回答："眼睛眼睛看老师。"愉快的一节数学课就这样开始了。课上，小组活动紧张有序，活动之后，还有几个孩子没坐好，我这样提醒"有位同学没坐好"，同学们齐声说，"请他立刻来坐好"。孩子们跟随着自己的回答，注意力也就回到了课堂。在课堂学习中，某个学生回答问题非常精彩，我会和全班同学一起竖起大拇指，一起大声夸他"某某同学你真棒，你是我们的好榜样"。这虽然是表扬某一个学生，实际上是激发全班学生的学习积极性，形成良好的学习氛围。

### 片段二

小学一年级学生识字量小，不会读题，做题容易出错，再加上理解能力差，教学难度大，而在教学中运用儿歌，能起到事半功倍的作用。比如，学习"10 的加减法"时，我让学生背过"10 的组成拍手歌"：拍拍手拍拍手，我们都是好朋友，一九二八三和七，四六五五凑一起，组成十来别忘记。背过了这首儿歌，学生做 10 的分合式和 10 的加减法就不容易出错了。小学二年级学生学习"角"的时候，画角容易出错，经常忘记标记角的符号，我就和学生一起编了这样一首儿歌：小小角，很简单，一个顶点两条边，画角时，要牢记，先画顶点再画边，标上符号很关键。再画角时学生就一边背儿歌一边画，很少再有出错的。学生学习了"年月日"的相关知识后，大月小月记忆很让学生头疼，我在以前儿歌基础上加以改造：一三五七八十腊，三十一天永不差，四六九冬三十整，只有二月不相等，平年二月二十八，闰年二月把一加。通过儿歌教学，可以让许多难以记忆的数学知识深深植在学生的脑海中。

### 片段三

小学一年级学生在学习比大小时，频频出错，我找来多个学生，与他们交流，通过交流，我发现孩子知道哪个数大哪个数小，只是分不清大于号和小于号，于是我这样和孩子们来突破这一难点，不论是大于号还是小于号，开口那边永远是大数，尖尖角那边永远是小数，于是我们一起编了一句儿歌"尖尖小嘴啄小数，张开的大嘴吞大数"，一句简单的儿歌，让孩子们的思维豁然开朗。

儿歌是一种优美的语言，我通过在数学课堂上使用儿歌，发现学生不仅语言水平提高了，数学思维也提升了许多。于是我根据小学生的年龄特点，经常性地在数学课堂使用儿歌，儿歌能让我的数学课堂充满快乐，充满活力。经过多次的儿歌尝试，学生遇到难以理解的知识时，经常会提醒我："老师，我们编一首儿歌来帮帮忙吧。"于是我的数学课堂就沉浸在编写儿歌的快乐中。

两年的"嵌入式"培训结束了，我参与了不同风格的课堂学习过程，收获了许多。蜕变的过程是痛苦的，但蜕变之后有惊喜。培训结束了，但我会继续学习，促进自身专业发展，继续走在成长与蜕变的路上。

# 在孩子们的进步中成长

张 倩

张倩,1986 年 10 月生,本科学历,小学二级教师,2015 年 9 月至今在广饶同和小学任教。工作以来,认真勤恳,踏踏实实,一路前行。

**教育理念:**"赏识"有助于学生学习成功;"抱怨"肯定会导致学生学习失败。赏识就在我们身边,赏识就在我们的一言一行中,所以我们教师应从多个角度、多个侧面去评价学生,让每个学生在自信中快乐成长。

很有幸在进入同和之时,"嵌入式"培训恰好被引入我们学校,这种不用"走出去",而是把专家"请进门"的培训方式对于我这个新手教师来说,无疑是一份最好的礼物。经过培训,我的见识增长了,专业技能提升了,心态改变了,孩子们进步了,我也成长了。在成长的过程中,伴随着许多的教育"小"事,撷取一二,见证自己,也见证孩子们的成长。

## 他不再沉默

有一个小男孩,就叫他小志吧!黑黑的头发,小小的脸蛋,大大的眼睛,穿得也干净整齐,看上去挺让人喜欢。可上课的时候,他的眼中没有光,嘴里也没有话,从来也不举手,偶尔叫他起来回答个简单的问题,他的声音很小很小。如果用一个词来形容他的话,那就是"忧郁",是的,和他的年龄不符的忧郁。学习了一段时间的拼音之后,我组织了小测验,果不其然,他的成绩非常不理想。于是,我打通了他妈妈的电话,经过交流,我知道了,原来他是单亲家庭,对于孩子学习方面的事情,他妈妈虽然一口一

"哦,真是个孝顺的孩子。"我的心仿佛被什么击中,有些震颤。

这还是我平常认识的小林吗? 实在不可思议。为了纪念,我拍了一张照片,照片中,所有孩子都是捏着小黄瓜,高高地举着手,依然只有他,手心朝上,恭恭敬敬地捧着这小小的黄瓜丁,只是想送给他的爸爸。多么可爱的孩子,多么纯真的心灵。若不是这块"小黄瓜",恐怕我不会发现隐藏在调皮之下那颗细腻又丰富的心。

此后,我继续拿着"放大镜"寻找他身上的闪光点,在老师心中,在同学眼里,小林越来越可爱了。

"白日不到处,青春恰自来。苔花如米小,也学牡丹开。"清代诗人袁枚的这首诗感人至深,启迪我们:教育的目光不能总是盯着花园里耀眼的牡丹花,而要更多投向墙角处不起眼的苔花。事实上,牡丹也好、苔花也好,都应当给予悉心呵护、精心浇灌;了解问题学生背后的情况,用"放大镜"寻找孩子身上的闪光点,给予他们更多的尊重和理解,更多的信任和激励,让他们的闪光点和特长能够通过教育引导,实现更大的突破,才能为他们提供更多人生出彩的可能。

# 错落花开，成长自来

常华华

常华华，2010 年参加工作，担任数学教学兼班主任工作。参加的"一师一优课"活动获得省级优课，多次参加市、县级优质课比赛并获奖，所撰写的多篇论文获得县一等奖，执教县级公开课。在工作中，把学生当做朋友，亦师亦友，用心经营教育，用爱温暖童心，引领孩子沐浴阳光，引导孩子更加乐观开朗。

**教育理念：**每个孩子都是上天送给我们的天使，都值得我们全心全意对待。

学校里有个孩子叫慧慧：她聪明伶俐，注意力超级集中，能做到上课的 40 分钟一直全神贯注，这让她在所有的孩子里显得格外耀眼，非常突出。但是从入学第一天开始妈妈每天领着送到教室里，再由小朋友们领到座位上，上学三年，天天如此。她在学校里不说话，上课不回答问题，下课同她讲话也面无表情，没有情绪的表达，不参加任何集体活动，就算上学从校门口走到教室考试、大课间从教室走到操场也要别人领着才走路，考试不写字，不做题，只是安静地坐着。

## 初次"交锋"，败下阵来

开学第一天，慧慧妈妈来接孩子的时候就给我"立下了规矩"：第一，不能打、不能骂；第二，我的孩子可能完不成作业，我对她这方面的要求不严，孩子愿意写就写，不愿意写的时候我不强求,你不能管她。

我一听就开始生气:"我觉得孩子变成这样就是你的原因,孩子的性格习惯你不帮她纠正,还惯着她这样!"慧慧妈妈说:"你可以这样理解。"第一次"正面交锋"就这样不欢而散,转念一想,这不就是不用我管这个孩子嘛,班里 51 个孩子,我只管 50 个,正好省事儿。于是对这个孩子我能躲就躲,能不管就不管,任她自己发展。

## 转变思想,不能放任自流

直到我们学校邀请上海市著名积极心理学教授蒋薇美老师给我们做了一场名为"辛苦,但快乐着"的报告,我才有所转变。这场报告不仅为我们的"嵌入式"培训拉开了序幕,还在我心里种下了积极心理暗示的"种子":把学生看做魔鬼,老师便生活在地狱中;把学生看做天使,老师便生活在天堂里。教育孩子最大的艺术就是激励孩子,唤醒孩子沉睡的潜能,鼓舞孩子做更好的自己!

于是我重新考虑了"到底该如何跟慧慧相处"这个问题,像以前一样直接无视她肯定不行,但是到底怎样才能让她改变?哪怕一点点的变化也是好的。

经过一番心理斗争和认真思考、仔细衡量,我对慧慧妈妈有了新的认识:跟她比起来,我对自己孩子是没有这个耐心的,而慧慧妈妈已经心平气和地坚持了三年!换我早撂挑子了!人家居然做得那么好,这么一想,我开始佩服起这个妈妈来,开学第一天她给我立规矩的事儿让我忽然看到了一个做妈妈的细腻的心:孩子在学校不说话,不活动,晚上回家也不做作业,初来乍到接班的老师不了解情况,批评教育甚至来个下马威杀鸡儆猴,吓唬一下班里的其他孩子完全都是有可能的。而慧慧妈妈把话说在前面就完全避免了这些事情。

于是我试着跟她聊天:"今天上课讲的内容你听懂了吗?""你平时在家都是喜欢跟谁一起玩儿?"或者偶尔提醒她一下:"上课的时候你就拿出你的课本来""遇到你会的问题你就回答。"虽然她依然每次都不说话,可是我能感觉出来她心里是高兴被关注的。

除此之外,在学校的日子过得井井有条,直到有一天,慧慧居然打架了!雨萌,我们班一个很心细的小女生,很关照她,下了课也愿意跟她一起玩儿(虽然在学校里她跟老师们都不说话,但是跟几个能谈得来的小女生还是很有话题的),这次打架大概是雨萌想喊她一起去操场拍了她后背一下,结果力气用大了,把她拍疼了,她反手就在了雨萌的手背上抓出了三道长长的血印。在最开始的疼痛消退之后,雨萌跟我说:"没事儿,老师我没事儿。"我觉得是时候跟慧慧好好交流一下了,于是我选择了放学时间,当着家长的面儿一起聊一聊:"上学吵个架很正常,谁都会有吵架的时候,她拍你一下,你踢她一脚,这都是可以理解的,吵完了你们依然是好朋友。但是什么事儿都要有'度',不能互相伤害,对同学的身体造成伤害就不好了。而且雨萌还跟我强调不是你先惹得她,让我不要怪你了。"我猜到她可能接受不了我的批评,果不其然。我一说完她就哭着蹲在地上不起来了。慧慧妈说:"老师你先回学校吧,我再做做她的工作。"晚上慧慧妈妈来电话了:"老师你好,我想跟您说一下,我知道雨萌可能很想跟慧慧做朋友,也愿意跟她一起玩儿,平时也很聊得来,但是能不能麻烦您跟雨萌说一下,以后离得慧慧远一点儿?她回来也经常说雨萌挺关照她的,只是她从小就这样,有交际困难,孩子需要一个适应过程。"我虽然嘴上答应着,但是到学校我当然不会找雨萌离间他们的友情,我当作什么都没有发生过一样悄悄关注着她们俩。果然,两个孩子的感情并没有因为这次吵架受影响,直到现在在学校里两个孩子依然如胶似漆,好得跟一个人似的。

自从打架事件之后,慧慧好像忽然开朗起来:以前我跟她聊天,她最多也就笑一笑,而现在能比较好地表达自己的想法了,"在家里谁做饭?""早上是妈妈做饭,以前中午我们俩在食堂,现在食堂不开了,我们去姥姥家,晚上妈妈做饭";"你回家学习的时候妈妈陪着一起学吗?""有的时候妈妈陪着一起学,大部分时候都是做家务或者其他的事情";"认真的女孩子最漂亮了,在我心里你是咱们班最认真最漂亮的女孩子"。我这样说的时候,她的嘴角是上扬的,很显然上数学课也是听得格外认真。

## 耐心等待,花期自来

过去的三年,慧慧只参加过一次数学考试,考了满分。考虑到孩子们每天其实学得很辛苦,除了课堂上我要求每一个孩子一定要全神贯注地听课之外,我从不给孩子们施加压力,下课之后一起聊一聊有趣的事儿,或者我也会把我觉得好吃的糖果饼干带来分给孩子们，孩子们觉得受了委屈也愿意找我倾诉，跟我相处起来都比较轻松，可能是这样的原因，第一次期中检测的时候慧慧居然做了语文、数学、英语三份试卷，年终考试除了作文之外其他的考试科目（包括她一直难以克服的开卷考试）全都做了！

到今年，慧慧已经学了两年的钢琴，在家里能独自弹奏不少曲子，现在竟然能有胆量在全班同学面前演奏；去青州古街看到陶笛有意思，回家研究了两天自己就能对着谱子开始吹好听的音乐；觉得魔方有意思，从两阶的转到三阶，全都是自己在思考着探索规律，总结方法，带着魔方给我们展示的时候，只见魔方在她手里飞速地转转转，我故意打乱顺序，不到两分钟的时间她就能全部复原，看着同学们羡慕加崇拜的眼光，我能感受到她的自豪；学校组织去大海新能源参观，我问她能不能参加，她欣然点头开始愿意参加集体活动；连一向不擅长的体育运动她也开始尝试参加，当其他孩子们拿着跳绳轻舞飞扬的时候她也试着一起蹦蹦跳跳；家长们组织的烧烤派对，她跟着妈妈一起去，表现得很不错，也愿意和同学朋友们交流有趣的事情；慧慧还从11月份开始在家创作长篇小说《回乡之梦》，写到26集的时候让爸爸发送到班级群里请大家批评指正。各种现象都在告诉我，孩子在一点一点朝着我们想看到的方向变化，正在慢慢走出自己的内心世界，一步一步融入到班集体中，家长看着孩子的变化喜悦溢于言表，也不再打电话跟我说让小朋友们远离她，而是从内心慢慢接受孩子融入集体带来的好处，学校活动有的时候家长也参加得很积极，我也觉得很欣慰很满足：已经突破了从无到有，不愁从少到多，从小到大。

在大海边拾贝壳是为了听大海的声音，把心里的着急收起来是想等孩子蜕变的样子。每个孩子都是一粒种子，只是每个人的花期不同，有的花，一开始就灿烂绽放；有的花，却需要漫长的等待和耐心的浇灌；百花齐放固然美好，一枝独秀也有独特的芬芳。相信每一个孩子，静待花开；也许你的种子永远不会开花，因为他是一棵参天大树。

# 反思季

丁淑红

丁淑红,女,中共党员,本科学历,一级教师。2008 年 8 月开始至今,一直在广饶县同和小学任教。

自参加工作以来,她始终坚持以"勤学、善思"为指南,严格要求自己,追求和谐高效的课堂,力争一流的教学成绩,认真、务实地走过每一天。先后获得广饶县优秀少先队员辅导员、优秀共产党员、市级教学能手、省级优秀研修组长等荣誉称号。并参与了《小学数学 AB 卷》《小学数学课堂作业》等教辅资料的编写和修订,并由山东教育出版社、海南出版社等出版发行。所撰写的论文、教学设计等有多篇获省、市、县一等奖。在日常教学中,对工作充满热情,以生为本,与学生关系融洽,做事有毅力,肯吃苦耐劳。

**教育理念:**以自己的姿势飞翔,把学数学变成有趣的事。

嵌入式培训过程中,专家的引领与指导让我对教材的重难点有了更深入的把握,并逐步形成了自己的教学风格。俗话说:给我一个机会,就有一片精彩!我相信我的课堂是和谐的、生动的,孩子们的思维是活跃的。

## 观摩后反思

2016 年 4 月 24 日,"嵌入式"培训在我校以讲课、评课、做报告的形式开展。具体安排是这样的:上午,展示两节课,其中一节是由我校老师执教的《同分母分数加减法》,另外一节是由上海教研室姚剑强老师指导,曹文娟老师执教的《用字母表示数》。剩余的时间是以曹文娟老师为主,全体数学老师参与的评课环节。下午,听取曹文娟老师的报告"思维导向意义下的小学数学课堂课例研究",另外,还听取了"嵌入式"培训负责人江喜标所长的报告"教师成长的思考"以及他关于下一步培训的基本要求和内容的说明。

本次活动给我的感触很深,尤其是曹文娟老师,她带给我的不只是课堂教学的相关指导,还有她个人的知识内涵与成长之路上的引领。我的题目"反思季",也是由她在报告中提到的第一季、第二季……思考得来的。

曹文娟老师的课不仅让课堂上的孩子们兴趣盎然,在座的老师们也深深地被吸引着。整节课,在场的所有人的目光及思路时刻追随着曹老师。大家的脸上是喜悦的,心情是轻松的。课上精彩不断,课下意犹未尽。用享受一词来形容课堂表现完全不为过。

下面,根据个人的理解跟大家具体谈一下曹老师的《用字母表示数》一课。

上课伊始,曹老师以儿歌《数青蛙》引入,跟我们大部分老师的设计思路可以说基本类似,让学生产生说不完的感觉。往往以学生的认知,像这样说不完的情况会想到用省略号(……)来表示。曹老师追问,用数学怎么表示?继而板书课题《用字母表示数》。

如果由我来设计,第一个环节也是如此。接下来,我会出示课本上的例题,即:猜爸爸的年龄,围绕这个问题让学生展开讨论。但曹老师的设计是我想不到的,屏幕上出现了一只手机,当时我的思维是短路的,不知道它的用途。接着出现微信的标识,继而整个手机屏被红包所占据。这时,你会发现孩子们的眼睛是闪亮的、目光是聚焦的。可见,孩子们无一例外是被其吸引的、是对其感兴趣的。

第一次抽了个 0.50 元,曹老师板书:0.5。

第二次抽了个 3.00 元,曹老师板书:3。

第三次,让学生来猜,老师不急于揭晓结果。但老师怎么来记录呢?以学生的认知,提出用"?"来记录。老师板书:?。

曹老师设计巧妙之处在后面的要求:不能乱猜。(出示提示:每人抽到金额随机,最多不超过 200 元。)曹老师问:"你是怎么理解的?"接下来,学生讨论"最多不超过"、"随机"等词汇。曹老师归纳小结:这种不确定的数据可用字母来表示。

课堂在老师的引领下循序渐进地进行着。就如曹老师在报告中所说,一节课要厘清知识的"序"。

本节课的序是：

1. 数的状态；

2. 字母表示；

3. 同一事件中，通常用不同的字母表示不同的数；

4. 不同两个字母间存在"＞、＝、＜"三种比较关系；

5. 明确两个数存在相差或倍数关系，用一个字母表示一个数，另一个数字用字母式表示；

6. 用字母式解决问题。

接下来，跟大家谈一谈曹文娟老师报告中的教学"四问"，曹老师把"四问"确定为求本寻根。即：为何学（明确学习的"标"，即明确学习目标）？学什么（厘清知识的"序"）？怎么学（摸清学生认知的"路"）？有何变（关注学生的"变"）？

反思自己的教学，对于曹老师提及的第二问，学什么？即厘清知识的序，所指的两条路径要同时思考。而我偏重于课时内容知识的序，忽略本课时在本单元、本册书甚至本学段知识之间的序，从而导致学生难以把握重难点或关键。如三年级下册《两位数乘两位数的笔算》是在上册教材《多位数乘一位数》的基础上进行学习的，所以重点要放在用第二个因数十位上的数怎样去乘第一因数以及所得的数跟谁冲齐的问题上（理解用第二个因数十位上的数乘第一个因数的多少个"十"，乘得的数的末位要和因数的十位对齐）。我在教学本节内容时，担心学生对《多位数乘一位数》承接不够，新知旧知一起抓的情况严重，导致重难点不突出，课堂效率比较低。

我还从曹文娟老师那里得知，学生对数的认识有三次质的飞跃。

一是，从具体的实物抽象出数，一般在幼儿园阶段出现。这一点我感触很深，从我女儿身上可以验证。她在幼儿园阶段，当她在涂鸦的时候，我问她，有几只彩笔？她就很认真的数一数，"1、2、3、4、5。"我又问，有几只彩笔？她再数一遍，"1、2、3、4、5。"从中发现，她心中认为的有几只，就是数一遍而已，不会直接把结果告诉你。

所以，不要小看孩子对数的第一次认知，对他们来说真的是一次飞跃呢。

二是，分数的认识。在认识分数以前，学生接触的都是完整的，也就是整数。在把一个物体平均分成几份时，其中一份要用分数来表示。对孩子们来说，理解是有一定难度的。

三是,曹文娟老师执教的《用字母表示数》,也就是所谓的种子课。

借用曹老师的话,对待学生的学习需要三分学,七分等。不仅仅局限于这三次学生对数的认识,不能急于一课时,要给予孩子消化、接受的时间。反思自己,我往往被自己制定的课时目标所禁锢,没有考虑学生自身的认知目标,急于完成自己的教学任务,对学生的态度就没有出现曹老师课堂上孩子们那种学习的氛围,个个小脸上都洋溢着愉悦与渴求,没有时间漫长的感觉,像一晃而过,出现了《教师的挑战》一书中所描述的有心流的课堂。

## 读书后反思

接下来,让我们一起走进佐藤学笔下的课堂。

笔者用大量的课堂实例来给我们展现如何进行这场宁静的课堂革命。在这些课例中,课堂上的学生深深地被吸引,整节课持续50分钟、60分钟,甚至70分钟,学生似乎没有倦怠感。"继续下去"、"等不及了"等,学生发出的这些渴望学习的声音,不断萦绕在耳旁。

这些都是什么样的课堂,有如此大的魅力让孩子们不知疲倦地持续下去?

我带着这样的好奇,再一次翻阅。不难发现,秘密在于这些课例无一例外都是所谓的合作学习、探究学习的课堂,而不是华而不实的教学。这也印证了在《教师的挑战》一书中谈到的:在合作学习的课堂里,每一个儿童与教师一道奏响着同声相应、同气相求的交响曲。

我不得不思考,怎样的课堂才是合作学习、探究学习的课堂?

### 一、"静"下来

从第一章开始分析。在从相互倾听的关系走向合作学习的关系中,从第一部分课堂中的革命认识到能够紧扣当今教师心弦的不是那种热热闹闹的教学,而是借助纤细的交响展开的、静悄悄的、返朴归真的教学。

我个人理解为,真正合作有效的课堂是能够让学生静下心来,真正走进所学,师生在自己思考的基础上与同伴交流,从而借助心心相印的交流,在交响的课堂里酿成互相倾听的润泽氛围。也许这也是笔者倡导"宁静"二字的另一种含义。

在这一部分,笔者还教给我们如何避免部分学生独占课堂发言权的方法。这个问题我也思考过,也尝试过点名发言,可是被点到的学生不是表现出茫然就是反驳自己没有举手,老师怎么会叫到?答案就在课例中。

从八木老师的课堂中,得知点名不是随意性地,而是需要执教老师琢磨每一个学生的表情变化,侧耳倾听他们的低语。我个人理解为,在课堂中逐渐培养让不举手的学生若被点名,师生要耐心等待,静静地等待不知如何表达的学生组织语言。并且一旦发觉其他学生没有听到,则通过重述,让全班学生知晓。如:谁听到某某的想法了?你能再说一遍吗?

## 二、"串联"起来

### 1. 发言"串联"

在坦诚相见部分,谈到构筑相互倾听的关系是至关重要的。这也是我最关心的。文中不断地提到"串联",而我只是停留在字面意思的理解,并没有真正弄明白、弄懂。涩谷老师的"串联"应对措施是把每一个学生的发言同下一步的展开串联起来。笔者评论到,这样的教学进展只是线性的。

回顾我的课堂,又何尝不是这样呢。读完这一部分后,反复思考,这不是真正的"串联"。我个人理解为,真正的"串联"之一应是要将一个学生的见解与其他学生的见解串联起来,要与这个学生的先前思考串联起来。如:我先前对倾听的理解,就是要求师生认真听发言者的内容,而在《教师的挑战》中提出要从三个方面去倾听:一是认识该发言是文中的哪些话所触发的;二是认识该发言是其他儿童的哪些发言所触发的;三是认识该发言同该儿童自身先前的发言有着怎样的关联。而现在又触发新的理解,把倾听的内容串联起来。我想这样的认知才是深入的,才能生成合作探究活动的广度。简单地理解为,培养学生带着思考去学习,他们的思维才能碰撞出绚丽的火花。

### 2. 教材"串联"

先前我谈到过"串联"之一。在求知欲的带动下,我继续读下去,在第二章个体与个体的连接中,我找到了"串联"之二:教师在教学中把教材与儿童串联起来。

我原把教材与儿童串联起来单单理解为某一知识点在本册教材与其他学段教材之间的联系。如：小学数学三年级上册"倍的认识"这一知识点，学生认知层次表格如下：

| 册数 | 教学单元 | 与比率有关的内容 |
| --- | --- | --- |
| 三年级上册 | 倍的认识 | 整数倍（相同种类的两个量的比率关系） |
| 三年级下册 | 除数是一位数的除法 | 整数倍 |
| 四年级上册 | 三位数乘两位数 | 速度（两个不同种类的量的比率关系） |
| 五年级上册 | 小数乘法 | 小数倍 |
| 五年级下册 | 分数的意义和性质 | 分数 |

而笔者在志村老师的课堂里把探究的思考串联起来，由《我是一棵草》串联到作者高见顺的《战败日记》及日记中的《旱田之土》，最后又回到《我是一棵草》。这一系列串联，让我联想到把教材串联起来可以理解为毕迎春老师讲到的"一带二"，即一篇课文可以拓展到本单元其他相关知识的课文，或搜集与作者相关或重点学习内容相关的文章，让学生充分感知所学重点，领略作者意图。

我想，这种不同的"串联"带来的魅力，也是学科特点所决定的吧！

## 三、要"反刍"

课例中谈到，要使学生的沟通既有深度又有广度，教师要做的不是"诱导"发言，而是"反刍"。

这一点是我最值得反思的一方面。以往的教学，为了赶进度，忽略了一部分接受新知识较慢的学生。不理睬他们的疑问，没耐心等待他们的思考，甚至无视他们的点滴进步。久而久之，导致这部分学生在课堂上不再举起他们的小手，不再参与小组间的活动，不再为自己的小有"成就"而感到兴奋。而现在我试着改变自己的课堂，多给予这些孩子提出质疑的机会，多鼓励他们，慢慢提高他们的自信。可喜的是课堂上，这部分孩子的声音越来越多，提出的问题也越来越有深度。当然，这只是其中的一角。也就是笔者所说，这只是儿童自身起到了"反刍"的作用，还需要老师能机敏地做出"反刍"。

　　我个人理解为,这里所指的老师做出的"反刍",也就是市教科院郭子平主任倡导的课堂回顾环节,带领学生回顾整节课的探究过程,随之老师及时归纳总结,提升学生发言。

　　真的感觉越是读书、思考,自己教学中的谜团越清晰。

　　嵌入式的培训方式不同于以往的培训,它为我们推荐相关的学习资料,让我们自身理论修养得到提高的同时,引进名师进行课堂现场观摩,通过互动交流解决自身的疑惑,继而实践于自己的课堂之中,有那种摸得着的真实感。

# 学习·提升·转变

## ——情境教学焕发自主合作的学习活力

蒋春霞

蒋春霞,女,1970 年 9 月生,1989 年 7 月参加工作,一级教师,在广饶县同和小学任教,从教以来,本着"一切为了学生,为了学生的一切"的教育理念,认真踏实工作,勤奋努力学习,始终坚持以"勤学、善思"为指南,严格要求自己,追求和谐高效的课堂,认真、务实地走过每一天。多次执教市、县优质课、公开课,均取得优异成绩。撰写的论文《兴趣化的体育课 让个性尽情挥洒》发表在《祖国》上;《创设情境 激发兴趣》发表在《教育研究》上;参与研究了山东省教育科学规划课题《基于小班化背景下的高效课堂教学研究与实践》并顺利结题;先后获得东营市体育教学教研评选工作专家、东营市体育先进个人、东营市小学体育教学能手、县优秀教师、县师德标兵、学校特色体育运动优秀指导教师、田径运动会优秀指导教师、排球联赛优秀指导奖教师等荣誉称号。

**教育理念:** 让每一个孩子在知识的碧海中和谐、自主、健康地成长。

自我校参与"嵌入式"培训以来,我个人不仅从思想上得到提升,同时课堂教学也有了新的转变。学习是可贵的,培训是精彩的。通过这几年可贵而精彩的培训学习,我们向"嵌入式"迈进了一步。感叹与憧憬之余,我想我们只有靠自己的聪明与才智、努力与勤奋地去追求我们的美好生活。下面就结合《立定跳远》一课,谈一下我对《情境教学焕发自主合作的学习活力》的粗浅认识。

传统的体育课堂教学中，教师一般都习惯于按部就班地进行各个环节：准备活动—新授（讲解—示范—练习）—做放松，当学生的生理能力和心理状态很不适应教学需要时，教师又不能主动地调整或改变教学方法，于是学生采用各种方法逃避学习，或者迫于老师的压力违心地应付学习，这样的教学已经不能满足学生的需求，也不符合课程标准的要求。在今天，体育教学要努力改变课堂教学模式，为学生创设一个乐学的空间，确保学生的主体地位，充分发挥学生的主体作用，让学生成为课堂的主人，教师要做到关注每一个学生，让每一个学生受益，由"要我学"转变成"我要学"，给予学生充分展示自我、体现自我的机会。在教学过程中要联系生活实际，使学生对所学内容有浓厚的兴趣，从而乐于学习、乐于探究、乐于尝试。基于以上认识，针对低年级学生注意力较分散不易集中，理解能力也不够全面，但模仿能力强的特点，通过模仿动物、音乐渲染等手段创设课堂教学的情境，激发学生的学习兴趣，更能够有效地实施自主学习、小组合作学习，确保学生的主体地位，充分发挥学生的主体作用，让学生成为课堂的主人，教师做到关注每一个学生，让每一个学生受益来实现体育课堂的全员真正参与。

我把立定跳远的学习设计为"小青蛙学本领"，通过模仿各种动物这种儿童喜闻乐见的形式，激发调动学生的学习兴趣，让孩子们在模仿、自主、合作的氛围中活动，引导他们通过"玩中学、玩中练"，在自学自悟、主动学习中掌握立定跳远的动作要领，初步了解立定跳远的动作。

创设"小青蛙学本领"这种情境进行教学，将模仿学习、自主学习、合作学习等多种教学手法贯穿课堂。教学中注重采用多种评价方式：教师评价、学生自我评价、学生互相评价等，活动中体验成功，评价中找到差距和不足，在课堂教学中体验到参与的乐趣，使他们在"乐中学，动中练，玩中会"。

### （一）创设情境，激趣导入

课的开始让学生抬头看天空并说心情如何。

生：天蓝蓝的，飘着几朵白云，一丝风也没有，高兴。

师：同学们你们喜欢动物吗？（学生欢呼雀跃，跃跃欲试）你知道它们有哪些本领吗？

生：鸟会飞，马跑得快，青蛙跳得远……

师：那么我们来和动物比一比谁的本领大。（带领学生模拟各种动物的动作：飞、跑、跳……）

师：小青蛙是干什么的能手？

生：跳远的能手。

师：小青蛙为什么跳得这么远？

生：蹬得快而有力，身体要展开。

【设计意图】兴趣是学生最好的老师，这一部分，在音乐的伴奏下，我带领学生模仿各种动物，课堂教学中我采用多种形式和方法有意识地引导学生，让学生在跃跃欲试的状态下进行学习，学生就能积极主动地全身心投入到课堂学习中，从而成为课堂的主人，并饶有兴趣地过渡到本课的主教材基本部分的学习中。

### （二）自主活动，掌握技能

师：同学们，小青蛙还是捉害虫的高手呢！小青蛙为了捉到更多的害虫，它们开始大练基本功了，你们愿意和小青蛙比赛，看谁跳得远吗？（练习跳过不同的小沟。）

生：愿意。（学生至各自区域自主练习，教师巡视并参与各组活动，引导学生相互比较、相互观察，观察寻找合理的跳跃方法。）

师：各小组集中，我们来比一比谁是"跳跃能手"。

（请各小组推荐展示，师生共同评价，从中选出跳得好的学生为"跳跃能手"并给予奖励。）

师：想当"跳跃能手"的同学请举手！噢，大家都想当"跳跃能手"，那么怎样才能成为"跳跃能手"呢？（学生七嘴八舌地回答。）对了，掌握好正确的动作要领才行！下面老师把刚才练习时看到的几种方法模仿给大家看，请大家看看哪种方法更好。（教师结合学生练习情况分别演示蹬地、展体、收腿和落地的动作，让学生对比一下寻找总结正确的跳跃方法。）

师：看老师跳得怎么样！（教师示范讲解立定跳远的动作，使学生清楚地了解立定跳远的动作要领。老师还及时展示立定跳远分解动作和完整动作图片，让学生初步建立立定跳远的动作表象。）

【设计意图】这一环节的学习让学生模仿青蛙跳,接着学生观察青蛙跳的动作,学生在模仿中体会青蛙跳得远的原因,通过模仿青蛙跳,让学生展开丰富的想象,激发学生的学习兴趣,同时学生的模仿能力也得到相应提高;与青蛙比赛,解决了立定跳远时两脚用力蹬地迅速向前跳出的动作要领,这一环节学习中,我把正确示范动作和错误示范演示、指导放置于学生练习、感悟之后,为学生创设更多自主学习和探究的空间及自主展示的机会,让学生成为课堂真正的主人。从而实现了学生自主学习和合作学习,教师由"要我练"向"我要练"的角色转变。

图一                                   图二

### (三) 小组合作,体验成功

师:同学们,喜欢做游戏吗? 我们来做个"青蛙过河"的小游戏。(巩固立定跳远动作。)

根据教师讲解的游戏方法和规则,学生各自到指定的区域,利用立定跳远的正确方法去比一比,试一试,看谁能最快顺利地完成游戏……让学生自己动脑筋想办法,通过小组讨论学生踊跃发言,用最佳方案进行练习,练习完之后,开始分组比赛,学生在情绪高涨的气氛中比赛。

【设计意图】竞赛是学生特别喜欢的练习方法,通过摆放"荷叶",学生的思维能力得到开发,培养学生的合作意识,调动学生的练习积极性,学生在愉快的比赛中提升兴趣并掌握动作技术。

图三

图四

### (四) 轻松愉快,分享收获

舞蹈"庆丰收",学生体验到成功的快乐,高兴地跳起了舞,身心得到调整放松,最后学生谈体会和收获,师生共享。

通过"设疑——模仿实践探疑——交流解疑——演练提高——竞赛展示"的过程,激发了学生浓厚的学习兴趣,促使学生主动地去观察动作、思考问题和探究,让他们在自主、合作中学习动作,引导他们通过"玩中学、玩中练",在观察、模仿、练习中掌握跳跃的正确动作,从而突破技术技能教学的重难点问题,提高学生的自主学习能力。

通过这堂课的教学使我认识到情境教学法能激发学生对体育活动的兴趣,同时它也是提高教学质量和效果的一种有效的教学形式。创设情境并把学生带到特定的活动环境中,让学生入景动情、明理知味,用情境来激发学生对体育课的兴趣,让学生在饶有兴趣的实践中发现问题,在体验中解决问题。让学生产生浓厚的学习兴趣并且保持高昂的学习热情,利用学生在学习体育过程中获得的认同感培养其兴趣是切实可行的。在本次教学过程中,以游戏为主要教学手段,通过创设一定的情境,在生动、活泼、有趣的氛围中完成了运动参与、身体健康、运动技能等领域的教学目标。

给予学生充分的自主学习、合作学习的空间,同时在教学过程中,能够照顾到学生的身心发展规律和心理要求,通过模仿、小组合作、探究的方式完成了教学,设计了自主学习、小组讨论、发表分享、展示归纳等教学流程,提高了学生的自主学习能力,培养了合作意识和创新意识。

"以学生发展为主"这一课程理念不容忽视,教师始终是以参与者的角色进入课堂，与学生共同参与到整堂课的各项跳跃体验活动中。师生间关系融洽，更充分地体现了教师的主导地位和学生的主体地位。关注每一个学生，让学生自己去探究，使学生体验运动的快乐，突破了本课的教学重点；同时注意到学生的情感体验与价值观的培养，让他们体验成功。在跳跃的练习中，针对学生蹬摆不协调这一问题，改变传统的教学手段，采用观察—模仿—演练—展示，给每个学生获得成功的机会。从而营造轻松、愉快的课堂氛围，使每位学生都能感受到运动的乐趣和成功的喜悦，激发学生主动参与的意识。

"嵌入式"培训带给我的是先进的教育理念，科学多样的教学方法，让我更清晰地认识到：课堂不仅仅是知识的载体，更是师生共同探求知识生成和发展的动态过程，让学生能够真正体验到自主学习的快乐与合作学习的魅力需要我们任教老师多探索、多研究。

# 做一个合格的倾听者

侯慧灵

侯慧灵,2012年参加工作,担任广饶县同和小学数学教师兼班主任。

教育学生时她始终坚持"喊破嗓子,不如做出样子,要想正人,必先正己"。无论是课上还是课下,她总是以自己的人格力量感染学生,注意自己的点点滴滴言行的影响。三尺讲台,一颗爱心,是她的执着追求。她把勤劳和智慧融入这小小的三尺讲台,使这块儿沃土上的花儿茁壮成长,竞相绽放。

一位家长和我联系,说今天孩子回家特别高兴,哼着小曲,满脸笑容,而且今天竟自觉地完成了作业,和平时的磨磨蹭蹭大相径庭。于是家长高兴而又好奇地问孩子:"今天学校里有好事发生?""今天数学课上老师和同学们都听懂了我回答的问题。"孩子的回答让她出乎意料,也摸不着头脑,"难道你平时回答问题老师都听不懂?""不是,今天我的回答和别的小朋友不一样,但大家听懂了,老师还表扬我了呢!"孩子忙解释道。

我听完会心一笑,回想白天上课时的情景,今天我们学习的是"用连乘法解决实际问题",有一道练习题是这样的:张庄小学新盖16间教室,每间教室有6扇窗子。每扇窗子安装8块玻璃,一共要安装多少块玻璃?因为通过前面例题的教学,学生已经很清楚可以通过两个联系密切的条件算出第一步,所以绝大部分的学生用了以下两种算法:(1)先算出一共有多少扇窗子,再算一共多少块玻璃 $16 \times 6 = 96$(扇), $96 \times 8 = 768$(块);(2)先算出每间教室有多少块玻璃,再算出一共有多少块玻璃 $6 \times 8 = 48$(块),

16×48＝768（块）。就在我们马上做下一个练习题时,有双小手举得高高的说:"老师,我还有一种好方法!"我先是疑惑了一下,接着便让他说了。他回答说:"老师,我还有一种方法,即16×8＝128（块）,128×6＝768（块）。"刚说完,全班同学就嚷嚷开了,说这怎么行,"新盖16间教室"和"每扇窗子安装8块玻璃"这两个条件根本没联系,不可以乘起来。面对同学们的质疑,我笑着让他说说这么列式的理由。他说,先把每一间教室的第一个窗子拿出来,那么16间教室层就是16个窗子,每扇窗子安装8块玻璃,用16×8算出16间教室的第一个窗子共安装了几块玻璃,再乘6就算出了一共安装多少块玻璃。原来是这样啊!多么聪明的孩子,他的理由不禁让全班同学为他热烈鼓掌。我也及时地表扬他说得有道理。很庆幸我能用心地倾听了他的想法,给了他表达的机会,让他的思维火花得以绽放。用心倾听学生的声音是一种智慧,更是一种责任。

记得刚参加工作时,急于完成课堂任务,怕学生的发言影响教学进度,不注重倾听学生的想法,有时学生的话还没有说完,我就抢着说,有时学生的话还没有听清,我就迫不及待地发表自己的见解和意见。在"嵌入式"培训的学习中,我慢慢地认识到倾听的重要性。善于倾听来自学生的声音,并给予足够重视和恰当处理,使教学活动更加和谐、愉快、有效。教育家卡耐基说:"做个听众往往比做个演讲者更重要。专心听孩子讲话,是我们给予他们的最大尊重、呵护和赞美。"教师只有在课堂上实现真正的倾听,才能唤起学生自主、积极地投入学习。

如何成为一个合格的倾听者呢?

首先,教师在课堂上倾听学生回答时,不能只希望听到所期望的答案。如果学生的回答和自己所期望的不一样时,不要打断学生的发言,要用心倾听学生的真实想法。这样的课堂才是互动的课堂,课堂中才会有教学资源生成,才能培养和发展学生的创造性思维。例如,在学习《两位数乘两位数的笔算》这一课时,出示情景、列出算式"14×12＝"。学生独立计算,根据学生的情况我预设的有2种口算情况:（1）把14分成10和4,10×12＝120,4×12＝48,120＋48＝168;（2）把12分成10和2,14×10＝140,14×2＝24,140＋24＝168。然后根据口算过程写出笔算竖式,从而找到口算和笔算的联系,让学生理解笔算的算理。当我提问你是用什么方法计算时,第一个学生就说我是用列竖式笔算的,并给我们讲解了笔算的计算方法。孩子的回答让我有些不知所措,这不是我想要的答案。但不回应他,让下一位同学回答,是对他的不尊重。于是我问:"你是怎么想到用竖式计算的?"他回答:"昨天晚上我预习了这节课,我妈妈给我讲了列竖式的方法。""那你能给大家说说你为什么这样列竖式,竖式中每一步代表什么意思吗?"我接着问。但这位学生说不出来,我故作神秘地说:"其实竖式中每一步都有意义,想知道竖式是怎么来的吗,这要从口算说起,谁是用口算计算的?"这样自然地引导出口算过程。这位学生的回答并没有在我的预设之内,但正因为他的回答,引发了其他同学的思考。我也利用这个生成资源引导出了口算过程。

其次,课堂上教师不能只倾听正确的回答,还要善于捕捉错误,及时引导。教师只有善于关注学生、倾听学生,才能机智地从教学过程中学生出现的错误想法出发,进行引导点拨,抓住错误延伸,诱发思维,开启心智,得出的结论会印象更深刻。例如,学习《小数的近似数》这一课时有这样一道题:把 0.276 精确到百分位。有很多同学是这样做的: 0.276≈0.30,对此我比较意外,因为我备课时压根没想到学生的思维会在这儿"搁浅"。于是我让一位同学说说是怎么想的,他说道:"保留两位小数应该看千分位。千分位是 6,四舍五入,所以要向百分位进位 1,这时百分位上是 8,再向十分位进 1。"对于他的回答,有些同学露出疑惑的表情,我问大家同意他的观点吗? 同学们小声地讨论着,这时有同学说:"精确到百分位时,应该看千分位,四舍五入后,向百分位进 1,这时百分位是 8,就不应该再向十分位进位了。"这时同学们都情不自禁地点点头。我紧接着说道:"对,用四舍五入法取近似值时,精确到哪一位,只需要看它的下一位,而其他的数位只有满十才进 1。"学生的这一错误是因为被"连续进位"所困扰。面对学生的差错,我没有置之不理或敷衍了之,而是让他们说说想法,认真倾听孩子们的想法,帮助学生都能体验到胜利的喜悦。

最后,倾听学生的发言之后,要及时地进行针对性评价。根据新课程的诠释,"评价的主要目的是为了全面了解学生的数学学习历程,激励学生的学习和改进教师的教学……"而要真正营造充满生命气息的有灵气的课堂,教师在认真倾听学生的发言之后要及时地评价。教师给学生的评价必须是真实的、真诚的、真心的、具体的,不能讲套话、空话、假话、大话,既不能伤害学生的自尊心,也不能夸大学生的成绩,说好话不等于绝对的鼓励,我们应当学会直面学生出现的错误,适度评价学生的表现,不要一味地称赞"你真好"、"你真棒"、"你真行"。要让评价语言具有生命的色彩,好——好在哪? 棒——怎么棒? 课堂上教师要乐于用语言挖掘每一位学生的优势潜能,给予充分的欣赏和激励性评价,帮助学生树立自尊和自信,促进学生不断进步,实现自身的价值目标。

"一千个读者就有一千个哈姆雷特。"每个学生都各有差异、各具个性,对于一些学习问题,他们都有着自己的思考方法和想法。因而在课堂中要让孩子们畅所欲言,发表不同见解,而教师则要用心倾听,听其全部,不管是响亮的或是轻微的,正确的或是错误的,对于学生的想法都要给予及时的评价。教师要善于蹲下身子倾听学生,走进学生的内心,用心聆听孩子们的声音。如何成为一个合格的倾听者是一门高超的教学艺术,值得我们为此深深思考,不断实践。

# 一生只为一事来，初心耕耘待花开

## ——写给和我一起成长的孩子们和老师们

王海梅

王海梅，生于 1979 年 5 月，1998 年 7 月毕业于东营师范学校音乐专业。2008 年 7 月至今在广饶县同和小学任教。从事音乐教学近 21 年，一级教师，东营市教学能手，广饶县学科带头人，广饶县同和小学音乐教研组组长，曾多次执教市级公开课，多次辅导学生参加县级、市级、省级比赛和节目获奖。多次出版省级刊物。从教 21 年来，始终遵循"以生定教"的教育教学原则，注重探索创新的教学方法，创设"面向全体学生、注重小组合作"的课堂教学模式，形成生生参与互动、幽默风趣、独具亲和力的教学风格。

**教育教学理念**：认真的态度决定你的理想能走多远。

"嵌入式"培训在我校拉开帷幕以来，相信不用我说，老师们的成长是有目共睹的。"嵌入式"培训作为一种革新的培训方式，对我们参与培训学习的老师们产生的影响体现于日常教学的每一堂课，甚至体现于和孩子们交流的每一句话，每一个眼神……无论是教育教学理念也好，课堂设计思路也罢，都包含着"嵌入式"的专家对我们每一个老师的期望和鼓励。情到深处方自然……

其实我在 2013 年暑假从南京师范大学小班化学习回来的时候，感慨万千，很想写点什么。说老实话，工作中真的有很多点点滴滴值得被记录下来、提炼出来，告诉自己,等自己老了的时候,回过头来看看自己这一辈子到底干了些什么。但是忙忙碌碌中可以称得上是"碌碌无为"了,一直拖到现在,直到 2017 年 12 月 16 日,华东师范大学出版社的彭呈军老师(叫老师更亲切)做了一个关于"我们为什么写一本教育图书"的报告后,我觉得真的需要静下心来实实在在地写点什么了。其实想写点什么,还要从我在南京的小班化学习说起,记得那是炎炎夏日,我们一行 46 人怀着憧憬、带着期盼、揣着好奇、满心激动,于 2013 年 7 月 28 日,在教育局韩主任以及学校领导李校长、郑校长(郑金丛现在在广饶县英才中学任副校长)的带领下,"飞"跃千里,(这里"飞"的含义其实用迫不及待来形容最为确切)来到了曾是六朝古都的文化历史名城兼教育名城——南京市。我们到的时候,金老师已经为我安排好了学习和生活。2013 年 7 月 29 日(周一)我们开始了为期五天的培训。培训由我们的班主任——南师大金老师主持,开场,南师大的王立新副院长给我们做了培训的动员大会,他以北宋的大诗人王安石点入,介绍了整个南京,介绍了南师大(金陵女子大学)的渊源!紧接着,是南京师范大学的张之沧教授给我们做了专题讲座——教育应给孩子什么?张教授用辩证法、辩证性、相对性的理论讲述了人的概念,运用了对称性、和谐性的理论讲述了学生需要什么,学生是什么……带着这些问题引发的思考,我们于 2014 年 7 月 21 日来到了华东师范大学进行为期五天的学习,上海名师学习研究所江喜标所长接见了我们,并做了动员大会。上海此行,让我深受鼓舞,尤其是蒋薇美教授的积极心理学以及上海市浦东新区教育信息中心主任、华东师范大学教育技术博士谢忠新教授所讲的微课程与课堂教学改革,还有钟启泉教授的"国际视野与本土行——'大众教育'时代的课程改革",让我充分地感受到了教学理念的改革形势严峻,有喜也有惧。尤其是"嵌入式"培训之后,我就在我的音乐课堂中发现,学生的学习动机是在学习需要的基础上产生的,也就是说学习动机首先要有学习兴趣。无论教师也好,刚刚新换的教学媒体也好,组织教学实践活动也好,都是围绕学生这一主体开展进行的。"嵌入式"培训给我留下了长长的思考,也更加激发了我的教学热忱。

## 接地气儿的"银行卡"、"明星榜"评价方式

有两句话我一直很欣赏,所以我把这两句话贴到了学校音乐教室的墙上和自己的

家里。第一句是细节决定成败！第二句是联合国秘书长曾经说过的话，即认真的态度决定你的理想能走多远。其实生活的七彩斑斓就是由一件件普通细小的事情组成的！教学中本来就是没有惊天动地的大事，但是教书育人又处处无小事。说实话原来的时候，我在长期的音乐教学过程当中，也逐渐地"免疫"了孩子们的大吵大闹。也不知道孩子们是在文化课上太拘谨的原因还是都很渴望上音乐课的原因，总之一来到音乐教室就会听到大吵大闹的声音，那个放松的劲儿，像赶集似的热闹，跑的、跳的、下位子的，总之他们用他们纯真的表达方式，真实地表达着他们对我的音乐课堂的理解，真实地再现着他们的天性。孩子心中都是美好的、单纯的……上课的时候，感觉有的孩子根本不把我放在眼里，我站在前面啊，就像没看见我一样！只有极少数孩子看我的脸色不好看，才把小手放在膝盖上正正地看着我。我就装作很生气的样子说了句——上课，说实话我自尊心还真有点小受伤，心里想啊我是老师，你们还不把我放到眼里，太不给面子啦呀！（其实老师的心里一旦这么去想，就会大大地拉开师生间的距离，我应该从心里真真正正地把他们当做朋友，当成课堂的主人。）于是我就有了一个不太成熟的想法，改变一下我的评价方式和评价用语，而且当时我就把这个想法告诉了孩子们，以后我们每个同学都将拥有自己的"银行卡"，它会把一个学期中咱们成长的点滴记录下来。学期结束，让我们看看谁是咱们班最"富有"的孩子，谁是我们班的明星。就像咱们平时打游戏一样，只要你持之以恒地坚持做下去，就会一关一关地攻克难关。打一关可以得到相应关卡的价值体现。咱们的起点都从零分开始。如果攻关攻到100分就可以成为"明星个人"，我会借用咱们学校里最好的相机给"明星个人"照相，"明星个人"可以坐在老师的琴凳上，老师亲自给大家照相，我们班有微信群，我还会把照片发送到咱们班级的微信群里，让所有的家长都知道谁是"明星个人"。并且老师会把咱们的相片贴到音乐教室里的明星榜上，这是第一关。继续攻关，第二关，如果积分再持续上升到150分，孩子们就可以称得上是班级"小小音乐家"啦！我会给孩子们颁发"我是小小音乐家"的奖状。还可以攻克第三关，如果继续努力，分数到了200分，孩子们可以得到一张愿望卡。得到一张愿望卡就可以拿着班级"小小音乐家"的奖状和校长合影留念啦……我告诉孩子们，不管你的学习成绩好不好，我希望咱们的这个学习过程是快乐的，是努力的，是积极向上的，每天和自己赛跑，和自己比赛，只要今天的你比昨天的你有进步，那你就是成功的。只要你们尽心尽力做最好的自己，那么老师就心满意足了。我告诉孩子们,你要在音乐课堂上充分发挥你的个人优势,认真倾听,积极回答问题,语言表达要完整,小组合作中要互相帮助,互相配合,(我时常告诉孩子们,一木不成树,独木难成林)同学们之间一定要互相帮助,自己优秀还不够,要让咱们的班集体都优秀,那才是最棒的你。只要这些做得好的同学,都有可能成为"明星个人"。刚刚说完,全体同学哎呀坐得那个整齐呀!都小手放膝盖,然后我就一本正经地说出了要求,每人准备一个笔记本,准备积分。同学之间不团结、打架减2分,在教室内大声喧哗减2分,上课认真听讲积极回答问题加2分,积极踊跃帮助小组内同学加5分,一节课下来能单独演唱歌曲加3分。每个班分成四个大组,一个组有两名组长,一名正组长,一名副组长,同时记录本组成员的积分,(学生自己管理自己,自己监督自己)组长得分的时候必须有两名组员作证……其实我个人认为,小学音乐的课堂不是培养音乐家的地方,也不是死板教条地要记住多少乐理知识,更不是和背诵课文一样能背出多少首歌曲的歌词……我觉得小学的音乐课堂就是培养孩子们用积极的心态面对我们的生活,在音乐实践中学会审美,学会微笑着唱歌,学会积极微笑地面对我们的生活,学会用心地去表达歌曲所要表达的情绪,不管同学之间还是朋友之间,微笑其实也是一种修养。这个办法实施以来,班级发生了很大的变化,有时候,我故意在外边的走廊里看着,不进教室,真的一点声音都没有,很有秩序,个个都尽力地表现着自己。我觉得给他们不用太垫脚就能够到果子的机会,他们会去好好争取的,就像我们的音乐课程标准中课程基本理念是这么说的(以下摘自小学音乐课程标准):音乐课堂以音乐审美为核心,以兴趣爱好为动力,音乐审美指的是对音乐艺术美感的体验、感悟、沟通、交流。音乐课程在潜移默化中培育学生的美好情操、健全人格和以美育人的功能。兴趣是音乐学习的根本动力和终身喜爱音乐的必要前提。在教学中,要根据学生身心发展规律,以丰富多彩的教学内容和生动活泼的教学形式,激发学生对音乐的兴趣,不断提高音乐素养,丰富精神生活。强调音乐实践,鼓励音乐创造,音乐教学是音乐艺术的实践过程。因此,积极引导学生参与演唱、演奏、聆听、综合性艺术表演和音乐编创等各项音乐活动,通过音乐艺术实践,提高音乐素养,增强学生音乐表现的自信心,培养学生良好的合作意识和团队精神。我想"银行卡"、"明星榜"的评价方式用现在最时髦的一句话来说,那就是非常接地气儿,也非常符合小学音乐课程标准中课程基本理念的第一、二条的要求。

# 接地气儿的具体化、多样化的课堂评价用语

我从事音乐教学二十余载,越来越意识到,音乐课堂中的评价语言必须要具体化、多样化,才能够真正起到评价的作用。否则适得其反。就在前几天我们同和小学的音乐组孙老师执教公开课《可爱的家》的时候,总是频繁地竖起大拇指说,你真棒!棒极了!开始的时候还挺管用,(很惭愧,以前我上音乐课时候用得最多的评价用语就是你真棒!棒极了!)后来孩子们逐渐乏味起来,因为老师只是一味地说你真棒!棒极了!开始孩子们听起来很高兴,知道是在表扬他们,但时间久了,他们就不知道自己究竟棒在哪里。我给孙老师评课的时候,首先,我就提出了评价语言一定要具体化、多样化。我自己在执教《木瓜恰恰恰》一课的时候,在导入了印度尼西亚国家概况之后,由于印度尼西亚属于热带雨林气候,终年高温多雨所以盛产水果,引出"叫卖"的时候,我提示说,如果你想要把这么多的水果尽快卖出去的话,就要有非常好的创意和办法来吸引顾客,当我问起谁愿意来展示一下自己有创意的"叫卖"的时候,有好几个平时并不太出色的男孩子高高地举起了手来,尤其是五年级二班的巩子浩同学最积极地说:"老师,我来试一试!"他边吆喝着边扭了起来,卖西瓜咯,不甜不要钱,买五个赠一个咯!快来买哟……当时,课堂上响起雷鸣般的掌声,我随即竖起大拇指评价他说:"你的脑袋瓜儿真灵活儿,是个爱动脑筋爱思考的好孩子,也很有经商头脑哟……"(巩子浩同学上课经常爱动,还会打扰其他同学上课。)但在这堂课上,巩子浩同学听得非常认真。当讲到难点前置切分节奏的时候,我用接近生活实际的话说:"妈妈买了一个大大的西瓜,切开后甜甜的。"(胡文增同学平时不太爱说话)胡文增同学站起来说:"妈妈去集贸市场买的甜瓜,甜甜的,买的橘子酸酸的。"我评价他说:"你的想象力真丰富,并且能够结合生活实际说出节奏型,也很会倾听。"在讲到歌曲部分划分的时候,王鹏宇同学的回答很具体,表达很完整。但是这位同学时常开小差儿,我评价他说:"你表达的这个意思很完整,如果上课再认真倾听就更好了,会倾听那就更好了!"也就是说老师在这里既表扬了他,同时又委婉地批评了他!表扬的是他的哪些表现,要让孩子知道。同时对孩子提出建议,这样孩子在以后的音乐课堂实践活动中也会更加用心,这同时也体现了上海市中小学心理辅导协会副秘书长蒋薇美老师在给我们培训的时候讲的善

待每一个学生——积极心理学的启示中所说的,孩子需要什么? 需要我们去接纳他们,记得蒋薇美老师曾经深情地说:"我们当老师的要善于赞美和激励学生,善于挖掘孩子们身上的亮点。"

直到现在,只要是我教过的孩子们,在教室里的学习氛围和学习风气都是积极向上的。孩子都很认真地听讲和思考问题。同时也达到了我们家校共育的愿望,各方面行为习惯都做好了,也可以说是各方面的修养就都达到了,还愁学习成绩不好吗? 习惯一旦形成,孩子们对自己的要求就高了,有时候做不好,孩子们自己心里都不舒服。孩子们也不傻,教育孩子们做个有心人,我们当老师的也要做个有心人,己所不欲勿施于人嘛! 要求孩子们做到的,自己首先要做到! 所以,我们也要做一名接地气儿的有心的教师! 只有脚踏实地、结合实际、胸中有纲(课程标准要吃透)、心中有爱,孩子们才会明白老师的良苦用心! 总之教无定法,作为一个工作二十年的老教师,我认为教书育人是个良心活儿,我们都有自己的孩子,尤其是面对孩子们那双单纯的、充满期待的眼神,我们没有理由不去用心教学,没有理由不去用心欣赏我们课堂上的每一个孩子。我们要义不容辞地在教学中多下点功夫,在课堂上多用点心,情到深处方自然。此刻,让我想起了龚自珍的"落红不是无情物,化作春泥更护花"。相信在我们的不懈努力下,我们的课堂教学理念会更上一个台阶。感谢"嵌入式"培训中每一位专家的辛勤付出。相信同和小学的课堂会变得更加璀璨夺目,相信同和小学的老师们会不负众望,相信同和小学的校园里会到处跃动着自然与和谐的音符。

# "嵌入式"培训与提升

## ——浅析语文单元整合教学的运用和实践

李文儒

李文儒,1974年12月生,本科学历,小学一级教师。从1995年任教以来,一直从事班主任工作,现任广饶县同和小学的一名语文教师。从教二十多年来,多次被市、县评为"优秀班主任"。所带班级班风纯正、学风优良,多次被评为"先进班集体"。喜欢教书,寓教于乐,尊重、信任学生,充分发挥学生的主体作用,让学生做课堂的主人。同时也十分乐意钻研教材,让普通的文本变得生动、活泼、灵动,撰写的案例《育人在生活中绽放》《学与用》获市一等奖,教学论文多次获省、市、县一等奖。课堂上让学生在轻松自在的课堂气氛中施展自己无穷的魅力。通过潜心研究,有了自己的教学风格,多次在市、县执教公开课,执教的《节约用水》获市一等奖,并多次获优质课一等奖。

**教学格言:** 爱学生,尊家长,信自己。

两年前,广饶县同和小学引进"嵌入式"培训,我们也因此有幸见识了上海最前沿的教学理念。同时还观摩了多位名师的课堂教学,深刻理解了语文到底教什么,怎么教。各位到来的专家也面对面指导了我们的课堂教学,敞开心扉,手把手地引领、指导,打开了我们的教学视野,改变了我们的教学理念。于是我结合《语文课程标准》中提到的"注重听说读写之间的有机联系,加强教学内容的整合,统筹安排教学活动,促进学生语文素养的整体提高",开始了我们的单元整合教学。

单元整合不是针对哪一个年级,盯紧着哪个年级的课本,而是拿起整个小学阶段的语文课本,仔细揣摩。找好语文教学的主线,寻找年级之间的梯度。年级之间的教学目标层次打通后,就会更有针对性地对准学段目标,而学段的目标再次要求我们教师把整本教材打通整合,寻找每个单元之间的跨度,只有在设计好单元层次的基础上,我们的最终落脚点才到达单元整合,制定切实有效的单元教学目标。

## 一、单元导语与文本及语文园地整合

### 1. 单元导语:导向本单元的写作特点

当我们要进入一个新单元教学时,要对本单元有个整体的了解,学什么?怎么学?其实单元导语就给了我们明确的指向性。带着孩子去自由读,对本单元形成一个整体的概念,找出本单元的学习目标,方向具体明确,在教学及学习的过程中就不会偏离中心。

如五年级下册第三单元"单元导语"——我们每天都用语言进行交流。精炼得当的语言,能使我们和别人进行有效的沟通;机智巧妙的语言,能使我们摆脱可能出现的尴尬局面;幽默风趣的语言,能愉悦我们的身心,活跃我们的生活。寥寥几句话,把整个单元中每一篇文章的写法概括得淋漓尽致。如:从《杨氏之子》中学习它精炼得当的语言,从《晏子使楚》中学习机智巧妙应对,从《打电话》中则是感受它的风趣幽默。不用老师费尽心思地去把握寻找写法,而是直接告知我们。

### 2. 单元导语:导出本单元语用目标

导语中第二段提到,感受语言表达的艺术,并通过综合性学习,搜集、积累用得精妙的语言,以不断丰富我们的语言,并学习用得体的语言进行表达(语用目标)。这里的提示和本单元课文后面的综合学习,即语文园地中的口语交际和习作对学习目标作了明确的指向。口语交际是"劝说",并要求思考怎样劝说更有效。这就明显地要求语言运用既要得体还得有实效。而习作是发言稿,作为交流性的语言,比平时的写作要难得多。难在哪里?就是语言运用的技巧性和指向性要明确。当我们对单元导语与语文园地进行有效整合后,单元主题就十分明晰——抓语言运用"有效和得体"。如何进行有效的学习和运用这就给我们学习课文提出了要求,而每篇课文又是如何有效地整合,逐步推进,课后习题给了我们明确的答复。

## 二、文本与课后习题层次的整合

本单元主要学习语言运用,在以往的教学经验中,学生掌握文本语言简单,而将其转变为成语使用则十分艰难。如何把握好分寸,掌握好尺度,让学生在循序渐进的基础上,完成语用目标,课后习题给了我们明显的提示。

如《杨氏之子》课后题中要求:流利地朗读课文;背诵课文。

这就是明显的语言积累,要求学生读和背,感受文言文语言的特点,体会其与白话文的不同之处,没有提到语用。这明显就是告诉我们,五年级孩子达不到这个水平,仅了解而已。

如《晏子使楚》要求:读出人物的不同语气,再分角色朗读课文。

通过这两个课后习题,就十分明确地告诉我们语用目标的递进性。第一篇是积累,而第二篇则加入了更多的成分在里面。这就给孩子上了一个台阶,所谓角色就要求孩子必须有自己的想法和看法,还要注意提示语中的暗示,揣摩神态、动作,把自己融进文本中,读出自己独到的感悟及见解。

如《半截蜡烛》要求:分角色演一演剧本。

难度在一步步增加。第二课是分角色朗读,而第三篇则是演一演。演不但要在充分阅读的基础上进行,还要揣摩人物的思想,将其通过自己的语言、动作、神态表露出来。每一段、每一句、每个词甚至是每个字都要恰如其分地表达出来,这就要求学生不但要进入文本中,还要融入其中的环境与氛围。注意语言转述的改变,动作及方位的把握力度,同时还要求学生动作和语言协调一致。通过孩子们自己的亲身体验,他们对事件的感悟不但会有自己独到的见解,还会观察得更细腻,考虑得更周全。这就是文本给我们进行了梯度的上升,都是说,但说的水平是有明显跨度的。通过课后习题的整合,就会十分清晰地发现文本提供给学生学习的梯度。

## 三、语文园地与文本的整合:把文本读厚,把课文教薄

"把文本读厚,把课文教薄",如何把握好既把文本读厚,还不偏离主题,语文园地中每一块都落脚于课文中。

如《晏子使楚》这一课,在预习单中我们设计了许多内容,为了把文本读厚,我们

在预习单中让学生搜集晏子生活的时代背景以及当时的社会状况,还有晏子作为使者所应担当的使命和责任等。把孩子带进那个历史年代,为教学降低难度的同时还丰富了学生的积累。这篇文章带给我们的知识点太多。如:感悟晏子语言之妙、体会晏子此人的性格特点、学习整篇文章的写作方法。但我们要面面俱到,正好是面面不到。这就是要把课文教薄的"一课一得"。这一"得"必须要深入、透彻。所以我们把重点放在文章的第四段,进行层层渗透。阅读——感悟——迁移——渗透——小练笔。

在文本进行层层渗透的过程中时刻抓住单元主线——"语言得体"。《语文课程标准》中提出"引导学生重视语言运用的实践"。所以小练笔中,老师必须引领学生转移场景,进行拓展想象。如"自己外出访问受到记者侮辱或取笑,应如何用得体的语言应对"。虽然学生的练笔并非尽善尽美,但他们能在这个过程中体会到语言运用的艺术性。而此时的小练笔思路比较窄,仅仅是个引子,目的是让孩子们进一步打开思路,为口语交际做准备。

### 四、口语交际与习作有效整合

《语文课程标准》对口语交际的要求是"参与交流、倾听他人、敢于表达"。其实口语交际贯穿于每篇课文中,语文园地给我们提供了更丰富的内容。但我们如何恰如其分地运用与整合,这还是要寻找立足点。

《晏子使楚》小练笔之后,语用就明晰了,这时我们再把口语交际渗透进来。本课以"劝说"为主,编者的设计十分贴近学生生活。学生有话可说,并且劝说的语言也有了艺术性。让孩子们在口语交际中探讨交流——倾听——提升——交流,对这个过程进行串联整合,这样一来,孩子的语言不仅得体,还十分灵动。此时不能停留在说的层次上,要及时与写相互渗透、结合。习作"发言稿",老师不再去过多地讲解提示,孩子们就会自然而然地把它落到纸上。

其实这次的口语交际和习作课合二为一,并且以《晏子使楚》为依托,所以出现三方合一。所以在学习这篇课文时就要进行整合,既节省了本单元的课时,还挖透了文本,一举三得。

## 五、交流平台与单元小结整合寻找共性及个性

《语文课程标准》提出"注意课程内容的价值取向——尊重学生在学习语文中的独特体验"。仔细阅读交流平台其实就是对本单元的价值取向的整合。我们在学习课文时是以个体出现,学完一个单元后进行再次整合,提炼其共性与个性,其目的是让学生在回顾整个单元时,既有横向比较,又有纵向串联,让知识融会贯通。此时孩子们通过自己的总结及倾听他人的收获,再次把整个单元从认知到感悟再到收获进行锤炼和提升。而此时的总结,老师还是抓住语用这条线,孩子谈收获也不会偏离主题了。单元导语中的语用目标此时已化为学生内在的东西。

## 六、"日积月累"与单元主题整合充实厚度

1. 针对语文园地中的"日积月累"板块,我们要抓住它传递给我们的信息——本单元积累什么?(引子)

地满红花红满地

天连碧水碧连天(回文联)

一夜五更,半夜二更有半

三秋九月,中秋八月之中(数字联)

课本中展示了这四种不同形式的对联,其实是给我们一定的提示作用,我们要顺着这条线再做补充。让学生继续搜集补充其他方式的对联。如"隐字联"、"拆字联"等。

2. 本单元拓展什么?

本单元的"日积月累"又与单元的另一主题紧密结合,这一单元我们了解了文言文、剧本、相声等不同文体和它们不同的特点。而"日积月累"拓展了文联,这就明显地给我们提示:要进一步补充文本中没有涉及到的其他文体。于是我们让同学自己搜集资料拓展认识不同文体的不同特点等。既开阔视野,同时还进一步感受中华古汉语的魅力。

通过"日积月累"的拓展,我们又进一步增加了单元教学的厚度以及孩子积累的广度。通过单元整合教学,孩子们在学习与积累中充分发挥出自己的语文潜能,习作、口语交际、阅读、资料收集等各方面能力明显提升。单元整合教学让我们师生同时取得了双赢。

# 我的班主任成长日记

张广娟

张广娟,1990年5月生,本科学历,小学二级教师,2013年正式成为一名小学语文教师。入职以来,一直认真学习新的教学理念,积极参与学校各种学习,参与同和小学"嵌入式"培训,结合自身教学工作,不断摸索适合自己的教学方法和模式。曾获东营市"一师一优课"一等奖,积极参加执教公开课和优质课等。参与研究课题"教师肢体语言对课堂教学的影响"、"基于小班化的教室文化研究与实践",2017年被学校评为"优秀班主任"。

我是一名年轻老师,2013年大学毕业后再次回到学校,不同的是这次是以一名光荣的人民教师的身份进入学校。六年来,在学校的培养下,尤其是参加了"嵌入式"培训,让我学到了更多先进的教学理念,掌握了更多有效的教学方法。以下是我这几年当班主任的心得体会,曾经有过焦虑、烦恼,也通过不断学习实践,自此受益匪浅。

## 一、初为人师,手忙脚乱

我从事小学语文教学兼任班主任工作,其中班主任工作占据一大部分比重。刚入职的时候没有经验,工作的重压和琐碎使我不堪重负。我每天都被这群不懂事的孩子折磨得"人仰马翻",哭闹声、争吵声、告状声此起彼伏,一直在耳边萦绕:"老师,我的铅笔丢了!"此刻我要当侦探,通过蛛丝马迹发现他的铅笔在同桌的铅笔盒里;"老师,××说我是笨蛋!"我又成了法官,惩恶扬善,正批评着那个调皮的孩子,获胜的同学又扮个胜利的鬼脸离开;"老师,我尿裤子了!"我再化身保姆找衣服给孩子替换再联系家长;"老师,我找不到上课的地方了!"我又瞬间变身小飞侠,带着孩子飞奔到上课的教室……"老师!""老师!""老师……"在此起彼伏的召唤中我不断切换身份,当着"百变女侠"。每当看到下课蜂拥过来的孩子们,我都头皮发麻,只想落荒而逃,想找一个地缝留给自己片刻安静。除了随时处理各种突发情况,接家长电话,通知家长送课本、送水杯、送衣服、送书包,交流孩子情况,看作业、通报作业情况等,我还要随时完成学校的各项任务,发书、讲课、听课、培训等。终于忙完了一天的工作,我却连吃饭的力气都没有了,趴在床上倒头睡去……第二天再满血复活,投入到无穷无尽的工作中。这种疲于奔命的状态持续了很长一段时间,我时刻精神紧绷,连睡觉都会做噩梦,经常从梦里惊出一身冷汗。我意识到不能再这样下去了,工作、生活已经出现问题,再这样下去,精神也要出问题了。班主任工作繁多琐碎,也至关重要,任何一个环节做不好都要出问题。想要改变生活状态,我首先得改变自己,做一个有效率的班主任。我反思了自己工作中存在的问题,结合学校"嵌入式"培训的专家给出的方法意见,同时也向有经验的老教师请教,阅读相关的书籍,不断寻找解决问题的办法。一段时间的努力后,班级发生了可喜的变化。我把这成功的案例记下来,记录下我初为人师的小小成绩。

## 二、整治纪律,奖惩结合

　　针对班级管理出现的问题,我反思了之前无效率的管理,面对孩子,我像一位"慈母",孩子们过得很快乐,却缺乏纪律意识,行为做事懒散,从现在开始我要变成一位

"严父"。国有国法,家有家规。一个班级想要秩序井然,就必须要严格管理。我一改往日的面孔,变得严肃起来,向同学们重申学校的校规纪律,制定班规。知行要合一,我又跟孩子们共议出相关的奖惩措施,做得好的同学得到表扬和奖励,做得不好的同学要接受惩罚,奖惩分明,孩子们非常认同。一段时间下来,班级纪律明显好转,晨读、午写在纪律监督员的管理下,大家都在认真读书、学习,一反曾经的吵嚷、打闹。同学们学会自我管理后,打架等违反纪律的事件也从此绝迹了。我体会到了科学管理的好处,一个聪明的班主任要学会科学地管理班级,而不是事必躬亲把自己累死,却做了诸多无用功。

### 三、科学教育,符合规律

初步的管理收到了成效,在此基础上我又进行了更深的探索。通过阅读《儿童心理学》《儿童行为心理学》等专业书籍,我了解了6—12岁儿童这阶段的心理特点和行为特点。我发现,粗暴对待学生的态度和方式是有不对的,处理问题如果只"就事论事",看不到事情背后潜在的根本,就会造成"头疼医头、脚疼医脚"的局面,问题也无法得到根治。

曾经的我对于孩子们的错误反应非常大,经常暴跳如雷。每当有同学不完成作业、忘带东西、课间打闹时,我就会怒发冲冠,虎着脸劈头盖脸地训斥一顿:

"你怎么又……知道错了吗！你看你！你之前怎么说的……"

"知道了……"挨完批后,孩子瑟缩着身子,小声回答。

"你错哪了！啊！快说,你错哪了?"我咆哮如河东狮吼。

"……"孩子再次沉默。

　　每当这时我就像只炸了毛的斗鸡,大吼大叫,一次又一次暴怒,孩子呢,仍旧是一个小迷糊,不知道自己错在哪儿,被放走后,下次照旧。学习了心理学后,我从另一个角度来解读孩子们的很多行为,很多时候,他们东碰西摸、上蹿下跳是认识世界、探索发现的渠道,如果孩子们不去好奇、不去探索,做一个"乖乖的木头人"才是真正的可怕。当然他们很多行为动作是有危险性的,这时耐心地给他们讲道理,让他们明白不能这样做的原因,比单纯"禁止"、"严禁"等方法更有效。

　　有一次,班里最调皮的两个孩子在走廊里绊倒了,膝盖磕得流血,俩人眼泪汪汪地来找我。我赶紧给他们止血,一番忙碌后,我一想到平时苦口婆心地教育他们不要在走廊里打闹,却收效甚微,正想大发雷霆,忽然想起了学过的内容,我决定换一种方式解决问题。我心平气和地问询原因,原来"调皮鬼 A"上课忘了带铅笔盒,"调皮鬼 B"发现了,急忙跑着给他送去,两个人撞在一起绊倒了。听完原委后,我首先庆幸这次没按惯性思维错办"冤案",我先表扬了热心的同学,再给他们讲解走廊里奔跑的危害,"你们下次一定要注意,不要再发生这种事了,好吗?"两个孩子深深地点了点头。处理完后,我欣慰地感叹道"这次孩子们真正听到心里去了"。我又利用班队会的时间,上了一堂校园安全课,详细介绍了校园里容易发生的危险和造成的后果,教给他们正确的做法。下课了,孩子围着我,笑着说:"老师,我知道了,如果上下楼梯的时候打闹,容易把牙磕掉,那我就不能啃猪蹄了!""你可真是个小吃货啊!"原来,改变固有的态度和解决问题的方法,就能收到不一样的效果。解决"洪水"不能只靠"堵",而靠"疏"。一味地禁止这个禁止那个,反而勾起了孩子的好奇心和逆反心。其实孩子们能听得懂道理,耐心告诉他们后,他们会牢牢记住的。现在我再跟孩子沟通交流时,一改曾经的暴躁,愿意静下来去听孩子心底的声音,少批评,多鼓励,少指责,多肯定。孩子自信心有了,积极向上的劲头也来了。

## 四、家校共育,合作双赢

除了用丰富的知识武装头脑,我还参加了很多教育培训。"嵌入式"培训中,专家的讲座和报告让我受益匪浅,开拓了思维,提升了理念,更学到很多切实有用的方式方法。其中专家提到了苏霍姆林斯基关于"家校共育"的理念,"儿童只有在这样的条件下才能实现和谐的全面发展,这要求两个教育者,即学校和家庭,不仅要行动一致,要

向儿童提出同样的要求,而且要志同道合,抱着一致的信念"。我们可以看到,如今很多地方学校教育和家庭教育存在脱节的现象,导致"1+1<2",长久下去,非常不利于孩子的身心健康成长。如何管理好班级,实现"家校共育",是我一直探索和思考的难题。

我校范春红老师多年来致力于心理学与学校教学方面的研究,在长时间的调查和策划后,范老师对我们班学生和家长开展了一系列家庭教育管理的培训活动。

首先我们对全班学生进行了为期三个月的"注意力"训练,每天20分钟小测

验,收集了每位学生的具体资料。学生在测验中的表现反映出他们平时的学习状态、生活状态和个人习惯等,这个测验能够训练学生的听觉注意力、视觉注意力、预见能力、自我管理能力等,老师根据每位孩子的身心发展做教育,把习惯培养渗透到每个细节中。

**"注意力训练"反馈表**

| 姓名 | 博文同学 | 秉欣同学 | 清允同学 |
|---|---|---|---|
| 卷面 | 脏、乱、纸张皱卷 | 卷面整洁干净 | 卷面出错,部分题划掉 |
| 正确率 | 正确率低,存在漏题现象,粗心 | 完成速度快,正确率高 | 正确率中,部分题目出错 |
| 习惯 | 自我管理能力和习惯比较差 | 细心认真,习惯养成非常好 | 习惯养成还有待进步 |

　　三个月的"注意力训练"后,我们在 2017 年 11 月份举办了一场"家庭教育管理指导——情绪管理"的家长会,范老师向家长反馈每位学生的情况。在这次家长会上,范老师科学地分析了三年级孩子所处的心理分期阶段,这个阶段的孩子存在感和价值感强烈,需要关注、呵护以及倾诉,同时孩子处于活泼好动的年纪,家长不能一味批评指责。范老师的讲解深入浅出,家长们很快认识到自己在孩子的教育方面存在的问题,

很多时候对孩子发脾气，训斥甚至打骂，这只是个人不良情绪的宣泄，并没有真正解决问题，想要解决问题，还要学会"透过现象看本质"。

有家长抱怨"孩子不听话，故意捣乱"，我们仔细询问了这位同学家庭情况、平时父母的教育等，将这些材料具体分析后，发现了孩子以前不是个调皮的孩子，现在叛逆不听话原因是弟弟出生后家人格外关注弟弟，他认为本该属于自己的父爱母爱被抢走了，要赖撒泼只是为了赢得家长的关心。找清原因后，对症下药就简单多了。一段时间后，家长打电话反馈说现在孩子已经改变了，不仅不再捣乱，还会帮着妈妈照顾弟弟。这个阶段的孩子已经有了自我意识，很想向世界证明自己的存在，有的孩子经常顶嘴，其实并不是不服气，这只是他证明自己的一种方式。类似的例子还有很多。很多家长认为遇到了无解难题，其实只是没有找到问题的根源所在。

本次家长会中我们还做了家庭教育的问卷调查。该问卷主要从四个方面了解家庭教育的基本情况：家庭基本情况，父母的教育观念和教育方法，父母与子女的互动情况，说说彼此的心里话。

通过对比分析，我们发现家庭的和睦、父母的言传身教对孩子的教育影响非常关键。很多孩子身上表现出来的问题和错误，是在父母无意识的影响下产生的。所谓"近朱者赤，近墨者黑"，孩子没有好的辨识能力，盲目学了很多错误行为。

## 家庭教育调查问卷

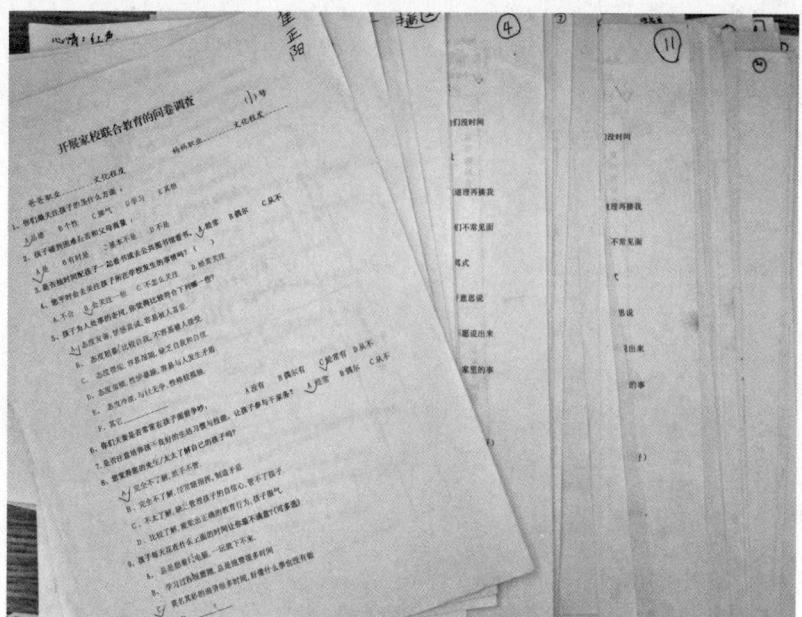

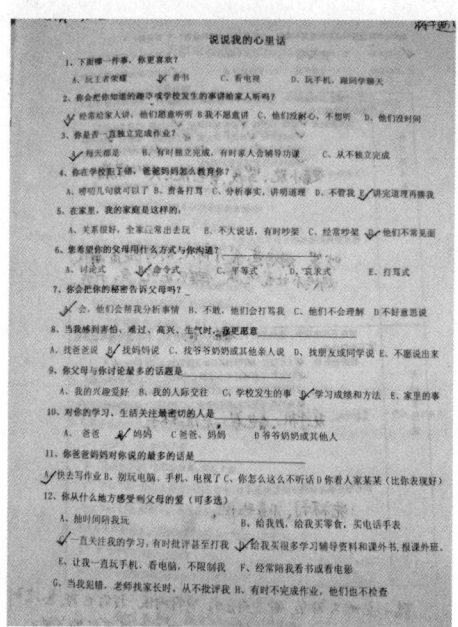

　　班里有个叫博文的同学,经常动手触摸女同学,除了语文课之外,在其他课上的纪律都很不好。一次美术课上,他竟然画了一个列车,每个窗口都写上网络流行语,"快手点赞"、"给大哥点点关注,双击666"等。孩子既然知道"快手"里面的流行语,一定是身边有人经常玩这个软件。通过与家长交流,我得知博文爸爸经常在手机上看快手,虽

博文同学美术课作品

然他一直以为是瞒着孩子的,但孩子也偷偷背着父母看快手。跟他的父母交流后,博文的爸爸妈妈表示一定要用正确的价值观引导孩子。从那以后,博文又变回那个单纯的无忧无虑的小朋友了。

在"我想对你说"这个环节中,父母和孩子畅所欲言,写出了平时积压在心底的话语,通过这个环节,很多家长感慨,从来不知道孩子心底里还有这些想法,从前都忽略了。

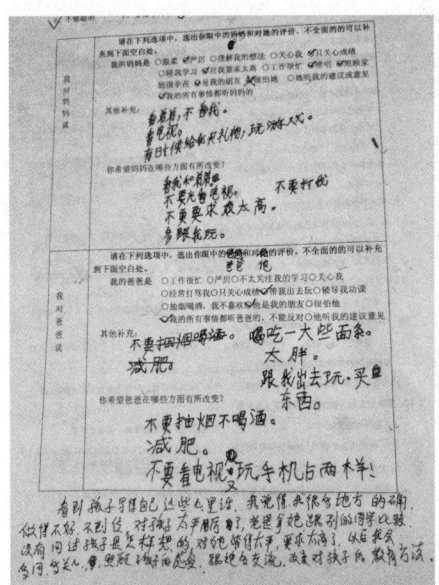
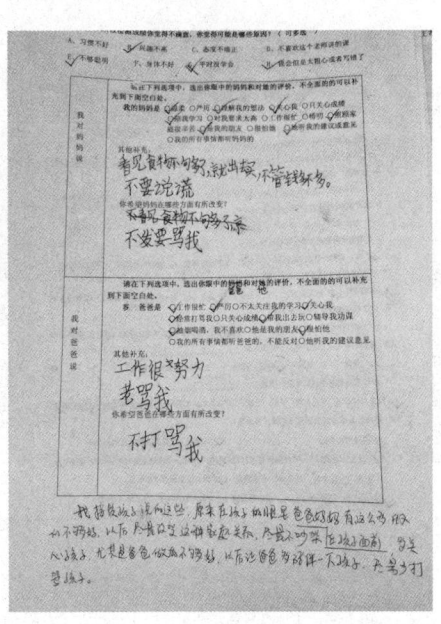

这场家长会后,孩子们最大的感受就是爸爸妈妈不再随便发脾气了,更愿意与他讲道理,听取自己的意见;家长们则说现在在对待孩子的态度发生了变化,面对孩子的错误时,能够控制好情绪,愿意陪孩子找原因、找方法。家庭教育管理培训,使家长明确了孩子身心发展的规律以及劳动在家庭教育中的作用,这提高了家庭教育质量,更促进了我在学校的教育工作。其实换句话说就是家长会过后,每个家庭都进入了幸福的平静的生活状态中。家长配合了,孩子懂事了,同样我的班级管理也就省力了。

"嵌入式"培训的最大的好处是专家们从上海带来的最新的最科学的教育理念。在专家老师们与我们的交流中,我们知道,上海的教育之所以走在中国的前沿,不仅仅靠学校教育,更要用专业的知识和理念带动家长们参与到孩子的教育中。理念要先进,行动要跟上。我们又创立了"家长学校"、"家长交流论坛",还通过 QQ 群、微信群等即时通信的使用,让家长随时了解孩子的学习动态,互相学习彼此的育儿经验,我们还举办了"家庭读书竞赛"等活动,让家长在家庭教育方面有了竞争意识。这不仅加强了家庭文化建设,提升了父母自身的素质,更重要的是让孩子在良好的家庭教育环境中受到熏陶,反过来更促进了学校教育的良好发展。

　　家庭教育培训活动是系统的,循序渐进的,经过了以上的努力后,活动收到了初步的成效。

理念要改变,同时行动也要跟上。我们又举办了"户外亲子活动"。我们在操场中画了几条直线,每个直线上设有无规律障碍,在这里面,凳子代表炸弹,碰到就会爆炸,画的圆圈代表陷阱,只要碰到或者进入,都是死路一条。准备好后,家长用眼罩蒙上眼睛,全程跟随孩子的语言指挥来行动。在这场竞赛中,有的同学情绪非常激动,家长稍微出错,孩子就会大喊大叫,吓得家长不敢继续走,一直徘徊;有的同学语言太贫乏,不能用准确的语言指挥,只会说"走这边"、"走那边",家长根本不知所措,不知道到底去哪边;还有的同学一直催促"快点、快点",根本不会顾及家长是不是走得稳,会不会摔跤等;当然也有一部分同学非常冷静,用准确的语言指挥家长走出重围,安全抵达目的地。

　　通过本次活动的反馈,我们引导家长发现了很多问题。首先我们请家长换位思考,看似简单的游戏,家长在闯关的过程中却感到异常艰难,同理,孩子们在学习的过程中也会遇到困难,家长之前的很多做法是不合适的。我们请家长反思:那些一直喊着"快点、快点"的孩子,像极了某些家长的口头禅"快点!快点做作业!快点上床睡觉!快点起床!快点!快点……",一直被督促着做这做那的孩子,心里会有一种焦虑感,当他在面对事情时,那种焦虑会让他莫名紧张、急于求成。那些语言贫乏的孩子,家长要反思自己是否给予了孩子充分表达的机会,还是所有事情由家长一概包办,孩子只能选择接受。这样的孩子一般不会主动,在游戏中容易处于被动的位置,人生的选择上也会更艰难。而那些冷静思考、准确指挥的同学，可以看出他们的家庭教育是非常成功的。家长在这个游戏中学会了家庭教育的方法，遇事不帮助孩子直面困难，而是大发雷霆、大吼大叫，根本解决不了任何问题。他们互相学习交流，说出自己的疑问，分享自己成功的经验，参与活动的每位家长都受益匪浅，当然，获益更多的是他们的孩子，我们的学生。令人欣慰的是，我们的家庭教育培训越来越有成效。

| 姓名 | 活动中表现 | 反映的问题 | 家庭教育问题 |
|---|---|---|---|
| 振涵同学 | 一直喊着"快点快点"，只催促家长完成任务，不顾及家长是不是走得稳，会不会摔跤 | 有焦虑感，当他在面对事情时，那种焦虑会让他莫名紧张、急于求成 | 父母要反思是否在日常生活中耐心不足，经常督促孩子完成任务 |
| 子怡同学 | 过程中无语言交流，以致家长盲走 | 语言贫乏，不善于表达 | 家长反思是否经常包办一切，不给孩子充分表达的机会 |
| 欣宸同学 | 冷静思考 准确指挥 耐心指导 | 孩子遇事不急，沉着冷静，心理素质和习惯都很好 | 父母与孩子关系和谐，家庭教育比较成功 |
| 昭进同学 | 情绪非常激动，家长一出错，孩子就大喊大叫，吓得家长不敢继续走 | 不会正确解决问题，不能管理自己情绪 | 家长反思是否平时自身情绪管理不到位，对孩子的情绪引导不到位，导致孩子脾气急，不能正确调节情绪 |

后来我们又定期举行类似的亲子活动，"亲子绘画"、"亲子闯关"等，孩子和家长们越来越默契，关系越来越融洽。有一个家长特地感谢我说，"孩子长大后，越来越不愿

跟我聊天,我也曾很伤感,不知道应该怎么做,以为会跟孩子越来越远,经常怀念他幼儿园时回来像小鸟一样叽叽喳喳的时候……谢谢老师能提供这样一个契机让我和孩子重新成了朋友"。看到家长和孩子这么支持我们的家庭教育培训,我们格外欣慰,我们也会继续努力,为孩子的健康成长尽一份绵薄之力。

## 五、亲子日记,共伴成长

家长们在我们学校老师的带领下,从原来的甩手掌柜重新又变成了"奶爸奶妈",每天和孩子交流学习和生活情况,了解孩子的心理变化。为了让家长更好地进入到孩子的生活中去,我们又发起了写"亲子日记"的活动。家长们通过坚持写亲子日记,发现了孩子成长中点点滴滴的进步,也能够反思和总结自己对孩子教育的经验和不足之处。从孩子和家长的反馈来看,"亲子日记"在家庭教育中功不可没。下面就是一直写亲子日记的景浩宇妈妈写的第 61 篇日记。

**景浩宇妈妈亲子日记第 61 天**

今天下午去参加孩子的家长会,老师讲了家庭教育对于孩子的重要性。父母是孩子的第一任老师,正所谓有什么样的父母就会有什么样的孩子,孩子就是我们父母的影子,孩子身上所折射出来的问题,正是我们父母身上所存在的问题,教育孩子是一个艰难而又漫长的过程,而家庭教育,在教育孩子中起着至关重要的作用。

我就是一位"家庭教育培训"的受益者。以前跟孩子在一起的时候,只要不谈论学习,我们和孩子的相处都是很融洽的,只要在谈到学习,做作业的时候,就会出现意见不统一,或者因为孩子的粗心大意,没有按照我们大人的想法去做,我们就会觉得很生气,拿他没有办法了,说好听的也听不进去,批评一顿还是没有多大的效果,以后还会犯这样的错误。每天强制孩子去完成作业,孩子和父母都觉得特别痛苦。参加了多次班主任组织的"家庭教育培训"后,我学到了很多亲子相处的知识和方法,通过写亲子日记再加上老师对我的指导,我开始静下心来慢慢去理解孩子、尊重孩子,去聆听他们心里的想法,孩子也在不知不觉中发生着变化,现在和孩子争吵的次数少了,沟通讨论的次数多了,亲子关系也变得和谐了。

改变沟通的方式方法很重要,现在我处理问题的态度已经不再专横。今天孩子把英语试卷带回来,我整体看了一下试卷,发现错误比较集中,一个排序的题,只要一个错,剩下的可能就会全错,于是我仔细陪孩子分析了原因,他说自己没有做到过类似的题。我耐心告诉他:"没碰到过,没关系,以后我们多做点题就能碰上了,还是做的题少啊!"孩子听完认真地点点头。以前一跟他说试卷的错误他总是不高兴,现在自己能主动去认识错误已经不错了。这样,下一步再让孩子多复习,他应该就不那么抵触了。

现在每天早上，孩子去上学的时候，都会和我说声"妈妈，再见"。在别人看来，这也许是再平常不过的事情了，但在以前，孩子是绝对不会和我说的，一点点细微的变化可能就说明孩子正在从内心里接受我。

翻看以前的亲子日记，点点滴滴的小事映入眼前。如果不是亲子日记，这些平常发生在我身边的小事就会被淡忘，现在自己没事的时候来看看，看到孩子一点点进步，我也一天天变化，我们的关系不再那么紧张，慢慢更加融洽，真是一件幸福的事啊！

随着写"亲子日记"活动的不断推进，我惊喜地发现，孩子们与家长的沟通畅通了。我们中国式的家庭，往往羞于表达爱，谦虚到了极致成了过谦，吝啬于爱的传达和鼓励赞赏。亲子日记，架起了父辈与子女沟通的一座桥梁，它传达了深沉的爱，化解了误会和不满，让鼓励与赞美洋溢于两代人的心田中。

## 总结

我从事班主任的时间，不算短，不够长，但我一直在学习的路上不断探索。从一位焦头烂额的新手班主任到现在的得心应手，我收获了很多。回顾我的成长之路，真是感慨良多。"嵌入式"培训带给我的是先进的教育理念，科学的管理方式，不断追求、不断研究的学习态度和脚踏实地的工作方式。

苏霍姆林斯基曾说，"如果把儿童比作一块大理石，那么把这块大理石塑造成一座雕像的主要有六个雕刻家：家庭、学校、儿童所在集体、本人、书籍、偶然出现的因素"。十年树木，百年树人。学校、家庭承担着树人的重大责任，我们需要携起手来，共同为了一个目标而努力。很多时候，学校的工作遇到阻力，老师抱怨家长不管孩子，不会教育孩子。归根溯源的话，也许家长们是不会管孩子，不知道怎么科学正确地教育孩子，所以有的家庭"放任自由"，有的家庭"暴力解决问题"。我们班主任应该多做一点，给他们一个方向，一点指引，我想每位家长都愿意为之努力，因为他们真挚地希望自己的孩子健康茁壮地成长。"路漫漫其修远兮，吾将上下而求索"，我还需要继续努力，争取早日成长为一名优秀的班主任，当然，我的班主任成长日记也将继续写下去，记录我前进路上的每一个脚印。

第三编

发展提升

# 我的成长之路
## ——为了破茧成蝶

张静静

张静静,1985 年 7 月生,本科学历,小学一级教师,2008 年毕业于湖南吉首大学张家界学院英语系,英语专业八级,2009 年 9 月至今在广饶县同和小学任教。获得的主要荣誉:2012 年在山东省第六届小学英语优质课评选活动中荣获二等奖;2017 年在山东省教研室组织的"信息技术与学科整合"活动中获得省课例二等奖;2011 年获得东营市小学英语优质课一等奖;多次在广饶县论文比赛中获得一等奖;2014 年参与东营市课题研究"基于小班化家校合作的小学英语课堂教学研究和实践",2018 年结题。

在同和小学这个温馨和谐的大家庭里,不断提高自己,把教育当事业,乐于奉献,把教育当艺术,勇于创新。一直把"爱生奉献,幸福从教"作为自己的工作准则。

近年来,我校以"嵌入式"培训为纽带,把"教师发展第一"的理念深深地嵌入每一位教师的头脑里。教师发展第一,不让一名教师掉队的理念,让老师心中永葆一个变得更加完美的梦想。回想我的工作经历,充满蹉跎、挣扎,甚是狼狈,怀疑过自己,也被别人怀疑过,自负过,也曾消沉过,很幸运一路走来,有所成长。在这个过程当中充满了幸福、感恩以及汗水。

九年前,怀着美丽的梦想,我踏上这条充满希望的阳光之旅。一路走来,虽有山重水复疑无路的困惑,但更多的是柳暗花明又一村的惊喜。九年的辛勤耕耘,九年的默默守望,九年来,在同和小学老师们无私奉献精神的感染下,我深深地爱上了教师这一平凡而充实的职业。

记得我第一次站在孩子们面前的时候，一切都让我感到新鲜、好奇。清晨的"老师，您早!"那童稚的问候，给我带来了一天的快乐和生机;傍晚一声声"老师，再见!"给我留下对明天的无限希望。孩子们纯洁的心、圣洁的情，净化了我的心灵，激起了我对教育事业深深的热爱。

但不是师范院校毕业的我，对于课堂教学却是无从下手，虽然是英语专业毕业，但在学校的安排之下，第一年我担任了三年级两个班级的数学教学任务，我感受到的更多的是迷茫。第一堂数学课，时至今日仍记忆犹新，面对孩子们求知的眼神，我却紧张混乱，不知所措，拿起数学课本，看似简单的内容，却不知从何下手，所以我按照课本，一节课上了三课时的内容，然后让孩子们自己做练习册，却发现孩子们在做题时错误百出。晚上回到宿舍，我寝食难安。幸运的是，与我同教三年级的是郑金丛副校长，她可是鼎鼎有名的齐鲁名师，我从心底里敬佩她。我向郑校长寻求帮助，她当时对我说的话让我至今记忆尤深，她亲切地说:"静静，不管是上新课，还是讲练习，你都可以来听我的课。"听了她的这句话，我如同吃了一颗"定心丸"。为此，我调了课，郑校长上一节课，我听一节课，学一节课。在她的课堂上，学生们像被施了魔法一样，都炯炯有神，全身心地投入到学习中去，时间总是不知不觉地就流逝了。郑校长扎实的教学功底，先进的教学理念使我受益匪浅。与此同时，郑校长经常不定期地拿着她的小板凳推门听课，这让我措手不及，有时候还很紧张。所以我不敢偷懒，每天回到宿舍，我都认真备课，把上课说的每句话都写下来。郑校长在评课时，具体到了每一个环节中，甚至对学生的每一句评价语言都悉心琢磨，及时反馈出我自己没有意识到的优点和缺点，让我有意识地改正自己的不足，发扬优点。在郑校长手把手的指导、严格的要求以及关切的督促下，我慢慢对数学教学有了更深刻的认识，对课堂也有了一定的驾驭能力。

幸运总是伴随着我，第二年我如愿以偿地担任了英语教学的任务。但对于英语的实践教学，我又是一无所知。就在这时，学校组织了"师徒结对"活动，它如春天的一场及时雨，浇灌出我心中的一片绿洲。感谢领导为我们年轻教师创造条件，搭建平台，我是师徒结对活动的受益者。活动中，我遇到了两位优秀的、经验丰富的师傅——范春红老师和崔云芬老师。两位师傅就是我的引路人。在两位师傅的悉心指导下，我受到她们认真踏实的工作作风的感染以及良好人格品质的熏陶，各方面都有了突飞猛进的提高。

2011年,我参加县优质课评选活动,荣获全县一等奖第一名的好成绩。2012年,我被推选到东营市参加优质课评选活动,又荣获了全市一等奖,随后代表东营市参加省优质课评选活动。一路走来,师傅们的付出很是让我感动。当我得知自己被推选到省里参加优质课比赛时,年轻的我欣喜不已。可就在这时我发现自己怀孕了,接下来是强烈的孕吐反应,经常吐得昏天暗地,走路不稳。白天担任了6个班的英语老师,以及四年级1班的班主任,到了晚上,我时常感觉疲惫不堪,一度想放弃。是我的两位师傅不断地激励我,帮助我,给我力量,让我有勇气坚持下去。在备战省优质课的一个月里,她们一遍遍地听课,一遍遍地帮我磨课,没有一点怨言,主动地和我一起并肩作战。几乎每天下班后她们都陪我备课到很晚,顾不上吃饭。有一次备课到很晚,范老师回到家做饭时,突然想起一个很好的教学策略,立马停下来,马上打电话和我沟通,现在想来,比我自己都上心。她们放弃了数个周末的休息时间,牺牲了陪伴孩子和照顾老人的机会。在临沂比赛的那几天里,两位老师更是辛苦,一位老师已经五十多岁,一位老师已经年近五十,白天跑到广告公司,为我准备上课的教学用具,晚上陪我一同备课到凌晨。没有一点厌烦,没有一句怨言,她们那种爱岗敬业、无私奉献的高尚品质深深地感染着我,激励着我永远前进。

在平时的教学中,她们那种对工作的热情触动了我,她们那种对教育的奉献精神感染了我,我立志要像她们那样踏踏实实、勤勤恳恳地工作,拿出我的激情,热爱我的每一名学生。

2014年,在教研室英语教研员马老师的推荐下,我有幸参加了国培计划(2014)——小学英语青年教师成长助力研修班的培训。这次培训把我们青年教师成长助力研修班的学员和高级研修班的英语老师们放在了一起,采取一对一的辅导方式。参加小学英语高级研修班的都是山东省教学能手、齐鲁名师,包括大名鼎鼎的青岛市教研员孙泓老师等,他们都是山东省英语学科的教育大咖们。我的师傅是齐鲁名师卢春苗老师,在她的指导下,我进行自我能力、自我发展定位以及自我成长点的分析。通过自我剖析,我意识到自己正处于教师专业化发展中的成长阶段,正在努力迈向成熟阶段,工作经验不足,还没有形成一定的教学风格。同时也明确了我的成长点和努力的方向:

1. 努力形成自己的教学风格。

我会抓住一切听课和学习的机会,多观摩优秀教师的课,向优秀教师学习,如:观看名师名家课例,研究他们的教学设计、教学语言和教学风格等,并对其进行反思和总结,寻找一条适合自己的发展之路,争取逐步形成自己的教学特色。

2. 研究学生,构建和谐的师生关系。

在这九年的教育生涯中,我没有轰轰烈烈的事迹,也没有惊天动地的壮举,可我有着一颗炽热的心。我已经是两个孩子的妈妈,当了妈妈后,我更是时时刻刻提醒自己,要把每个学生都当成我自己的孩子,多站在孩子的角度思考问题。我经常想着两句话,那就是:"假如我是孩子"、"假如是我的孩子"。就是这样的情感使我对学生少了一份埋怨,多了一份宽容;少了一份苛求,多了一份理解。

同时我也在不断阅读有关儿童心理学的书籍,研究儿童的心理特点并学习相关的心理学知识,走近学生,研究学生;关注每一名学生,学会以发展的眼光看待每一个学生,赏识每一位学生;相信学生的巨大潜能,并努力去探索发掘,让学生在自己的课堂上得到一定的发展。

3. 开展教育研究。

教育研究是优秀教师成长的必备条件,要想成为名师、教育专家,就要学会在教学中研究,在研究中教学。针对课堂教学中遇到的问题进行观察和分析,对自身教学行为进行反思,使研究成为一种习惯。现阶段,我在范老师的带领下,进行着课题研究,取得了可喜的成果。

2015 年,我校与上海名师学习研究所开发了"嵌入日常教学的卓越教师专业发展项目",它如春天的一场及时雨,浇灌出我心中的一片绿洲。专家们的精彩讲座,是我思想变革的推动力量,一次次地激发我的灵感;上海名师们的经验介绍,促进我对自身教学实践的深入思考。嵌入日常教学的教师专业发展研修,是一种问题导向的培训。围绕专题进行的互动讨论,不断擦出思维碰撞的火花,让我感受到了破茧成蝶的喜悦。

"路漫漫其修远兮,吾将上下而求索"是我一直奋斗的目标和追求的境界。作为一名英语教师,一名班主任,我丝毫没有懈怠,也不敢懈怠,我深知自己身上的责任和义务。在今后的教育教学工作中,我将立足实际,用心探索,在教育这片田园里勤奋耕耘,奉献我无悔的青春。我要努力做孩子喜欢的老师,做一名优秀的人民教师,桃李满天下!

# "嵌入式"伴我成长

李安秀

李安秀,1983 年 4 月生,本科学历,小学一级教师,2008 年 9 月至今在广饶县同和小学任教。自 2004 年参加工作以来,一直从事小学数学教学工作。十几年来,潜心于业务学习,认真备课、上课,积极参加各级各类教研活动。2014 年被评为"东营市小学数学教学能手",2017 年被评为"东营市小学数学学科带头人"。2015 年、2017 年参加东营市优质课评选,均获一等奖。近年来,多次执教省、市、县级公开课。主持的市级课题于 2017 年 9 月顺利结题,另外也参与多项市级、省级课题。

**教育理念:** 让每个孩子都在快乐中学习,在快乐中成长。

我是一名普通的小学数学教师,我非常喜欢这个工作,为了能更好地胜任这一工作,多年来我忠于业务学习、研究。两年来的"嵌入式"培训,对我的成长起着一定的作用。

2015 年 4 月 25 日,上海名师学习研究所江喜标所长到我们学校宣传"嵌入式"培训工程,和领导交流这一培训的可行性。2015 年 8 月 26 日至 27 日,在江喜标所长的主持下,同和小学开启了"嵌入式"培训。江所长的报告"今天的中国需要什么样的教育",让我们明白了中国现在需要什么样的人才。目前,我们应该从哪些方面入手改变。"嵌入式"培训就是帮助我们从课堂入手解决问题。

经过培训,我的教育思想、教学观念等都得到了更新,而且我的教学方法、教学手法、教育教学策略也得到了很大的提高。

## 一、提高教育思想、教育理念

2015 年 8 月 26 日，我们有幸聆听了蒋薇美教授关于积极心理学的讲座，从中获得了不少启示，蒋教授讲座的题目是"辛苦但快乐着——积极心理学的启示"，积极心理学给我们的启示是老师要用积极乐观的态度去接纳学生，相信学生的同时让学生相信自己是一个有价值的人。所以说教育教学艺术的根本不仅仅是传授知识和本领，而是激励、唤醒、鼓舞！

2015 年 8 月 27 日，华东师大终身教授、博士生导师钟启泉教授做了"国际视野与本土行动——'大众教育'时代的课程改革"的专题报告。一上午的报告，70 多岁的钟教授始终精神抖擞，语言幽默。给老师们留下了不少启迪：课程改革的理念——为了每位学生的发展；课堂革命——课堂不变，教师不变，学校就不会变；教师教学方法无定式——教师要有倾听、了解、分析的能力，倾听学生的发言，了解学生发言的差异，分析学生的成长过程，学会链接和反思；形成自己的教学风格；差异教学；小组合作学习应是当下课堂教学的主流；听评课聚焦 3 个问题，即发现学习成功的学生，发现班中不足并共同探讨，思考我从讲课老师身上能学到什么。

## 二、提升教学行为质量

2015 年 12 月 6 日，上海市教委教研室小学部主任数学教研员姚剑强老师，跟进我们"嵌入式"培训，给我们做了"对提高课堂教学执行力的思考"的报告，姚主任的报告让我们认识到要切实把握教学环节，提高课堂教学有效性。

首先，要有效备课。教学目标要源于课程标准，把握教学的基本要求，确定合理的教学目标。目标制定要基于读懂课标、读懂教材、读懂学生、钻研教材。

其次，要上好课。明确上课的基本标准，学生该听的听了没有，该说的说了没有，该想的想了没有。在授课过程中，是否有效"讲授"、"提问与倾听"、"练习与反馈"、"预设与生成"。

姚主任还对我们上传的视频课做了"一对一"指导，针对我们每一节课都做了详细的评价、指导。我们意识到自己的课堂还有许多有待改进之处：引入新课太慢；练习设计没有梯度；教师语言不够简练；环节目标达成度不高；新旧知识联系不好等。造成的原因：没有备好教材、备好学生。在姚主任的点拨下，我们认识到备教材要理解教材、分析教材、处理教材，了解知识间的关联、孕伏和延伸的问题（也就是知识建构）。备学生时需要思考：学生是否已经掌握或部分掌握目标中要求学会的知识与技能？掌握的程度怎样？学生间的差异如何？学生在某一内容前的起点能力是什么？哪些知识学生能够独立完成？哪些可以通过学生间的合作学会？以便准确把握教学内容，及时调节教学活动。根据学生的实际来确定教学的深度、广度和容量，来提高课堂目标达成度。

2016 年 4 月 24 日，我们的"嵌入式"培训聘请了上海市虹口区曲阳第四小学曹文娟老师。上午曹老师执教了《用字母表示数》一课，下午曹老师结合上午的内容讲述了磨这一课的过程，名师精湛的课堂展示和精彩的讲座点评让我们感受颇深、受益匪浅。名师们富有感染力的语言、对孩子亲切和蔼的评价、活跃的课堂气氛，让我们充分领略到了数学课堂教学的精彩与魅力。

我们听了曹老师历时五年磨过的课——《用字母表示数》，一路走来，磨课人的甘苦，不是我们常人所能想到的。十年磨一剑，五年磨一课，而这节课还在继续打磨中。这种执着钻研、精益求精的精神让我们敬佩，值得我们学习！

曹老师还向我们介绍了"思维导向下的小学数学教学课例研究"，提出在课例研究中首先要明确教学"四问"：为何学？明确学习的"标"；学什么？理清知识的序；怎么学？摸清认知的"路"；有何变？关注学生的"变"。这些问题为我们磨课指明了思考方向。

## 三、充实教育理论

在培训过程中，江所长还给我们上传了两次文件包，为我们的理论学习提供了充足的材料。让我们深入详实地了解到数学的本质，从宏观上讲，数学的本质就是数学观问题，即"数学是什么"，正如恩格斯所指出的：数学是研究数量关系和空间形式的科学。课标的"基本理念"中指出，数学课程内容不仅包括数学的结果，也包括数学结果的形成过程和其中蕴含的数学思想及方法。

数学的本质既体现在数学研究结果上，又体现在研究过程中；既体现在数学知识上，又体现在数学的抽象、严密、简洁等特点上，其中最本质的特点是抽象性。作为数学教师,要牢牢抓住本节数学课本质的东西,以此为契机点,展开教学。

　　两年的"嵌入式"培训,在 2017 年 5 月开展了为期一个星期的成果展示开放周。不同的学科以报告和展示课的形式汇报两年来的成果,我有幸代表数学组以"基于联系的单元教学设计"为题作了交流,这也是我在业务成长道路上又向前迈进的一大步。培训已结束,但学习和成长仍在继续……

　　"嵌入式"培训学习作为一种全新的培训方式,对我们参与培训的老师造成的影响散见于日常教学之中:既有教学理念的提升,又有课堂教学方式的变革;既有教师专业能力的提高,又有学生学习方式的改变等。其中的每一点每一滴都映射出我们专业成长和理念提升的过程,仅收集其中点滴,记录两年来我和孩子们的共同成长。我会静心聆听每一句心声,静心等待每一朵花开……

# 我的事　我的歌

范春红

范春红,1988年参加工作,广饶县同和小学英语教师。工作期间,努力追求卓越,多次自费参加高层次的口语培训。她力求成为一位有追求、有爱好、有历史责任感的教师。作为教师,她虽然没有救人之危在旦夕的瞬间,没有轰轰烈烈的时刻,也没有政府的表彰,但这并不影响她成为家长认可、学生喜爱的教师,她努力让自己成为一位具有人文情怀、一位有故事的教师。

两年来,我参与的"嵌入式"培训对自己的帮助很大,尤其在教学理念上有了极大的转变。纵观自己的教学"故事",这一个个尘封的往事又带给自己全新的思考。

## 课堂篇三则

### (一)画梨

暑期,我有幸参加了广饶县2009年小学英语教师外教英语教学培训班,在班上我注意到:无论是教授单词还是出示某个情景,外教老师都习惯于用画面来展示,并且做到边讲边画,有时借助肢体语言来补充表达。另外外教老师所用教具也都是自己制作的,尤其以亲手画的图画居多。我联想自己上课时也用到图画,但大都是在网上找到打印出来的现成品,自己认为这样很是标准、也很是艺术,孩子肯定会喜欢的,但对比之下,我在想:这有什么区别吗?

直到有一次,自己上课时发生的一件小事让我恍然大悟。在三年级一班复习单词时,我忘记带图片,但讲着讲着认为有必要用图画提醒大家,我就尝试着用自己不是"很听话"的手在黑板上把图画出来,当画到鸭梨时,有的孩子说:梨、梨,有的孩子则说:不、不,是葫芦,听到这些我自己也偷偷对着黑板发笑,笑自己很不成熟的线条,给学生带来认识上的误导。于是,我转身对着说"不"的同学说:"好,来帮老师画吧。"其中一个同学一边摆手一边说:"不,不! 老师,我不会。""试一试",我笑着说,孩子犹豫地走上来,在我的"梨"旁边开始画起来,随着同学们的赞叹声,一只像模像样的"真梨"长在了我的"假梨"旁边。在一片赞叹声中,我和大家不由得为他鼓起掌,他高兴地蹦着回到了位子上。

这件事,对于这位学生和其他学生来说,准比他们学会"梨"这个单词更重要、更高兴。

对教学来说,照片上的梨、自己画的梨哪个重要无所谓,但作为教育形式来说它就不一样。当向孩子们展示的是艺术作品时,艺术作品的整齐划一、完美、精致已将孩子拒之门外,离孩子们现有水平太远,孩子们潜意识里会拒绝这幅作品,孩子仅仅会将其作为一个学习工具来用;但当我们出示自己的作品时,毕竟我们不是什么画家,所以在某些方面的不足和欠缺越是会唤起孩子的想象和尝试欲望,老师能自己做,我们也能做,况且,我画的也不比老师的差,孩子的学习和创作潜能就被激发起来了。您看,教育真是无处不在,体现在老师所做的每个细节里。

现在,我终于明白为什么我们的外教老师总拿自己的"作品"给我们"炫耀",其实他是在让我们思考什么是教育! 我也就此明白,教育是教学双方共赢的事。

## (二) 课堂上的小精灵

随着欢快的音乐,我们又开始了今天的英语课,我拍着手,边舞边唱,同学们模仿着随声附和。这时我的目光不停地环顾四周,不时对同学们做出一个个鼓励的动作;或投去一个个肯定的眼神,孩子们脸上洋溢着兴奋的光芒。当目光落到最前排时,被一位小男生吸引住了,他一招一式的动作都特别到位,很投入,我竖了一下大拇指,这时他竟然站起身舞出了位子,我点头笑笑,他舞得更夸张了,这时又有几位学生站起身舞起来,然而伴奏带停了,同学们露出一脸的遗憾。这是我在三年级英语课上的一个片段,我很享受与孩子们的这份情感,是自己幼稚还是因为过了这份童真的年龄而过分珍惜暂且不说,总之,"蜡炬成灰泪始干"、"太阳底下最光辉的职业"离我很遥远,但面对一群"小淘气"、"小无知"、"小无理",我该怎样做,却是摆在我眼前的问题。孩子都是一样的,人的态度可是不一样,人间最珍贵的是真情,它可化做一份热情伴着你克服一切改变一切,作为教师,仅仅有专业知识是远远不够的,还要有热爱!

### (三) 掉牙了

"red"、"red",课堂上,学生们正在跟读单词,突然,"老师,王晓静掉了一颗牙",一位学生喊了一句。这时,班里顿时安静下来了,我循着声音看过去,只见王晓静手里托着什么,眼睛略带惊恐,嘴角还有一丝血迹,突然,我明白了,"恭喜你,孩子你长大了,换牙了!"我面带喜悦的表情说道,只见她在听到我话的一瞬间,脸色大变,由惊恐转成兴奋,其余的同学也从惊恐中缓过神了。"不过,请你不要将手伸到嘴里,那样不卫生,来用纸巾擦一下嘴角,然后把退了休的牙包好,回家给妈妈看看,妈妈会祝福你的,老师相信这些小事你完全可以自己搞定。"听了我的这番叮嘱,孩子信心满满地做起来,当然,脸上尽是欢喜,其余同学也恢复常态读起了单词。

是呀!对于一个八九岁的孩子来说,在外遇到这种事肯定会不知所措,教给她正确的处理方法和心态很重要。在这关键的时刻是让她继续恐惧,还是包办一切(就像家长一样),又或是教给她一种成长的态度,我选择后者,因为我是教师,学生学习上的指导者,生活中的领路人。我要引导孩子在面对情况时选择愉快地接受,积极地应对,而不是优柔寡断、不知所措。

勇敢地面对,一种态度决定一种人生。

## 文明篇三则

### (一) 文明套住了我们

这个学期,我带三年级的英语课,刚开学的两周里,班里的孩子认不过来,更谈不上掌握每个学生的情况,但为了鼓励学生,同时也为了早点消除孩子对我这个新老师的陌生感,我会在作业批语上狠下功夫,比如说,我会写:"认识你这位小朋友我很高兴!"、"上课你听得很好!"、"你的声音真好听!"、"你说英语的样子好酷呀!"等,用这些实用的字眼取代了"好、棒"之类的惯用语,这也是皮格马利翁效应的一种实际应用吧!没成想孩子还真"上套",上课的积极性很高。明明教室里贴着课程表,但只要我路过教室,学生就问:"下节上英语课吗?"我真的被这些孩子可爱、又可笑的举动"电"到了,所以上课也特别兴奋来劲,给学生的批语会更好。

　　一天,三(2)班的作业发下去后,学生在兴奋地看批语,突然,一个学生举手,我快速走近他身边,以为他哪里不会想问问题,"老师,这些话都是谁写的?"他手指着批语问道,我笑了笑回答道:"这很重要吗?"、"我就是想知道,快告诉我吧",他很坚持地说道,我用手指了一下自己的鼻子,紧接着"谢谢老师!"他很正经地回了一句。一个意外的惊喜,一个三年级的孩子用这种方式给老师还了个"礼",还是在课上,我也被"套"住了。

### (二)"拍"出的是什么?

　　9月的广饶还是很热的,空中乌云密布,眼看就要下起雨来,教室里格外闷热,同学们都在安静地默写单词。我时不时巡视着,当目光落在我正对面的第二排课桌时,正巧看到那位男生起身在他前桌女生脖子的位置迅速地拍了一下,说不好听的也可以叫打,一种本能的反应,被"打"的女同学迅速抬头看了我一眼,面带怒气转过身去,只见那位后桌男生将那只手正对着女生的脸竖起,停在那里,女同学先是一愣,又转过了身,脸上还有一丝笑意,继续写起来。这时我也三步并作两步迅速来到他们身边,本想"训斥"那男生,可他又将手朝向我,这时我看清了,手心处是一只打扁了的蚊子,我诚恳地一笑,朝男生竖起大拇指,迅速掏出纸巾擦了一下,他依旧低下头去写单词了,事情发生得很快,我们谁也没说话,教室里安静依然。

### (三)都是文明惹的"祸"

　　"尊敬的范老师,您好!首先让我祝您身体健康……"、"范老师,我拜读你的来信非常地开心……"、"尊敬的老师你好,首先很感谢您对我的信任……"读着一封封家长的回信,心里热乎乎的。

多年来，我养成了用书信与家长联系的习惯，一是了解一下所教孩子的情况，二是让家长明确孩子的近况以便家校共同管理。

每每读着家长的回信，心情就非常激动，感到肩上的担子格外重了些。无论备课、上课，还是与学生交流沟通，都精心地准备，生怕怠慢了这群寄托着家长一切希望的宝贝。自己课上的情况由学生带回家，然后家长再反馈给我，这样上课就更贴近孩子；经常的书信来往，家长的关注和支持也使自己的信心大增，工作更顺利；同时也深深感受到家长在信的内容和表达方式上悄然发生了明显的变化。起初的通信，大部分家长"开门见山"、"没头没尾"，急切于表达自己对孩子的那种关注心理，不讲究说话的语气，讲究格式的更不多，甚至连个称呼都没有，但作为教师，我坚持用规范的形式与家长交流，随着书信来往次数的增加，家长书写的格式也逐渐地规范起来，这说明家长开始注意起自己的"形象"了，我很高兴看到这样的变化，心想：教师这个职业真是非同一般，影响的可不是一代人，想来想去，这都是文明惹的"祸"，文明与尊重的力量势不可挡。

## 唯爱而为二则

### （一）写给入职我校的年轻人

年轻人：

你好！恭喜你！在人生的第一关把握住了难得的机会，成为了一名教师，这其中酸甜苦辣的过程就看作是进入社会的第一课吧，我和你的妈妈有同样的感受。当然机会总是垂青于有准备之士，你成功地入职教师职业，是努力的结果，也是人生美好的开始。

年轻就是一切资本。当看到你们矫捷的身影穿梭于楼宇与操场之间，且能以最快的速度转变角色，我知道你们心中的压力和坚强并存，这使我想起当年的自己。不过不同的是你们脸上那青春的笑容，那坚定的步伐，处理问题的从容可不是当年我所能及的。所以仅从这一点我要说声谢谢！你们的到来让我重新定位了自己。

教师、职员、公务员、律师等职业称呼不同，广饶、上海、北京、中国、美国等存在地域差异。我们的一生总得做点事,做来做去才发现最终是在跟自己斗,斗什么?心理。原来一切的工作都是实现自我的成长,心理的成熟。

同和小学只是一个地方,一个名称,这些不重要,重要的是在这个地方你所干的事让你体会到什么,让你成为什么样的人。

如果用心拥抱世界,世界是不会拒绝你的。

让我们来共享一首歌词:

走吧,走吧,人总要学着自己长大。

走吧,走吧,人生难免经历苦痛挣扎。

走吧,走吧,为自己的心找一个家。

也曾伤心流泪,也曾黯然心碎,这是爱的代价!

爱你们的范老师

## (二) 为生命守候

忙碌一天,直到送走最后一名学生,回到家才感到欣慰、踏实。而每天的朝阳则给予生命最美的期待和鼓励。

当我们每天清晨从家长手中接过孩子,呵护孩子的安全成了我们首要的责任,过道里、楼梯上、教室中、操场上,无一不在考验着我们对生命的承诺。孩子是否又在过道里奔跑了,是否又在教室里打闹了,上下楼梯是否靠右行了,看似简单、甚至是令人厌烦的规矩却是孩子们生命的保护伞,出行时教师永远是车辆与孩子之间的安全屏障。

一天,下午放学后我看了一会儿作业,准备回家时,学校已经没人了,当我将车开到公路上时从反光镜里看到一位家长人推着电动车,急匆匆在与门卫说着什么,我心想这个时间了,是不是有学生没接走,没容得多想我将车头调转回来,等我到大门口时家长又骑车走了,我了解了情况:原来学生家长来迟了,没接上孩子,恰巧家里人来电话说孩子已到家了。我听了松了口气,其实,我不回来又何妨?如果我按时下班也许就看不到这一幕,可我是教师,义务、责任高于一切,我珍惜这份工作,我热爱生命。在人的一生当中,最重要的生命课题是学会爱惜自己,先学习欣赏自己、爱惜自己,再去喜欢别人和自己所处的环境,才能培育爱护生命、尊重生命的情操。

　　生命的存在就是爱的呈现,什么是爱? 踩地唯恐地痛的感觉就是爱,由爱自己、欣赏自己开始,学习体验生命之美。

　　有人说,活着就是奇迹。有人伤心没有漂亮的鞋子穿,但他后来发现有的人连穿鞋子的脚都没有,仍可以活得好好的,就不再伤心了。

　　爱是生命最崇高的体现!

　　这就是我的故事。历经这次"嵌入式"培训,我的职业生涯中将会演绎更多、更精彩的故事。"故事中"的我也必将更有智慧、更有情怀!

# 用爱抚慰那颗受伤的童心

孙秀萍

孙秀萍，语文教师，从教23年来一直担任班主任工作，被评为"广饶县优秀班主任"、"优秀辅导员"；教学中获"县语文教学能手"、"美术教学能手"、"体育教学能手"等称号，执教的优质课多次获县、市级一等奖。多篇论文获省级、国家级一等奖。指导的诗歌连年获县一等奖第一名。

教育座右铭：童心童趣，寓教于乐。

著名教育学家苏霍姆林斯基曾把儿童比作一块大理石。他说，把这块大理石塑造成一座雕塑需要六位雕塑家：家庭、学校、儿童所在的集体、儿童本人、书籍和偶然出现的因素。从排列顺序上看，家庭被列在首位，由此我们可以看出家庭在塑造儿童的过程中起到很重要的作用。特别是参加"嵌入式"培训以来，我对于这句话的理解越来越深刻。

今天，我在书店遇到了小宇，妈妈陪着他在买书。看到我的一瞬间，这个比我还高的15岁男孩子竟飞奔过来，抱住了我："我好想你，孙老师！"这句话在耳畔响起，我内心暖暖的。当我凝视着小宇那双明眸时，我知道，那个阳光而又自信的小宇回来了，曾经缠绕他的那个梦魇已彻底离去。此时，小宇的妈妈望向我，眼神里饱含着满满的谢意。

晚上，我一个人静静地站在月光下，思绪又回到了三年前——

"老师，他又没完成作业！"小组长旭丽对我说。

循着旭丽的眼神，我望向了小宇——一个高瘦而又白皙的男孩。

"老师,我……"他欲言又止。

怒气已在胸中悄然升腾,我强压怒火:"为什么没完成周末的作业?"

"我……"一阵沉默。

"说啊!"

"我妈……我妈结婚",微弱的声音飘入我耳际。小宇白皙的脸此刻已绯红,鼻尖上冒出了细密的汗珠。

我先是一怔,怒气瞬间消逝。

我对小宇说:"你先坐下吧!"我知道此时还不是我与他交流的最佳时机。

对小宇,我一直是比较了解的,从一年级到五年级,我一直是他的班主任。他一直是老师和同学们心中的好孩子,阳光、帅气、乐学。近两年来,他的父母感情不是太好。这一年来他在慢慢地变化,特别是近两个月以来,与之前简直判若两人。家庭作业时常不完成,课上经常走神,课后也不再像从前那样爱说、爱笑、爱运动。经常一个人坐在那里发呆。每次我找他谈话,他不是一言不发,就是找各种理由搪塞,我隐约感到他在撒谎。我也曾打电话给他妈妈,对于孩子的学习,他的妈妈还是比较关心的,但当我问到这段时间的家庭情况时,他妈妈不太愿意做过多交流,只是对我说,一定会尽力让小宇认真完成作业。然而,两个月过去了,小宇不但未见任何起色,而且表现越来越差。

毁灭孩子有时只要一句话,而要走入孩子内心,则需要付出爱、信任和关怀。

为了孩子,我绝不做一个轻言放弃的人。魏书生曾说过:"走入学生的心灵中去,你就会发现,许多百思不得其解的教育难题,都会在那里得到答案。"

精诚所至,金石为开。在一个阳光灿烂的午后,早早来到学校的我,发现教室里只有小宇一个人,呆呆地坐在那里,啃咬着手指。轻轻地走过去,我看到了一双怎样脏的手啊!手背上黑乎乎的。再仔细看时,他的几根手指头被自己咬得流出鲜血,有的地方甚至露出鲜红的肉,我的心疼得一颤。泪水在我眼中打转,顷刻间,我已泪流满面,我一把抱住了小宇:"告诉我,为什么会这样?"

"孙老师,呜……"也许是压抑了太久,也许是承受了太多小小年纪无法承受的东西,他在我怀里撕心裂肺地哭着,胸脯因情绪激动而一起一伏。我轻轻地抚摸着他的背,过了好一会儿,他才慢慢平静下来。

　　"老师,我爸爸妈妈在暑假时就离婚了。"我静静地听着,"其实,从去年开始他们就经常吵架,有几次他们还动起了手。有一次爸爸把妈妈的头都打破了,流了好多血,当时我害怕极了。从那以后,妈妈就住在姥姥家,再也没有回来。后来,爸爸和别人结婚了,前段时间妈妈也结婚了,我一直跟着爷爷奶奶住。"这时,小宇慢慢地抬起头望着我,他眼神中充满了与年龄极不相符的忧郁,我的心又疼得一颤。

　　"自从妈妈结婚后我一直没见过她。"小宇喃喃地说着,声音虽然不大,但在我心里却掀起了巨澜。我对自己说:"你是一个多么不称职的班主任,这么久了,孩子在经受着这样的痛苦,而你却浑然不知。"

　　小宇又喃喃地说:"我真希望爸爸妈妈他俩从来没有结婚!"

　　"如果爸爸妈妈不结婚,怎么会有这么聪明可爱的你啊?"我柔声说道。

　　"也对。"小宇轻声说。

　　"你不愿意爸爸妈妈分开,对吗?"

　　"嗯!"

　　"你希望爸爸妈妈幸福吗?"

　　"希望!"小宇毫不犹豫地说。

　　"小宇啊,爸爸妈妈曾经给过你一个温暖的家,可是有些事情我们无法控制,当突然间一个温暖的家已不在时,谁都会感到痛苦、无助;但是我们必须勇敢地去面对这一切。爸爸妈妈虽然分开了,但是他们爱你的心永远都不会变。你是他们心中永远的宝贝。他们会永远爱你!"这时,我看到小宇的眼中一瞬间闪过一丝光芒。

　　孩子们已陆陆续续来到了教室,我早已经帮小宇擦干了眼泪。布置好午写,来到教室外,我拨通了小宇妈妈的电话。我跟她约定下午三点请她到学校来,她如约而至。我开门见山地对她说,小宇已经把你们家的情况全都告诉我了。当我告诉她小宇这段时间上课经常走神,下课时常一个人坐在座位上发呆,甚至把自己的手指都咬烂时,我看到小宇妈妈的泪水已顺着脸颊流下。我看到母爱还在,这样事情就容易多了。

　　这时,小宇妈妈对我说:"孙老师,您上次打电话我没有告诉您我和他爸已经离婚的事儿,是因为我顾虑太多,甚至担心被班里的孩子们知道了会取笑他。"

　　"你们夫妻的感情我不便多说,但是为了小宇能健康的成长,作为孩子的班主任,我又不得不跟你交流。你和小宇的爸爸虽然分开了,现在又组建了各自的家庭,可是我想提醒你们,请你们不要忽略了小宇内心的感受。你们俩是不是应该让小宇感受到你会永远爱他、照顾他。当然,小宇并不需要详细知道你们离婚的细节。重要的是让小宇知道并且能感受到,你和他爸爸虽然分开了,但谁也不会在他的世界里消失,你们对他的爱不会减少一丝一毫,只要你们真的去关心他,去爱他,相信随着孩子的成长,他会明白,也会理解的。只有这样,才能让小宇健康、快乐地成长。我还想提醒一下,在孩子面前提起他爸爸的时候不要带任何个人恩怨。当然,做到这一点很不容易,可是为了孩子,你们彼此都要冷静、理智地用宽容的胸怀来面对这件事。我真诚地希望你能和他爸爸心平气和地坐下来,商量一个能减少对孩子伤害的办法,让孩子感受到爸妈虽然分开了,但爸爸妈妈对他的爱会更多。"

"老师您说的这些我也想过的,可是自从我再婚后,孩子他爸爸一直都不让我看孩子。"

"小宇妈妈,这件事情我会尽力帮你协调。"

小宇妈妈激动地说:"谢谢您,孙老师。"

从她真挚的眼神里,我看到了她的真诚和一个母亲对孩子无法割舍的爱。

送走了小宇的妈妈,我拨通了小宇爸爸的电话,下午放学后他来到了我的办公室。一开始他固执地不让小宇妈妈见孩子,但是当我把小宇最近的表现告诉他以后,我看到了他震惊的神情。他说:"小宇很幸运遇上您这么好的老师。""作为父母的你们呢?离婚后去追求自己的幸福这本身并没有错,但是也不能忽略孩子的内心感受和成长啊!"小宇爸爸沉思了一会儿,说:"这段时间我们的确忽略了小宇。"通过我们进一步的交谈,他也终于认识到离异家庭中的孩子更容易受到心理健康问题的困扰。父母的离异造成家庭的破碎,在这种"残缺型"家庭中生活的孩子,不可避免地会在心理上受到一定的的消极影响。最终小宇爸爸下定决心,为了小宇能够健康快乐地成长,他会和小宇妈妈一起商量,尽量给孩子创造一个幸福、和谐、充满爱的成长环境。听到小宇爸爸能这么说,我欣慰地笑了。我真心希望他们这对曾经的夫妻能像今天说的这样对待小宇,我也真心期待小宇能回到从前的阳光、自信、好学。

生活中,有相当一部分儿童由于父母的离异而变得性情古怪、孤僻、情绪消沉低落、忧郁寡欢、自卑胆怯;也有的儿童变得粗暴、冷漠、烦躁、反抗、敌视;有的儿童甚至由于父母的离异而走向堕落。儿童时期正是人的性格处在形成和发展的重要时期,而这个过程,父母的影响是巨大的,甚至可以说是终身的。父爱和母爱是其他任何人都不能给予,也不可能取代的。

宋庆龄曾说过:孩子的性格和才能归根结底是受到家庭、父母,特别是母亲的影响最深。孩子长大成人以后,社会成了锻炼他们的环境,学校对孩子的发展也起着重要的作用。但是,在一个人的身上,留下不可磨灭的印记的却是家庭。

岁月如同光滑的珠子,从手中一颗一颗地滑落,弹指间,已过去三年。今夜,思念悠悠,独自漫步在花间小径,听着虫儿的呢喃。天边那弯新月静静地注视着我,柔和、慈祥。我内心虔诚地祈祷:我的宇儿,愿你今生今世幸福、平安、健康。

# 课堂引领阅读，阅读拓展课堂

孙　岩

孙岩，1986 年 10 生，本科学历，小学二级教师，2010 年 9 月至今在广饶县同和小学任教。从教 8 年来，工作认真负责，关爱学生，热爱教育事业。曾执教县公开课、优质课，均取得优异成绩。结合自己的教学实践经验，撰写论文《小班化背景下班级文化建设》《小学生交通安全教育，老师应该这样做》等获得县一等奖。

**教育理念：**关爱每一个，微笑每一个。

好雨知时节，当春乃发生，随风潜入夜，润物细无声。如果让我用一首诗来描绘这次"嵌入式"培训，我会选择杜甫的《春夜喜雨》。这次为期两年的"嵌入式"培训，在我专业成长的困惑之时如约而至，历时两年，悄悄地改变着我，从理念到课堂实践，在潜移默化中，让我慢慢成长。

## 课堂引领阅读

这次"嵌入式"培训，给我最大的启发就是要培养孩子的阅读习惯，提高孩子的阅读兴趣，让阅读伴随孩子的一生，让书籍成为他们精神营养的源泉。怎样具体操作呢？我开始思考。在心里酝酿了一段时间之后，我决定在课堂上开展一次朗读大会，让阅读从课堂开始，让同学们体会阅读的快乐。我把这个想法告诉了孩子们，听到这个消息，孩子们欣喜万分。为了提高活动的效果，我没有直接开展活动，而是让孩子们准备两个星期，充分阅读。除了安排孩子们读书，还大力提倡亲子共读，让家长也参与到我们的读书活动中来。

　　眼看着日子一天天逼近,孩子们的兴趣高涨,迫不及待。终于等到举办《朗读者》的这一天了,我的心情却异常平静。这一天,我化了淡淡的妆,这一天,孩子的眼睛格外明亮,这一天,就连班里的"小调皮"也安静了下来。望着那一双双清澈的小眼睛,我轻轻地说:"孩子们,今天咱们举办"朗读大会"这个读书分享活动,请你来前面和大家分享你最近读书的收获,你可以给大家读一个故事,也可以读一首诗歌,也可以读一篇散文。"一只只小手陆续举起,孩子们一个接一个地上台朗读。刚开始,孩子们还有点不好意思,后来一个比一个大胆,一个比一个自信,有的孩子读寓言故事,有的读童话故事,也有的读诗歌或者读关于大自然的知识,还有的诵读古诗。每当台上的孩子读完,教室里总是自然地响起掌声,我仿佛看到一粒粒朗读的种子正在孩子们当中播撒,一棵棵小小的幼苗正在奋力地生长。唯有一位孩子上台读了一篇文章后,同学们没有鼓掌,表情淡然。但我没有感到奇怪,因为他读得是一本中学的书,题目是《中日夏令营较量》。我走上前对他说:"你读的这篇文章很好,读完后你想说点什么吗?"他说:"中国的家长太溺爱孩子,在世界的竞争中,中国就会失败。所以要像前面的那篇文章一样,要《放飞孩子》。"我惊讶地看着他,他不但读懂了这篇文章,还能对前后文章进行串联,远远超出了二年级孩子的阅读水平。他读懂了,只是其他孩子没有听懂。我想,十年之后,二十年之后,他一定会长成一棵参天大树,朗读,一定能给他成长的力量!

　　在我们朗读活动中,一位家长朗读了自己写给孩子的一封信,就像《朗读者》中联想电脑集团总裁写给孩子的婚礼致辞一样,虽然内容不同,但又是那么相似,因为它们流露出同样的主题,那就是对孩子的爱。这位妈妈操着浓厚的东北口音慢慢地读着,"妈妈希望你在以后的学习生活中再勇敢些,敢于说出自己的看法,错了,可以再改,但说不出来,那就连机会也没有了。在你成长的道路上,一定会遇到许多坎坷,妈妈希望你能勇敢地面对,爸爸妈妈会为你出谋划策,做你坚强的后盾"。听着听着,孩子哭了,听着听着,同学们哭了,听着听着我也忍不住哭了……也许孩子还不能深刻地理解母亲每一句话的意思,但他一定感受到了母亲的爱。这,就是朗读的力量!

　　我也与孩子和家长们分享了我喜欢的一篇文章《用鼓励和赞美让孩子知道"我能"》,这篇文章是读给孩子们听的,也是读给家长听的,更是读给我自己听的,每读一次,就像也给了自己莫大的鼓励和赞美,我希望在我以后的教育事业中,用鼓励和赞美改变孩子,提升孩子,让孩子和我都积极乐观,让我们觉得明天总是那么美好。

最后,我对我们的家长说,我知道,咱们的孩子大部分都来自乡镇,来自农村,咱们的家长也大多是农民、是工人,可能这辈子也走不出广饶。但是如果你想让你的孩子走出农村,走出广饶,改变自己的命运,成为更优秀的人才,那就让他读书吧! 也许我们不能给孩子更多的物质经济条件,或者不知道如何给孩子专业的辅导,但我们可以给他们足够的书,这是我们的经济条件能做到的,让他们乘着书的翅膀,飞得更高、更远!

我相信,我们班"朗读大会"不是孩子们朗读的结束,而是孩子们的加油站,通过这次活动,孩子们将信心满满,扬帆起航,奔向更广阔的海洋。

## 阅读拓展课堂

仅仅靠课堂上的时间来阅读,是远远不够的,只有让孩子养成阅读的习惯,在不断的阅读中积累知识,才能真正打开知识殿堂的大门,学生学到的东西,不应仅仅局限于课堂,应该让孩子们遨游在知识的海洋中。

活动结束后,我趁热打铁,制定了阅读计划。首先我对阅读的内容做了安排。我们要读完本年段的必读书目,这是每个孩子都要完成的。在读完必读书目的基础上,基础好、阅读能力强的孩子可以读更多的书,老师、学生、家长一起选择合适的图书,当然在选择的过程中要以孩子的兴趣为主。什么时候阅读呢? 当然是随时可读,随处可读。书包里、课桌里、学校的书橱上、家里的写字桌上、沙发上、床上,甚至卫生间里,处处有书,随时有书可读。为了鼓励孩子阅读,提高孩子们的积极性,我还设计了《读书记录表》,学生每天记录自己读了什么书,读了多少页。

只有阅读,没有评价,学生的积极性可能会随着时间的推移而减退。我又制定了评价规则。学生的《阅读记录表》是评价的依据。每周五,我们会根据学生的《阅读记录表》情况选出本周读书最认真、读书量最大的孩子,发一颗金星。每个月底,我们会选出本月读书最多的孩子,评为"阅读小明星"。这极大地提高了学生阅读的积极性。但一段时间下来,有部分阅读能力差的孩子虽然读得很认真,但是却评不上小明星,这就打击了他们的积极性。所以我又增加了评价措施,学生每读完一本书,厚度在两百页左右,就可以申请一张金星卡。申请金星卡时,老师会抽查一下故事内容。老师抽查三个与书中内容有关的问题,学生只要答对一个即可过关。通过这样的方式,既不增加学生的阅读负担,又提升了学生阅读的质量。

我们的阅读活动仍在进行,在这个过程中,我们不断遇到问题,不断发现问题,不断改进措施。这是一个我和学生共同成长的过程。成长是艰难的,但也是快乐的。只要长期坚持下来,就能让学生逐步培养起阅读习惯,学生就掌握了打开知识大门的金钥匙,学生的学习就从课堂延伸到课外,延展至无边无际的知识海洋。

# 用"画画"启迪说话

李学江

李学江,1961年12月生,大专学历,小学高级教师,现任教于广饶县同和小学。从教34年来,始终坚守爱岗敬业、无私奉献的精神,坚持向同事学习、服务学生的理念,积极推进教育教学改革,不断提高教研能力,创新性地把握课堂教学规律,注重探索教学方法,逐步形成了以学生为中心的教学风格。多次执教市、县公开课、优质课,均取得较好成绩。结合自己的教学实践经验,所撰写的论文、教学设计等有多篇获省、市、县一等奖,并且在《山东教育》、《东岳论丛》等刊物发表。先后被评为"广饶县优秀教师"、"广饶县教学能手"、"东营市优秀辅导员"、"东营市先进个人"等。

**教育理念:** 关爱每一个,享受每一刻。

　　小学信息技术课程中有几课是利用画图软件让学生学会画出简单的图形,大部分学生没有学过画图软件,所以大家都处于一个起跑线上。但是由于学生动手能力的差异,导致了教学中的问题不断出现。

　　记得在给四年级上第一节画图课时,教的是"画气球",讲完要领我就下讲台巡视,发现一个叫王晶的学生,在看着光标发呆,不去画任何图形,我问她为什么,她也不说,通过与班主任交流,我才知道这个学生不愿与别人交流,很少说话,班主任也没有好办法。

　　我想,信息技术课重点是让学生动手操作,不同于其他学科,同学们的起点一样,不存在过去你会与不会的现象。为使每个学生能够掌握画图软件的应用,我在课堂上采取了教师教,学生教,小组竞赛等方式进行教学,尤其是关注画得慢的学生。

在第二节上课前,我专门找王晶同学了解了一下情况,知道了她不敢画的原因,是害怕画不好,画不完,再就是看到平时学习好的同学画得也不好,自己失去了信心。了解情况后,我给她讲了电脑画图的有关知识,与其他课程不同,电脑画图大家的起步一样,只要操作鼠标灵活,会使用工具,就能够画出漂亮的图画。上课时我又进行了指点,她开始能够画出标准的图形了。

之后,我又让她到投影上说出是怎么画出的图形。刚开始时她不敢说,我就边鼓励边引导,让她勇敢地说出了一个图形的画法。后来,通过小组交流让她说,到讲台让她说,去帮助同学让她说,渐渐地,她能够大胆与同学交流了。班主任也反映王晶同学变了,变得爱说话了,性格也开朗了,学习也进步了。班主任问她变化的原因,她说是信息技术课使她变得不再不敢说话了,信息技术课锻炼了她的说话能力,让她与同学交流,与老师交流,是"画画"让她敢在同学面前说话。

# 课堂，变了

焦玉梅

焦玉梅，1968 年 11 月生，本科学历。1989 年 7 月至 1991 年 12 月在广饶县李鹊乡中心小学任教；1991 年 12 月至 2008 年 7 月在广饶县宋王联合小学任教；2008 年 7 月至今在广饶县同和小学任教。工作中，几十年如一日，细心认真，精心准备每一堂课，认真钻研教材教法，课堂效率高。获得了"东营市小学数学教学能手"和"广饶县小学数学学科带头人"称号；执教的优质课多次荣获市、县一等奖，多次执教市、县公开课，撰写教学论文和案例 10 余篇，分别获得市一等奖和县一等奖，被广饶县教育局委员会评为"先进教学个人"和"优秀党务工作者"。

课堂是学生成长的摇篮，是老师发展的舞台。我一直工作在这三尺舞台，因为我喜欢课堂。我喜欢在课堂上和孩子们的心灵碰撞，收获着课堂上师生自主探索后豁然开朗的喜悦，享受着课堂上作为老师独有的幸福。应该是说，自 2015 年开始，学校与上海名师学习研究所联手开展"嵌入式"培训之后，我更加体会到了课堂上的幸福感与享受感。

## 我的课堂

学校每年都会组织"人人一堂公开课"活动，在这个活动中，我执教了一年级数学下册《两位数加一位数（进位）加法》一课。

以下是第一次磨课教学片段。

　　师：用小棒摆一摆，边摆边想 24＋9＝□ 是怎样算的。

（学生兴奋不已，各顾各地忙活着。）

全班交流汇报：

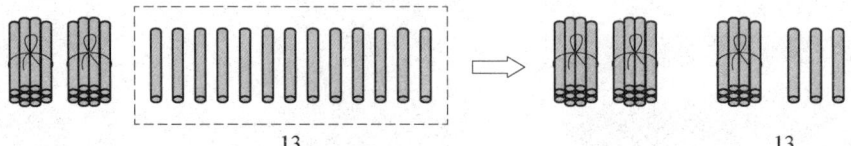

　　师：说一说自己是怎么摆的。

　　生：24 根中的 4 和 9 合起来是 13 根，13 和 20 合起来是 33 根。

　　师：满十就捆起来，所以十位上原来是 2，加上这个"1"，就成 3 了，数学上叫做"进位"。满十了，向前一位进一，这就是进位。（有的孩子还在恋恋不舍地摆弄着自己的小棒，根本听不见老师讲的什么内容。）

　　师：什么是进位？

　　生：满十了，向前一位进一，这就是进位。（学生机械地重复着老师的话。）

　　这节课，我安排摆小棒的操作活动，目的是通过小棒的直观操作，让学生理解"24＋9"的进位算理。但是学生只停留在"摆"上，简单地把 4 根小棒和 9 根小棒合起来。一节课下来，学生最感兴趣的是摆小棒的活动。他们之所以感兴趣，是孩子把小棒当成了玩具，玩得开心，玩得高兴而已。至于为什么要摆小棒，通过摆小棒要达到什么目的，学生不明白，我也没有深刻的思考，他们更不明白"进位"的道理。这堂课上得不尽如人意，使我有一种挫败感的同时也陷入了深思：课堂上的"操作"不到位就是老师的引领不到位。

　　课后，我们研修组的成员认真解读教材，发现教材中呈现出两种方法，这两种方法各有侧重，第一种方法侧重"凑十"法，是学生以前学习的知识，第二种方法类似于竖式计算，既突出"进位"的道理，又为以后的学习作好铺垫。两种方法是相辅相成的，第一种方法是第二种方法的基础,第二种方法是第一种方法的提升,学生在辨析、比较中探究,教师引导学生比较两种方法的异同,借助圈出的"小棒"图,直观理解整捆的放在一起,单根的放在一起,"进位"的算理便了然于心。

反思课堂上这种"操作不到位"的现象,根本原因是我的教学理念存在着问题,学生只是在执行我的命令,按照我的要求摆小棒。学生无条件地服从老师的安排,我让他们干什么,他们就干什么,学生没有自己的思考,学生在我的命令下,用小棒摆"24＋9＝□",只出现一种方法,把4根小棒和9根小棒合起来就完成任务了。这是心中无人的教学,这样的课堂没有师生思维的碰撞,没有情感的交流,更没有内心体验的激荡,老师教得累、学生学得累,学生被动地接受,被迫地去学,毫无兴趣。这样的课堂何谈享受?

学生的课堂

经过数次磨课,以下是最后一次磨课教学片段。

活动一:摆

师:想一想24＋9＝□怎样算,用小棒摆一摆。

(学生安静地思考后,有序地用小棒摆一摆。)

全班交流汇报:(学生出现了以下两种情况)

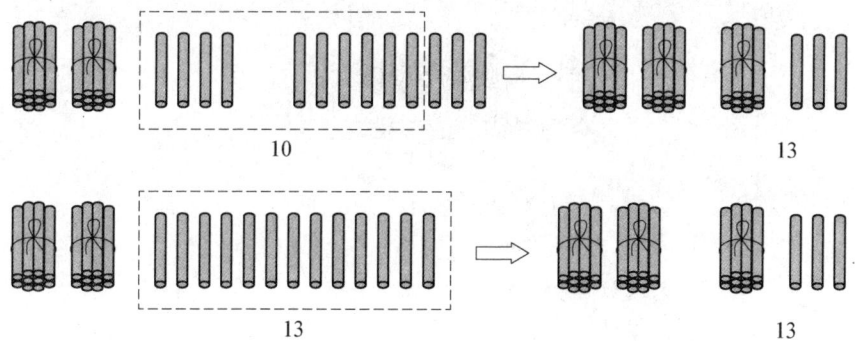

活动二:圈

师:想一想自己摆小棒的过程,先摆了什么?把它圈出来。

学生呈现出下面两种圈法：

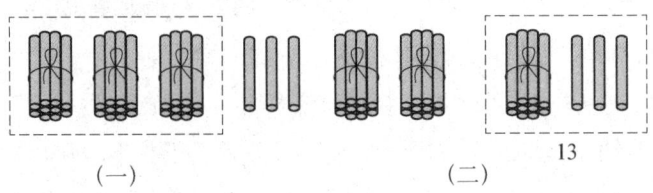

（一）　　　　　　　　　　（二）

活动三：拿

师：比较圈起来的小棒图，两种方法有什么不同点。

生：第一种方法圈了三捆，第二种方法圈了一捆和三根单根的。

师：在第二种方法中，整捆的和单根的混在一起合适吗？

生：不合适。

师：怎样就合适呢？

生：把整捆的拿出来。（整个教室里沸腾了，争先恐后地说着：把整捆的拿出来。）

师：如果把整捆的小棒看作十位，把单根的小棒看作个位，把这一整捆的小棒移出来，放到十位上，十位上原来有两捆，现在变成了 3 捆。在数学上这种从个位上拿出 10 根放到了十位上的做法就叫"进位"。（教师边讲解边操作，完成下图）

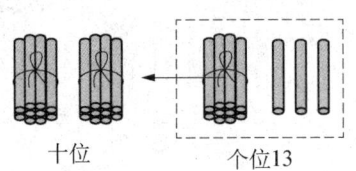

十位　　　　个位13

师：好，自己试一试，拿一拿。

生：啊！原来进位是"拿"出来的！（一个孩子一边拿一边说）

生：个位满十了就拿出来放到十位上。（学生不由自主地嘟囔着）

生：拿进位！拿出来……（其他孩子也跟着边说边拿）

本节课，学生通过摆、圈、拿三个直观的操作活动，摆出方法，圈出不同，拿出进位，在操作中理解"形"和"理"之间的联系,通过比较两种方法的异同,"整捆的"和"单根的"小棒混放在一起"不合适",学生自然地就把整捆小棒从个位上拿出来,放到十位上去,这一"拿"就是"进位"。整节课,都是孩子自己在操作、思考、体验,我不再是课堂的主角,孩子在教师有序的引导下,自觉主动地观察、想象、理解、掌握。

下课了,孩子们还在重复着"拿进位!拿出来!"沉浸在课堂的操作中,每个孩子脸上都洋溢着成功的喜悦。"啊!原来进位是'拿'出来的呀!"学生不由自主地感叹,使我感觉到:学生的想象飞起来了,思维动起来了,语言活起来了,每个孩子是真的理解"进位"了。

课堂变了,这种变化是在"嵌入式"培训一路相伴下发生的。"嵌入式"培训一路走来,使我们了解了教育改革前沿的动态,学习了教育教学理论,而且把学生的主体意识融入到自己的课堂设计之中。在培训活动中,通过一次、两次、三次……的磨课,教师的专业成长了,理念转变了,课堂也随之发生了变化,由"我的课堂"变成了"学生的课堂"。学生在课堂上敢想、敢说,不受约束地探索、思考,每一个孩子都展开了想象的翅膀自由飞翔。课堂成了师生共同发展、共同进步、共同成长的舞台,师生共同享受着课堂带来的成长、幸福和愉悦。

# 成长路漫漫

王　涛

王涛，2011年毕业于山东师范大学，是广饶县同和小学的一名数学老师。爱数学，爱数学教育，爱班里的每一位孩子，努力追求着让孩子们也爱上数学。认真上好每一节课，做好每一天的工作，享受着教师这份职业的幸福和快乐。有着强烈的进取心和无限的激情，愿意静下心来不断进步，努力向有经验的老教师学习，积极地阅读与教学有关的书籍，观看教学视频，也能够接受新事物，新观点。是东营市第四批青年骨干教师重点培养对象，曾在广饶县计算教学优质课中获一等奖，在东营市"优课"评审活动中获一等奖。

我在2016年参加了广饶县计算教学优质课评选活动，这是我第一次参加优质课活动，作为一名年轻的教师，我并没有多少讲课的经验，更没有参加优质课的经验，但是我特别珍惜这次锻炼自己的机会，我的课题是人教版三年级下册第二单元《口算除法》，一节内容看似特别简单的课，也让我绞尽了脑汁，幸好学校组织老师们参加了上海名师学习研究所的"嵌入式"培训，也正在这个时候请来了上海市教研员姚剑强主任，姚主任亲自倾听并指导了我这节课，让我受益匪浅，而且最后也获得了这次活动的一等奖。这次活动让我收获的不仅仅是教学上的方法和技巧，更是一名青年教师的自信和成长。下面是我对于这节课和参加这次活动的一些思考与感悟。

## 一、"未教先知"怎么教

这节课主要研究的是除数为一位数的计算中的口算除法，如"$60 \div 3 = 20$"，知识点特别简单,不少孩子都已经知道答案。面对这种情况,一开始我不知所措,这么简单,大家都会了,我还要教什么? 如果要教,又该怎么教呢? 一般而言,没有教的知识学生已经知道了,往往是他们在书上看来的,或是同学那听来的,或是父母告诉的,也可能自己猜测感觉的。但是由于学生的生活经验、知识经验是不同的,学生的"知道"也是有差异的。个别学生将答案"和盘托出",对于那些本来未知的学生来说,却是突然而至、不知所措的。而且知道答案的同学也只是知道皮毛,并不知道问题的数学本质,很难体会到探索过程中的思想方法,也体验不到独立思考以及探索成功的喜悦。教育需要充分尊重学生的差异,教师应在课前深入了解学生之间的差异,设身处地从学生的角度去思考问题。一方面应在学生知道"是什么"的基础上解决"为什么"的问题,从"知其然"提升到"知其所以然";另一方面,应在掌握知识表层意义的基础上深入理解知识背后的数学本质,从"一知半解"深化到"入木三分"。

## 二、课堂中渗透数学思想

虽然大部分孩子知道"$60 \div 3 = 20$",但是当我问到 20 是怎么想出来的时候,举手的同学寥寥无几。然后我让同学们借助"将 60 张彩色卡片平均分给 3 个人,每人分得几个"的学习单,通过图形的帮助和同学们的动手操作,基本上所有的孩子都知道了"$60 \div 3 = 20$",也有更多的孩子对 20 是怎么想出来的有了自己的想法。有的孩子说看图就能知道每个孩子分得 20 张彩色卡片,还有的孩子说"$6 \div 3 = 2$",所以"$60 \div 3 = 20$"。那我紧追不舍,"$6 \div 3 = 2$"在图中表示什么? 孩子们告诉我 6 表示 6 包也是 6 个 10,除以 3 是平均分成 3 份,每份是 2 包也就是 2 个 10。通过数形结合"$60 \div 3 = 20$"的算理也就明白了:6 个 10 平均分成 3 份,每份是 2 个 10 也就是 20。而且所有的整十数除以一位数都可以用表内除法来解决,例如"$80 \div 4$"用"$8 \div 4 = 2$"。这里也是转化思想的体现,变成以前学过的表内除法。数形结合和转化思想让每个孩子都明白了"$60 \div 3 = 20$"其中的道理。到这,我突然觉得在这节课中知识好像并没有那么的重要,其中的数学思想和方法才是重中之重。

《义务教育数学课程标准(2011 年版)》在总体目标中进一步提出:"通过义务教育阶段的数学学习,学生能获得适应社会生活和进一步发展所必须的数学的基础知识、基本技能、基本思想和基本活动经验。"体现了数学思想的重要性和重视数学思想的贯彻落实。通过这次的赛课活动，我深知自己在数学思想方法的专业知识方面还很欠缺，在课堂教学中应该具备数学思想方法的意识、经验、策略等也很不足。数学思想的渗透应该是长期的，应该从小学一年级开始，也完全可以从小学一年级开始。在小学数学阶段有意识地向学生渗透一些基本的数学思想方法可以加深学生对数学概念、公式、法则定律等数学本质的理解，提高学生发现问题、提出问题、分析问题和解决问题的思维和能力。

我们教师在研读教材、设计教学案例时，要注意体现数学思想方法的目标，要结合每堂课的教学内容体现不同的思想方法目标，重要的思想方法可以在教学过程中用板书、ppt 等形式加以明确呈现，就如这节课的转化思想和数学结合思想。

### 三、倾听学生的声音

作为一名年轻教师，我深知自己驾驭课堂的能力有所不足，所以会在上课之前精心设计教案，预设所有可能在课堂上发生的事情，幻想着每一节课都按着自己的设计一步一步走完，生怕出一点意外以至自己不知道该如何处理。虽然只有在备课时做到全面考虑与周密设计，才能实现课堂上的有效引导与动态生成，才能在上课前胸有成竹，在上课时游刃有余。但是，这时学生的活动只是在按教师的要求进行，是在执行教师的一个个的指令，这样的操作活动缺少主动性、探索性，思维含量不高。课堂之所以充满生命活力和无限魅力，就是因为我们面对的是一个个鲜活的生命体，一个个可爱的孩子。

通过这次磨练，我越发觉得，教师不仅仅是教学的组织者、引导者和合作者，更是学生年长的伙伴和真诚的朋友。好的数学教师应该营造一种生动的数学情境，一种平等的对话情境。课堂教学就是在这样的情境中所进行的"对话"，教师和学生不仅仅是通过语音进行讨论和交流，而更主要的是进行平等的心灵沟通。我们追求的课堂景象不是发言热闹的课堂，而是用心相互倾听的课堂；不是对答如流的课堂，而是有迟疑、有困惑的课堂。学生与教师共同围绕一些有价值的数学问题一起研究、讨论、质疑，自由地表达自己的想法，让学习真正成为充满思考与分享的过程，师生之间表现出彼此的尊重和友善。

## 四、让出错的孩子体面地坐下

课堂上有个特别机灵的小女孩,积极主动举手要求向我和同学们展示自己答案。我也很高兴地请她拿着自己的学习单来到了投影仪前,一道很简单的题出了错,"90÷3＝30",她不小心写成了"90÷3＝20",当同学们发出不对的声音后,小女孩的脸红了。我当时也没多想,就找了另一名同学"帮帮她",然后就让她回去改错了。但是后来的课堂中,我发现当我提出有难度的问题时,她明明小声地说出了答案,可当我请她起来说给大家听时,她就会在胸前冲我摆手示意,自己不想站起来说。我顿时明白了,当时的小错误打击了姑娘的自信心,她再也不想在课上跟大家分享答案了。我为自己没有妥善处理好孩子的错误答案而后悔不已。作为一名教师,我们应该爱孩子、尊重孩子,不应该漠视孩子们的错误。当学生出错时,我们要及时而明确地指出,帮助其纠正,但是也不能让犯错的孩子觉得难堪和懊恼,而是应该让他们欣然接受,甚至是豁然开朗,然后体面地坐下。

错误是伴随着学生的成长经常出现的,当我开始努力读懂学生的错误、把错误当做课堂资源加以开发运用时,我对师生共同成长有了更深的体验与更生动的解读。

"算理算法要分清"、"把握教材重难点分析教材编写意图"、"板书设计要精致"……姚主任对我的教导历历在目,在我成长的道路上留下了深深的烙印。我特别感谢学校给我们带来的不断学习的机会,也特别珍惜每次学习与成长的机会。

教育之路,注定是一条需要终身学习和知识更新的路。我想成为一名优秀的人民教师,就要更努力地提高自身的理论水平、教研能力、课堂教学能力、课堂掌控能力等。而这些也需要我付出更多的时间和精力,努力学习,并勇于到课堂上去实践,及时地对自己的教育教学进行反思。教育的路上没有捷径,我更要多一份热爱,多一份勤奋。

# 充分备课才会产生有效的教学设计和高效的课堂教学

丁蒙蒙

丁蒙蒙,中共党员,2013 年参加工作,任教于广饶县同和幼儿园。2016 年 9 月调入广饶县同和小学,担任语文教学工作。从教以来,始终苦下功夫,脚踏实地,也有所收获。在 2017 年度获得县"一师一优课,一课一名师"一等奖;在 2018 年普通中小学学习贯彻党的十九大精神"特色示范课堂"活动中获得县一等奖。也曾被评为"优秀党员"、"师德标兵"。

我之前关注过"行为主义"学习理论流派的"操作性条件反射",这一学说认为,通过"刺激——反应"链接的形式能够帮助我们养成好的习惯,但是对于我们教学来说,尤其是备课,不是通过多次备课就能自然而然地备出好课来,而是需要老师们用心去学习,用心去思考,这就是格式塔派心理学家苛勒所提倡的那种"顿悟"吧! 备课是需要我们的主观意识参与的,它应该更符合"认知主义"学习理论流派的"刺激——意识——反应"这种链接形式。说了这么多,就是想表达一个意思——我们要用心去备课。

高效的课堂教学离不开老师们精心的备课,教学设计作为一根指挥棒,指引着老师们在课堂活动中适时做出合适的教学组织形式,让课堂更加生动有趣、合理有序,才会产生更高的课堂效率。

　　接触语文教学已经快两年了，我给自己制定了一个规则——要上好一节课，前提就是备好课。只有充分备好课，才会形成有效的教学设计，进而才会有高效的课堂组织。这两年下来，我自己感觉在备课方面有了一定的进步，最明显之处就是备课时更加独立了。在备课方面我有自己的想法，虽然还没有成型，我认为在充分解读文本的基础上，按照一定的顺序对课文进行重组，以一个故事或者其他孩子们比较感兴趣的方式把课文串联起来，这样的课堂组织不仅具有趣味性，而且紧凑，还能增强教学组织的逻辑性。环环相扣，教师通过质疑或引导，很自然地引导着学生一步一步往下走，能够很好地做到以学生为主体，通过"嵌入式"培训，听了景洪春老师多次关于"文本解读"的报告，我对文本解读有了更深刻的认识和兴趣，我的这一想法也越来越成熟。

　　回忆自己刚接触语文的时候，一副成竹在胸的样子，把心态摆得很高，心想堂堂的本科生还教不了小学语文，以为结合自己上学时的经历，肯定能够做好语文教学工作。但是事与愿违，通过第一节课《爬天都峰》的试讲，我就明白了自己的问题，在课堂上自己说的内容过多，剥夺了学生的机会，完全是我在说教，而不是学生们在思考，没有体现出"以读代讲，读思结合"的教学方法。教学组织不够严谨，反而是十分涣散，把控课堂的能力相当差。重难点不够突出，缺乏逻辑性，教学设计没有一条主线，全面开花，结果样样都不深入。评课老师给我列出了一系列的问题，我也终于知道自己落伍了，自己上学时的教学理念已经不适合现在的教学模式了，必须要转变。要上好一节课，前提就是备好课，做出有效的教学设计，才会有高效的课堂组织。

　　刚开始备课的时候，我的确不知道如何去备课，每当提起笔来写教案时，我就会不知道如何下手，目标是什么，重难点是什么，教学过程如何去设计，甚至不知道怎样去抓主线。为了上好课，我不得不去照抄别的老师的教案，然后自己再比对着教案把课文浏览几遍，理解个差不多。有时也会上网搜索别人的优秀教案，或者去观看网上的优课，然后写出自己的提纲或者是人家的教学步骤，把它们背过之后再应用到自己的教学中。刚开始的教学组织就是这样开展的，自己对文本的把握根本不到位，我感觉在课堂上不是按照自己的主观意愿走，所以感到很被动，能够按部就班地把该讲的传递给学生已实属不易了，何来课堂上各种各样的生成呢？归根到底是自己没有解读好教材，没有充分的备课，从而没有有序的教学组织。

　　过了一段时间后，我开始尝试着借助参考书进行备课，虽然还是依靠参考书，但明显增加了自主成分。然而，此时的备课仍没有自己独立的思路，就是简单地按照课文顺序写教案，百分百跟着教材走，从第一自然段分析到最后一个自然段，没有自己的思考和整合。因此在教学过程中容易出现重难点不够突出，教学组织混乱，教学进度跟不上等问题。此外，在备课上是孤立备课，上哪一课我就准备哪一课，没有整体意识和全局观念，不知道把整组课文以及后面的口语交际和习作从整体上分析，没有注意到单元之间的横向联系，很显然，这对指导习作也是不利的。

现在回过头来看，以前的课堂教学留给自己唯一的印象就是不会教学，缺乏教学艺术，凭借着教材和教学参考用书从头走到尾，机械地灌输给孩子们，很难调动孩子的积极性，课堂效率不高。

在这两年里，学校给我提供了很多学习的机会，如学校举办的一些教育教学活动、教研教改活动、外出学习活动等。幸运的是我搭上了"嵌入式"培训这趟班车，我不仅开阔了眼界，还对语文教学有了进一步的了解和认识，也更加深刻地认识到了只有充分的备课才会有高效的教学设计，进而会有高效的课堂教学组织。此时的我已经有所醒悟，虽然感觉还不是很会备课，但是我已经有了自己的思路和努力方向。

备好课是上好课的关键，每篇课文都不是孤零零的存在，每组课文都有它的共同主题，这就要求我们在备课的时候首先要进行单元备课。从单元导读一直到后面的口语交际和习作要串联起来，因为我们教学设计的最终目的就是引导孩子们学会语用，习作就是语用最集中的体现。这样，我们首先从整体上对课文进行把握，就有了明确的方向导向，不至于跑偏了核心方向。

宏观情况了解了，我们就开始细致地走进每一节课。备课的第一步就是要求老师自己必须把教材吃透，这就要求老师必须解读好文本。备课之初，首先要把课文读熟、吃透。尤其是文中的字词，要想学生知其意，教师首先必须明其意，把课文读通读顺，甚至是背过，"书读百遍，其义自见"就是这个道理了。

然后就是通过教辅资料来了解作者的生平或者是这篇文章的写作背景，因为任何艺术创作都是现实生活的反映和再现，要读懂文章就先要读懂作者，这样的文章在高年级会越来越多。

接下来就是课后题了，它们不会平白无故地出现，基本上都是对课文核心内容的概括，跟着它走，本节课的核心思路就不会跑远了，我们可以借助它来设计自己的教学目标以及重难点。以前自己在设计教学目标和重难点的时候都是直接借鉴教师用书上的,没有自己的思考成分,没有结合学情,往往是带着教师用书给定的教学目标读课文。现在意识到这种备课的机械性了,因为目标的制定既要结合课标,又要根据课文内容和学生的实际来制定,所以说要先读文本,进行充分的文本解读。解读文本的过程就是教师学习文本、剖析文本的过程,通过文本解读,在把握文本的基础之上,以自己的理解或者是一定的顺序进行文本重组,在这里我们会综合考虑到学生的情况以及自身的情况和其他突发性事件,以自己比较熟悉的课文组织形式进行备课就会变得更容易了,一个比较适合学生、适合自己的教学设计就产生了。

我在讲授《一面五星红旗》这一课时,首先是把这组课文从整体上把握了一下,然后把课文读熟,接下来观看了一节部级优课,结合自己的思路进行了第一次备课,但是在试讲的过程中问题接连出现。没有考虑到学生的实际,教学思路繁琐、重复,逻辑性不强,重难点不够突出,到下课铃响的时候才进行了一半多一点儿。评课老师给出了具体的建议,又重新组织了一次备课。但这次备课仍然具有局限性,只是在上一次教学设计的基础上进行修补,在第二次试讲时有了进步,但是备课的局限性导致了教学组织上的弊端,最明显的不足是自己一直跟着课件走,引着学生走,有点限制学生的思维,除了对学情把握不够,我认为更关键是对教学设计不熟悉,源头上就是备课不充分。

接下来,我又进行了第三次备课。在对本组课文整体把握的基础上走进本节课,首先就是抓住了课后题"我们来划出描写面包店老板态度变化的句子,讨论为什么会有这样的变化"。我带着这个问题又走进了课文,然后详细地对文本进行解读,把里面的字词句都详细地过了一遍,并对课文有了自己的解构和重组。首先体会有关老板态度描写的地方,通过前后对比会发现老板态度的变化,然后转向为什么会有这样的变化,原因是被"我"热爱国旗的行为所感动。接下来就是引导学生寻找从哪里可以体会到"我"对国旗的热爱,中间注意"我"的动作和神态描写,通过这些来体会"我"对国旗的爱。在这一过程中提出了多种假设,以应对学生在课堂上的表现。引导学生做到有理、有节、有序,很自然地把教学推进到第十自然段"我摔倒在地上,就什么也不知道了",引导学生理解后继续抛出问题,"'我'为什么会有这样的遭遇",以问题的形式推动教学。从这里再回到课文第三自然段,然后再进行情感的升华,引导学生再次回顾课文。

　　我把课文的顺序彻底打乱了,根据自己对文本的解读对其进行重组,以一个倒叙故事方式展开,感觉这样设计很简单,但是逻辑性很强,一环扣一环,并体现出了重难点。通过这次备课,我写出了一份适合学生和自己的教学设计,在课堂上进展也很顺利。虽然这堂课仍然存在不足,但是我感觉到自己进步了。首先是因为在充分备课的基础上形成了一份好的教学设计,在教学活动中也有吸引学生的课堂任务,孩子们被调动起来了,课堂教学活动得以流畅推进。

　　教学需要注意的事项很多,但是我认为最重要的一步就是充分备课。希望自己在以后的教学工作中,能够像《一面五星红旗》的第三次备课一样,在解读文本的基础上对课文进行重组,形成自己的教学设计而不是被动地采用别人的教学设计,这也是我这两年来感觉有进步的地方,也是在听了那么多课后感触最深的地方。

# 蹲下身子倾听每一个声音

张 萌

张萌,1985年12月生,本科学历,小学二级教师,2013年8月至今在广饶县同和小学任教。六年的时间,她用自己的不懈努力得到了学校领导、同事及学生家长的一致好评。作业设计《高年级语文自主作业设计》获得东营市一等奖;指导学生习作《家乡的英雄》获得市级一等奖;执教优质课《安全过路口》获得市级一等奖;执教课题《自己的花是让别人看的》获得县级一师一优课一等奖;执教课题《文具的家》获得县级优质课一等奖;执教五年级习作课获得县级习作优质课一等奖。参与省级课题研究"基于小班化的分层教学研究与实践"已结题。六年来,一直秉承"努力教好每一个孩子"的教学理念,让每一个学生得到全面发展。学生作品《爆笑小凡》系列图文作业,在省级刊物《创新作文与阅读》连载。

那是我参加工作的第四个年头,我要参加的是全县语文优质课评选活动,我要准备的是一节录像课。我,自认为已经足够重视。

讲之前我进行了充分的备课。整堂课,我按照自己的设计思路有条不紊地进行着,偶尔的一点小瑕疵,我都看作是完美课堂的点缀。在我和孩子们的愉快心情中结束了这堂课。当时,我自我感觉良好,笃定这是一节可以拿来评优的课。然而,最后的评选结果,却给了我一记重重的耳光,我得了个二等奖。我想,如果没有参加"嵌入式"培训,如果没有聆听到各位专家名师的指导,到现在,我可能还会觉得这是一件很不公平的事情。

反过来再看自己的这节录像课,我才觉得,得个二等奖,都是评委老师可怜了我。我们班的张某某同学,有将近五分钟的时间没有参与到课堂活动中来。在指导写字环节，当我布置学生们在田字格本上把这些生字再抄写一遍的时候，我开始了巡视指导。虽然当时在课堂上，我是真心想认真观察学生们写的字，找出些课堂生成，进而再指导的。可现在看来，我当时的所谓"认真巡视指导"是带有表演成分的，因为我忽略了张同学，这是用任何理由都无法解释的。他是一个"特殊"孩子！按惯例，录这样的课，我是不用带着他去上的，因为有他在，课堂随时可能会发生意外。但我是个自认为很负责任的老师，我不想让孩子因为不能跟着大家去上这样的课而受到歧视，而自卑。作为小班化教学的班级，35个孩子我是完全可以关注每一个的。可就在我的巡视过程中，掉下了他，他没带田字格本，他想得到我的帮助，但他明白，这节课在录像，他不能随意做出与众不同的小动作。所以，他的眼睛一直在跟着我走，想用眼神告诉我他急需我的帮助。课堂实录真实地记录下了他的需求。而我，绕着教室转了将近三圈，竟然没有发现他的需求，我"巡视指导"的意义何在？我究竟在巡视什么？现在想想，这五分钟，对于一个可以跟着来上录像课的"特殊"孩子，多么备受煎熬。他特别想有好的表现，他特别想在我和他的同学面前证明他不"特殊"。而我，本来是出于一颗激励他的心带他来到这个课堂，却让孩子在这里再度被无视，被伤害。

我反思，在我心里的"完美"课堂究竟是什么样子的？我该如何打造"完美"的课堂呢？我在佐藤学教授的《教师的挑战》中找到了答案，那便是——心中要有学生，时刻关注学生，诚实面对学生，蹲下身子倾听每一个声音。

让自己蹲下身子，去呵护每一个心灵。我想，在这样一节被我仔细推敲、反复斟酌的录像课上，这名学生都能被我遗忘，那在我的常态课上，我掉下的岂止他一个？想想这是一种多么可怕的状态！我们在倡导小班化教学，我们在努力做到关注每一个学生，激励每一个学生，发展每一个学生。我的班里有三十五个孩子，在这里，他们每个只是我的三十五分之一。但对这三十五个家庭来说，他们却是全部。我有什么理由遗忘他们？还有，我们提倡小组合作学习，那么小组交流时，我们的学困生在哪？小组展示时，他们又在哪？我们发问时，那些不举手的学生又在哪？我们给他们提供一个可以展示自我的"角落"了吗？每天、每节都把学困生边缘化，我们不给他们提供展示自己的舞台，那他们就会在这一节节、一天天、一年年的"边缘化"中丧失了学习的兴趣与信心，我们的心离他们那么远，他们怎么会有进步与发展？

　　要蹲下身子倾听每一个声音。这里的"倾听"不仅仅是用耳朵,更多的是用心灵。在课堂上,把心交给学生,切实地关注每一个孩子的需求,包括优生,也包括学困生。把优生拓展出去,让他们更优。把学困生调动起来,让他们变优。适当的时候,让自己的课堂静下来,等一等,说不定能等出别样的精彩。在课下,我们更要学会倾听孩子们的声音,把他们的需求融入课堂,他们会创造更多的奇迹。

　　今年是我工作的第六个年头,"嵌入式"培训便是我成长中急需的营养源泉。"嵌入式"培训促进了我的成长,更为我的学生创造了幸福。

　　班里有个极特殊的女孩儿,刚入学时,一句话也不说。她幼儿园的同学告诉我,这个孩子在幼儿园三年都没跟老师说一句话。但是,她与同学却很谈得来。后边的这句话,让一筹莫展的我看到了一丝希望。不过,让人发愁的事也有,刚入学时,我拿着她的手,都无法把字端正地送到田字格中。

　　我在想,该从何处入手改变她呢? 我选择了倾听。课堂上,我不着急点名让她回答我的问题,我不想让她出丑难堪。我在认真关注着她的一举一动,倾听着她内心最想表达的声音。记得刚学完拼音时,我每晚都会在微信群里布置背字母表的作业,我发现孩子每晚都会很按时很高质地在群里发语音。我时刻关注着她的动静,只要一背完,我立马回复语音:"孩子,你真棒!"、"孩子,你的声音真好听!"、"孩子,老师看到了你的努力,你真了不起!"……就这样,我们坚持了无数个夜晚,我不急于非要让她在班里与我交流。慢慢我发现,孩子的眼睛变亮了,敢正视我了,孩子的脚步离我近了,下了课,敢往我身边凑了。于是,在一节检查背诵古诗的课上,我叫到了她的名字。她站起来,一时不知所措,有些紧张,又有些想展示的欲望。我见势鼓励她,因为我知道她早已背过。终于,她张开了嘴巴,这时候,教室里变得鸦雀无声,每个同学,都屏住呼吸、竖起耳朵努力地倾听她的声音。虽然声音还是很小很小,但大家都努力听到了,真的听到了。等她一结束,教室里立刻响起了雷鸣般的掌声。我激动地再也抑制不住眼泪。多么可爱的孩子,多么懂事的同学们。我在想,如果我总是急于要她说话,不舍得等一等,不能蹲下来倾听她内心的声音,那么这个孩子的未来,也许在刚入学时就已经注定。而现在,她,还有她的家人,会是多么地欣慰。慢慢地,我发现,她爱上了学语文,她在努力地读好课文,背好古诗,写好每一个字。一年级期末测试,她考到了七十多分的成绩,我们每一位同学都为她的努力而骄傲。

　　其实，倾听关系的建立是相互的。我们的孩子也在时刻倾听着老师的声音，他们渴望听到关爱的声音，听到激励表扬的声音，听到能与他们互动的声音。同样，我们老师也是，我们渴望走进学生的内心，倾听他们最真实的需求，多一点关心、多一点爱，让课堂更和谐，让孩子更温暖。

# 以《一分钟》为例谈语用

李艳霞

李艳霞,2000年7月参加工作。自工作以来就以"写好字、读好书、作好文"作为自己的座右铭。在"嵌入式"培训的引领帮助下,对语文课堂教学和课题研究有了更深刻的认识。"嵌入式"培训期间,多次执教县公开课,参加省科学规划课题研究"博雅教育的研究与实践"并结题,主持了东营市小班化课题"教师肢体语言对课堂教学的影响"并结题,被评为东营市小学语文学科带头人、东营市小学语文教学能手,是东营市送培下乡专家团成员之一。

作为一个从事小学语文教学18年的教师,我对于"语用"的理解一直是片面且狭义的,认为语用就是习作训练。直到"嵌入式"培训的介入,景洪春老师的报告、蒋方叶老师的课堂教学展示,一次次触动着我,让我反思自己的课堂教学,对于语用的理解也逐渐明朗起来。语用,渗透在语文教学的每一个环节中,渗透在每一个课例中,甚至渗透在教师与学生的每一句对话中。

景老师告诉我们备课首先要站在提升学生语言能力的角度,要从语文教师的视角出发,而不是站在一个普通阅读者的角度。另外,就是要有充分的语言实践的时间,重视学生在实践中积累和运用语言的意识,要给孩子练习的时间,还要重视他实践的过程。保证课前交流、课中练习、课后巩固都在一个点上,学生才能获得聚焦的、循序渐进的、形成性的语文能力。

基于这样的理解和认识,我不断在教学实践中探索、研究、实施。

## 课前交流即语用

　　一个好的课前交流应该和课堂练习、课后延伸相一致。基于此,我在执教《一分钟》时,对于课前交流,自己和我们的语文团队一遍遍地推敲:怎样让孩子既练习口语,又对一分钟有时间的概念呢? 起初,我们设计的方案有让孩子说一分钟能干什么,有一分钟击鼓传花游戏,有出示转动的钟表感受一分钟……经过反复的推敲碰撞后,最后我们确定让孩子用一分钟做自我介绍,既让孩子消除在大礼堂上课的紧张心情,又让孩子锻炼表达能力。

　　在课堂上,我跟孩子交流:"我们平时上课很少用话筒。借着试话筒的时间,谁想向台下的老师介绍介绍自己? 不过,我们可只有一分钟的时间哟!"

　　一个孩子说:"大家好! 我叫王菁宜,今年七岁半了。我喜欢吃的水果是梨,因为梨的水分多,脆脆的。我不喜欢吃榴莲,因为它臭臭的。"

　　另一个孩子说:"大家好! 我叫宋奕萱,今年七岁多了。我的爱好有读书、画画、弹钢琴、练舞蹈等等。我最喜欢的是读书。"

　　孩子的语言清晰,表达简洁,引来了台下老师的阵阵掌声。在近千人的场合下,学生的胆量、表达、心理素质得到了一次考验,这不仅仅是语用训练,也是语文综合性学习的体现。

## 课中实践即语用

　　景洪春老师解读《匆匆》一课时说,《匆匆》是经典作品,该怎样读出语言的味儿?

　　她说每个词语于意义之外还有情味,这需要从字面的推敲、声音的吟味中去细心领略,以磨炼自己对于词语敏锐的感觉力。试读这个句子:"天黑时,我躺在床上,他便伶伶俐俐地从我身上跨过,从我脚边飞去了。"试把"伶伶俐俐"换成"伶俐",重读一遍,意思一点没有变,但直观感觉中却似乎少了点神韵。琢磨其中的道理:"伶伶俐俐"由两个叠声词组成,就造成了一个跳跃感,用以表现时间流逝得非常快是很合适的,相比之下,"伶俐"就多了几分懒散劲儿。

所谓"教学千法读为本"、"三分文章七分读",我在执教《一分钟》时,不断地读文,在读中磨练自己对于词语敏锐的感觉力。我先紧扣"要是早一分钟就好了",运用范读、揣摩等方法来让孩子领悟按时起床的重要性,感悟珍惜时间的意义,让孩子进行说话练习,有的孩子说"要是早一分钟,就能及时通过路口了";有的孩子说"要是早一分钟,就能赶上绿灯了";有的孩子说"要是早一分钟,就能赶上公共汽车了";还有的孩子说"要是早一分钟,就不会迟到了"。通过让孩子做动作理解"打了个哈欠"和"叹了口气",引导学生走近主人公元元,可以看到,学生的语速渐渐放慢,对"一分钟"的理解也渐渐深入,作者的心不断和学生产生共鸣。确实,朗读不能飘于字面,应和体验结合起来,感之心,发之声,效果会更好。

同样,语言积累和表达对于低年级的孩子来说,就是会扩词,会说一句完整的话。在设计本课教学时,我让孩子们给"钟"这个字组词,孩子们思维的闸门一下打开了,"分钟、闹钟、钟表、钟面、挂钟、时钟……"组的词像流水一样源源不断,同样,用"背"、"洗"组词也是一样。后来,我让孩子们用"决定"说一句完整的话,孩子们纷纷举手,"我决定自己走到学校去""我决定好好读书""我决定好好写字……"再让大家"用"已经"说话,孩子们更收不住了。孩子们在说话中不但认识了这些字,还学会正确地运用这些字或词,学习语文的目的不就在于此吗? 因此,课堂上老师要舍得时间、舍得放手,在实践体验中提升学生的语言表达能力。

## 课后延伸即语用

景老师曾说,语文就是输入和输出相结合的过程,理解就是输入,表达就是输出。输出的过程也是内化的过程。反过来,内化的过程又促进对文字的理解,这个并不是矛盾的。

在备《一分钟》设计课后练习时,我们备课团认识到课后练习就是要训练孩子的表达,是学习课文的输出内化过程,因此我们总结时说:"多睡一分钟,带来的是 20 分钟的迟到,是一路焦急的等待和不停地叹息,是步行的辛苦和脸红的尴尬,是深深的后悔和宝贵的教训。听了你们的劝告,第二天,丁零零,闹钟响了。元元的做法是怎样的?"带着这个问题我们开始了新的一课。

有的孩子说:"第二天早上,丁零零,闹钟又响了。元元打了个哈欠,心想,再睡一分钟吧。可是,元元忽然想到了昨天迟到的事情,就马上起床刷牙、洗脸,吃过早点,背着书包上学去了。结果他没有迟到,李老师表扬了他!"还有的孩子说:"第二天早上,丁零零,闹钟又响了。元元打了个哈欠,心想,昨天贪睡一分钟迟到 20 分钟,今天可不能迟到了。于是,他赶紧起床,背着书包就上学去了。走到十字路口,刚好是绿灯。走到公交车站,就上了公交车。结果,他提前 20 分钟到了学校。"

学生们说得头头是道,思维训练也渗透其中,按时起床的品德教育不留痕迹,可谓一举多得。

在一次次的备课、上课中,我发现,当我们将语用目标与课程标准的目标相结合,精准定位,从课前交流到课中实践,把语用渗透在语文课堂的每一个教学行为中,使学生在课堂上的每一个行为都与语用紧密联系,一课一得,再到课后延伸,就会发现,让孩子经历语用学习的过程,孩子的语言实践能力就会慢慢提高。

# 一米阳光

*王海霞*

王海霞,2010年毕业于曲阜师范大学,现在任教于广饶县同和小学。参加工作以来,一直在低年级任教。工作中认真、踏实、有耐心,积极向上。她一直认为教师的引导和教育有可能影响孩子一生的发展。希望在自己的引导下,每一个学生都能成为有学习能力的、有良好人格素养的公民。

**教育理念:**给孩子一米爱的阳光,静待花开。

"嵌入式"培训作为一种全新的培训方式,对我的影响很大。特别是面对孩子,我觉得我的心是柔软的,我能真的接受他们、容纳他们,陪他们一起成长。

每个班都有与众不同的孩子,我带的这个班也有一个这样的孩子,在教室里,他总是很显眼,块头最大,坐在最后一排,每次进入教室,首先会被他庞大的身躯吸引,好像是从高年级"穿越"来的。一上课,他会习惯性地把头压低,一声不吭,好让自己藏到其他同学中去。虽然在课堂上他不是被遗忘的角落,但是他的敏感和畏畏缩缩让我很是心疼。我们在面对这样的孩子时,一定要谨慎,多一点关注与发现,也许一点点的表扬对他说来讲就是一米灿烂的阳光。

每次面对这样的孩子,我的心里总是有些不忍。

记得那还是刚参加工作不久,一次语文课上,我安排孩子们写生字,当时小朋友们都在静静地练习,听着一片铅笔的沙沙声,我仿佛欣赏着最动听的轻音乐,很是满意。当我转到后排的时候,不愉快的事情发生了:一个孩子正在做小动作! 只见他一会儿翻翻抽屉,一会摆摆抽屉里的书,一会又动动桌上的笔袋,忙得不亦乐乎,全然没有看到我就站在他身旁!那是我刚参加工作的第二个月,全然不懂怎样对待孩子,更何况,两个月下来,我已经认定他是个学困生,于是气冲冲地问他:"上课不练习生字,做什么小动作呢?"他的眼中闪过很深的害怕,小手还在抽屉里,胳膊不停地哆嗦。我不管三七二十一就开始扯他的胳膊,他忙着的小手使劲在桌洞里转了两下终于停了下来,小心翼翼地捏出一截断了头的铅笔。一瞬间我才明白,孩子其实是在找写字用的铅笔。他也以为自己犯了很大的错,额上竟然渗出一层汗!那时的我根本不懂的一年级的孩子要手把手地教,比如上课前准备好学习用品,但是他的眼神让我懊悔不已:可能孩子只是无心之失,却因为我的一句指责变得畏首畏尾。他缩着,更加不敢表现自己了!

崔永元说过:"所以,我请求各位师长手下留情,您不经意的一句话、一个举动或许会了断学生的一门心思,让他的生命走廊中少开一扇窗户。"

真的是这样,老师对于孩子来说是权威的化身,越是沉默的孩子,越容易受到伤害!如果我们多一点等待,走进孩子心中,孩子犯错了,我们一句轻轻的提醒或者一个谅解的眼神或许会让他振奋起来!同样的道理,可能孩子只是无心之失,却因为我的一句指责甚至是挖苦,让他变得胆小,变得不敢融入到集体中!作为一名教师,我们手上有无形的利刃,因为我们手中是鲜活的、生气勃勃的、独一无二的生命!

记得于永正老师莅临我们学校执教《爱如茉莉》一课时,检查孩子读课文的情况时碰到一个孩子,读"死丫头,问些什么莫名其妙的问题呀!"这句话一直读到第七次才读正确,于老师总是和蔼地提醒他:"错啦?再读,不要急;嗯嗯,又错啦?眼睛看看再读,先看一会儿,默读;看准了吗?心里先念一遍;考验于老师的耐心,对不对?考验我的耐心(老师拿起书,用手指着这句话,让学生读);终于读对了,预习得不好,对吧?预习读了几遍课文?"我在整理课堂实录的时候很是被于老师所感动,面对孩子的时候能有这样的关爱,难怪孩子在最后对于老师说:"祝您长命百岁,还来给我们上课!"

我也学着在面对这样的孩子时,多一些关爱,孩子出错了,还是真诚地谅解并鼓励他:"你能举手发言就很了不起,真有进步!""你真有毅力,一次次读错,一次次重读,终于读对了,真棒!""这一次你读课文一个字都没读错,真认真!"一段时间下来,真的发现孩子的眼睛亮了,脸上的笑容多了,勇敢地举起小手的时候多了!虽然他可能永远都成不了我们班的"优等生",但是那一丁点的激励之后,孩子脸上灿烂的笑是我最觉得珍贵的!

一点点的表扬对孩子来讲却是弥足珍贵的一米阳光! 对于整个班级来讲更是这样!

放寒假前复习的时候,我跟学生一样浮躁,每次进教室总是先看到那些调皮捣蛋的学生。于是会压制不住心中的怒气对全班同学进行一番思想教育。可是每次教育之后全班同学都是小心翼翼的,回答问题也不积极,我的心情也不好。偶尔有一次,我表扬了表现好的孩子,发现孩子学得很是轻松愉悦! 纵观我们的课堂,教师吝啬于表扬孩子,孩子们的课堂生活就少了很多阳光。特别是复习的时候,这种压抑感就更浓了。

这让我想起了之前我们的教研,我们就一位老师执教的《四个太阳》一课的课堂评价作了详细的记录,记录的结果让我们自己大吃一惊:

这节课学生个体发言有 60 次,教师对学生发言做的表扬只有 12 次,这 12 次表扬之中 10 次是口头表扬,而"非常好"、"嗯,说得真好"、"说得真好"这样大而空的口头表扬就有 3 次,一次掌声评价,一次肢体语言评价(竖起大拇指),涉及表扬的课堂语言实在是太少,还有很多无效的,甚至有反作用的命令式的评价,如"好,请坐! 把书扣桌上! 注意'三个一',看谁还没做到! 读完的小朋友坐端正! 大声说! 把话说完整!"所以,课上到一半的时候,孩子的学习欲望就已经不强了,表现得不怎么积极。任凭老师怎么引导,举手的学生也还是寥寥无几。这节课的教学效果就可想而知了。可见,表扬对于教孩子们来讲有多重要!

再次执教这一课时,我们设计了有针对性的口头表扬:"绿绿的太阳,这样说多可爱呀! 奖励你把太阳贴上去。"、"太阳像金子一样,闪闪发光,这样说很准确!"、"'街道'这个词语你读得很正确,请你当小老师带领大家读读。"、"'尝尝'的轻声读得多自然。"、"这两个生字迷路了,谁能把它们送回家?"、"从你的朗读中,我感受到了清凉,你再把清凉送给你的同桌吧!"、"金黄的落叶来邀请我们到果园去。"这样的表扬用语,不仅让回答的学生明白了自己的优点,也给其他学生点明了学习的方向。举手的孩子多起来了,课堂气氛也活跃多了。表扬用语是多变的,而且有针对性,孩子的兴趣明显更加浓厚了。这节课上学生的热情高涨,参与课堂的积极性大大提高。我们还加上了形象生动的实物表扬,学生乐此不疲。再次执教这一课时,老师特意制作了四个特别漂亮的太阳,把课文里的生词用不同颜色、形状的彩纸剪出,孩子读对了就把这些当成奖励。一年级的同学比较好动,初读完课文,学词语就坐不住了,但是看到老师像魔术师一样,拿出"小太阳"以及各种颜色、形状的生词卡片时,小朋友们坐得规规矩矩,小手举得高高的,回答问题也很积极。虽然随文识字占用的时间长,但是这些彩纸让孩子们学习的注意力又迅速集中,起到了很好的表扬激励的效果!

于是在期末复习阶段,我也改变了策略,先表扬表现好的孩子,尽量不当众批评表现不好的孩子,减少命令式的语气,我发现几天下来,课堂的气氛就不一样了,孩子们脸上的笑意多了,课堂表现积极多了,复习的效果也好了很多。

老师多一点改变,多一点表扬,幸福的不仅仅是个别的孩子,对每一个孩子,那都是珍贵的一米阳光。所以,课堂上一定不要吝啬于表扬孩子,孩子们沐浴在老师表扬的阳光中,整个课堂都会是轻松愉悦的!

# 不要给我一份完美的作业

孙卫霞

孙卫霞,女,汉族,1986 年 8 月生,山东广饶人,中共党员。毕业于聊城大学音乐学院音乐学专业,2012 年至今在广饶县同和小学任教,从事小学音乐学科教学,在学校开设的艺术素养活动中担任同和小学丑小鸭合唱团的指导老师及指挥。

众所周知,合唱是每个学校艺术素养班必开的核心课程,它给予孩子们的音乐感受是最直接、最深入人心的。通过这种最自然、最直接的音乐形式,让孩子们在体验音乐的同时,培养与人合作、交流的能力,这是任何音乐形式都无法比拟的。

正是基于这种认识,2015 年开始,我尝试着对学校的丑小鸭合唱团进行专业系统的训练。由于我任教的学校是一所城乡结合部的小学,大部分的孩子来自农村,受家庭条件和成长环境限制,家长在培养孩子的音乐素养方面重视程度不够、投入精力不多。因此,在训练合唱的过程中,孩子们多数对基本的乐理知识没有概念,让我们的训练遇上了种种困难。在克服这些困难的过程中,我对小学音乐教育也有了更多的感悟,从急于让孩子们准确掌握理论知识、不出一点差错,慢慢转变为想要发自内心地说一句:"不要给我一份完美的作业!"

这种转变要从今年 3 月讲起。

新学期到来后,我针对学生们识谱慢、和声效果不明显等问题,每周四下午合唱课都会拿出 15 分钟讲解一些简单的乐理知识,每周给学生增加一项书面乐理作业,由学生课下完成。乐理作业不仅需要动手写,有些题目还要动脑去思考、去推理、去计算,对小学生尤其是缺乏系统乐理知识的低年级学生,确实会有一些难度。会出错,这是必然的。但是,教学实践中发现,有一些家庭条件较好、父母教育背景良好的学生,每次作业都极少出错,有的甚至堪称"完美",展现出很好的音乐素质,高兴之余,我心中也暗暗诧异。

直到那晚,大概已是深夜十一点多,一位学生的妈妈给我发来消息,大意是:她临时突然接到出差任务,本周不在家,无法陪伴并辅导孩子写乐理作业,问我可否待下周她回家了再陪伴孩子完成这项作业。从信息的字里行间,我能感受到这位妈妈的纠结和焦虑,但这也让我很不解,为什么妈妈缺席陪伴就意味着孩子可以不完成作业?究竟作业是布置给谁的呢?听过太多小学生家长反馈,每天除了上班外,晚上还要陪孩子写作业,有的甚至是写到深夜,感觉几近崩溃。有的家长为了让孩子的作业没有错误,父母轮流带着孩子复习、预习,一遍又一遍地检查作业,努力向着"完美"的标准靠拢。这样的情况,以前我总认为在小学音乐教育中是不会出现的,但是没想到自己有一天也会面临这样的尴尬短信,让我顿时觉得感慨颇多。于是,我略作思考后,拨通了那位家长的电话。

"您好,给孩子安排的作业,需要他独立思考,您不必每次都帮助他完成。"我委婉地提醒。

"但是老师,如果我不陪他完成、帮他检查,他会出一些错误啊。"这是一位负责任的妈妈。

"学习过程中,就是要不断发现错误、改正错误,才会进步啊。"我劝道。

"可其他孩子的作业都有家长帮忙,到时候与其他同学比,我们家孩子就会落后啊。"她的焦虑溢于言表。

我只好沉默了。

也许在社会上多数人看来,家长为了不让自己的孩子输在起跑线上,陪伴孩子写作业的行为无可厚非,这甚至是关心孩子成长的"优秀家长"的表现,应当予以支持。实事求是地讲,这种观点有其合理性,家长在孩子的教育中的确要扮演不可或缺的重要角色,的确要与教师、孩子形成良好的互动。也正因此,越来越多的家长加入了晚上陪读、陪写的行列,而且一发不可收拾,"喧宾夺主"甚至"越俎代庖"的越界行为越来越多,从"配角"自动升级为"主角",没有把握适当的"度"。这样,最后到老师手中的大多是一份份经过家长修改、审核好的完美作业,真正应当担任主角的孩子反而没有发挥核心作用。

比如这位深夜未睡,有工作要忙,有孩子要她牵肠挂肚的妈妈,给我发这条消息的初衷是好的,她的话中也满是对孩子的关心期待,也许是习惯了这样的教育模式,习惯了这样"拼家长"的竞争环境。她从"为孩子考虑"的立场出发,想让孩子交给我一份完美的作业,让老师高兴、满意,让孩子得到表扬。这种爱子之心、生活惯性和社会观点,让她把帮助孩子完成作业当成了自己的本职,甚至当成了自己的"作业",继而怕因自己的缺席,让孩子的这份作业完成得不完美。所以,才会在深夜向孩子的老师发出"延期申请"。

从教师的角度讲,一份完美的、没有错误的作业交到我这,固然我的工作是更轻松的,我只需要打上一个对号,无需再费心费力地帮学生纠错、为学生讲解。但学生写作业不是作秀,真正学到东西并从中领悟学习方法,才是教育的根本目的。我们的作业,包括书面的乐理作业和需要视唱的旋律,是师生教与学效果沟通反馈的桥梁,都该由学生听讲后按自己的理解独立完成。这样完成的作业,可能会有这样那样的小错,但却是对教与学效果最真实的反馈,也有助于教师精准施教、因材施教。更何况在小学阶段,很多学生年龄尚小,哪里不会、哪里不懂,有时甚至无法完全清楚地用语言表述给教师,但通过让学生按自己的理解把一道乐理题做出来,按自己对音高的概念把一条旋律视唱出来,学生哪里做得不到位、哪里理解不正确,我就心中明了,并可以有针对地进行讲解了。

但问题出在哪里呢?是望子成龙、望女成凤、只争朝夕的焦虑吗?想到这些,我想到了一个真实的故事。

故事的主人公叫梁思成,他的父亲叫梁启超,这是一个家长们都非常熟悉的名字,但他还有一项教育上的成就是很多人不知道的,那就是他的九个儿女中"一门三院士,九子皆才俊",每个孩子都很杰出。是每一个都天资过人吗?我读过《梁启超家书》,显然不是每一个孩子都聪慧机灵,但他们的成功都离不开一个乐观开朗、循循善诱的父亲。比如梁思成,他年轻时因事故延误了一年赴美留学,自己心中十分郁闷,认为落后了同窗。他的父亲梁启超马上写家书劝导他:人生之旅途历程甚长,所争决不在一年半月,万不可因此着急失望,招精神上之萎葸。这段话让我深受启发,在孩子的教育中,正确的心态非常重要。梁思成耽搁了一年的学业,但他之后通过勤奋学习,仍然成为名留青史的建筑学家——人才的培养上，是既慢不得、也急不得的。

我继而对家长们讲到了现在的作业问题。家长过多地干预、辅助，虽然表面上可以使孩子免于错误，更快更好地做出了一份完美的作业，但这种完美往往会蒙蔽老师的眼睛，难以及时发现学生学习上的问题。术业有专攻，家长辅导孩子时，看到的也许是这一道乐理题孩子不会做，或某一旋律、节奏没有很好地把握，但老师就可以看出是学生哪一个知识点或旋律音程还没有掌握或思路出现问题，而不是就题论题，就曲论曲。通过家长帮助交出一份完美的作业，短期内的确可以皆大欢喜，但隐患往往在孩子们一起排练的合唱学习中暴露出来。由于在日常的学习中，孩子已经有了依赖家长辅助的心理，而惰于独立思考，不能形成自己的音乐学习方法，而家长又不能同孩子一起参与合唱课，孩子们在合唱训练排练的过程中，就出现了之前学得很好、越往下学越困难的局面。甚至有的孩子作业情况与妈妈的工作忙碌情况息息相关，妈妈忙时，疏于辅助，孩子的作业就写得不好。

更让人忧心的是，家长这种追求"完美"的心理也会传递给孩子。比如，有的学生为了一份没有错误的完美作业，本该背书完成的作业，会翻书抄写上。不会的、记不住的地方，翻书查阅是完全可以的，但查阅后，要试图记住，作业还是应该背书完成，知道哪里有错，才能查缺补漏。再如有的学生怕自己写得不对，有的乐理题完全空白地带回课上。课上我带着学生做此题，沟通中会发现学生并非完全不会，学生是有思路和想法的，就是不敢写，怕写得不对。

有一颗追求完美的心是好的，它让人积极向上，不甘人后。但追求完美的心态过于强烈时，也会给人带来很多困扰。这种心态令人焦虑、裹足难行。最近，我常常对学生说的一句话就是"完成比完美重要"，以此鼓励学生无论练习演唱技巧、做乐理题，还是学校的文化课学习都要抓紧行动起来、独立思考进去，不要怕做不好而停留在想的层面。现在，我也把这句话送给望子成龙心切的家长们，不要怕孩子独立做事情会有磕碰而成了孩子离不开的拐杖，因为磕碰也是孩子成长学习的一部分，初学东西时孩子的独立完成，即使有错误也胜于家长辅助的完美，会独立思考学习的孩子才更有后发之力，老师不需要孩子"完美"的作业。我们应当在教育中引导孩子、引导家长克服急于求成的焦虑，正视成长规律，毕竟人生很长，赢在起跑线不叫赢，拥有良好的生活态度和幸福圆满的人生才是成功。

# 班长"复官"记

张　闽

　　张闽,1976 年 11 月生,本科学历,小学一级教师,1995 年 7 月走上讲台,自 1998 年至今在广饶县同和小学任教。遵循"用爱教育,用心沟通"的教育原则,探索适合学生的教学方法,创设"平等、快乐、积极"的课堂教学模式,形成激情、幽默、富有亲和力的教学风格。多年担任班主任,是学生和家长的贴心人。根据班级学生的情况,结合节日组织各项活动,所带班级被评为学校的明星班级。多次执教市、县级优质课和公开课并取得优异成绩。所撰写的论文、教学案例和教学设计多次获市、县一等奖,并且在国家级刊物发表。被评为广饶县优秀教师、广饶县优秀少先队辅导员。撰写的校本教材《课本剧》获东营市优秀校本教材一等奖。排练大量的课本剧成为学校的保留节目。辅导的诗歌队节目连续多年获市、县诗歌节一等奖。个人事迹多次在广饶县电视台播放。2015 年参加为期两年的"嵌入式"培训。参加东营市"十二五"教育科学教研规划课题的研究工作,主持研究的"基于小班化激励性评价的研究与实践"和参加的"基于小班化教室文化的研究与实践"均正式结题。

　　**教育理念:**用心教会孩子爱的能力,让孩子学会用爱与人交流。


　　我当了 23 年的小学老师,教了十几年的语文,同时担任班主任,2015 年 8 月参加"嵌入式"培训。每年接手新的班级,都会在各种性格的孩子中,挑选和培养一批学习好、能力强又积极的孩子,组成班委,帮助班主任和任课老师管理班级的日常事务,为学生作出表率,这有利于形成良好的班风。其中,班长的责任尤为重要。每次接手新的一年级,我就会在班里寻找精明能干的孩子,准备将其培养成得力的助手——班长。

## 物色班长

开学一周,从上课和平时的活动中,一个皮肤黝黑的男孩小彬表现尤为突出。小彬脑子聪明,学习好,反应快,语言表达能力强,腿勤,具备很好的班长素质。事不宜迟,我心里定下班长就是他了。

被任命为班长后,小彬的积极性被极大地调动起来。早上一到校,他提醒值日生开窗、打扫教室卫生,快速收齐作业,搬到各科老师办公室,再回来组织同学们晨读。下课,擦黑板。课前跑去问老师上课需要学生准备什么,再回来通知同学。大课间,迅速带领学生下楼到规定场地活动。放学最后离开教室,关好门窗。班里井然有序,他忙得不亦乐乎,也享受着班长的忙碌和来自老师的赞扬。我一边感叹他的高涨热情、超强大脑以及充沛精力,一边为有了得力助手而感到欣慰。

小彬的老家在乡镇,父母为了孩子接受更好的教育,在县城买了房。爸爸开长途大货车,妈妈为了照顾孩子的生活和辅导孩子的学习,全职在家。小彬表现出色,他的爸爸妈妈也积极响应老师在班级活动中组织的活动,俨然成了家长群里的"大班长"。在他们的带领下,家长们也都积极参与班级的各项活动。

## 发现问题

一般来说,能力强的孩子个性也强,脾气也大,小彬也不例外。两个多月后,班里的孩子就都开始来"告"小彬的状:体育课男生纪律乱,老师统计的时候,小彬不报告他自己。填午休表的时候,他自己忘带午休条也不秉公记上。诸如此类的事,还有很多。我上课也发现,当同学回答错了问题他就笑,弄得答错的孩子很不好意思,甚至学习差点的孩子都不敢举手回答问题了。

每当学生检举揭发他时,他总是恶狠狠地看着那些同学,犟着说:"没有!不是!"当全班同学都指证他时,他才不得不承认。但明显看出他很不服气。之前几次,我都单独和他谈话,他先是说一些忘了或别的理由,当看见我严厉的目光时,才承认错误。他对自己错在哪里每次都说得头头是道,也表态以后要改正。但之后还是继续犯。同学们对他也越来越不服气。有时他还委屈地扔本子、摔门。他对同学们的态度也更加强硬，经常听到他大声地发号施令，俨然成了班里的"土霸王"。我向他爸爸妈妈说起时，了解到他在家也是这样明知故犯：妈妈出去一会儿，他偷偷玩手机。妈妈回来发现了问他时，他怎么也不承认。有时抵赖，有时撒谎。直到家长指出破绽才承认。揍一顿，他作出保证，不久又犯老毛病。这让妈妈也很烦恼。

　　看着一个优秀的孩子变成现在这样，我作为班主任，是既生气又可惜。生气他小小年纪，不去为同学们服务，反而想利用手中的权力搞特殊。可惜聪明用错了地方。又一想，一年级的孩子不会很好地处理这些事情也是正常。我只要耐心地因势利导，就能既不伤害他的自尊心，让他从心里认识和改正自己的错误，就能让他能继续发挥他的长处，为同学们服务，成长为优秀的班干部，也能从这件事上，让全班的同学都能认识到班干部的辛劳付出和不易，理解班干部。

## 回顾贡献

　　但面对这么聪明的孩子，一般的方法没什么作用。我就分阶段实行我的计划。下午，我临时开了本周的班队会，回顾两个月来班里的取得的成绩和荣誉。孩子们回头看着班级荣誉栏里的奖状，七嘴八舌地读着称号，脸上洋溢着得意的笑。接着我在大屏幕打开班级相册，当孩子们看到采摘节、趣味运动会和秋游时抓拍的一张张照片时，班里立刻热闹起来。谈论起当时的趣事，笑声此起彼伏。我采访了从乡镇转来的小琰同学："你加入咱们班后进步很大，越来越自信。是怎么快速进步的？"小琰激动地说，自己第一天来班里，是班长领他去认识厕所、办公室的位置，向他介绍同学……他很感动。他不再害怕，在同学的帮助下学会了很多事，很快喜欢上班里的同学和老师们。我就提示他应该向帮助过他的同学说些什么，他站起来，走到小彬面前，拉着他的手说："谢谢！"我看见两个孩子眼圈红红的。我装作不知情地说"小彬这么乐于助人吗？还是只对小琰这么好？"一些同学抢着说起来："他借给我笔。""他帮我们训练的同学记作业！""上次我病了，他帮我把书包送回家。"我趁热打铁，把小彬拉到讲台前，说："那你们也一起——"孩子们异口同声地喊："谢谢小彬！"小彬的眼泪一下子留下来，哭着说："我做得不好。不诚实，还对同学们大喊大叫。我不配当班长。老师，你撤了我吧!"我问孩子们:"相信他能改好的同学请举手!"孩子们都高高地举起了手,说:"相信!相信!"小彬睁大眼睛,不相信自己听见的话,擦擦眼泪:"我一定改正。谢谢大家!"我一把把他搂进怀里,在他脑门上重重地亲了一下。同学们"啊"了一声。我装傻道:"光我来祝贺,你们不同意?那都来吧!"孩子们都一拥而上,在小彬的小黑脸上亲起来,全班抱成一团。小彬幸福地笑开了花。

　　放学后,我留下他,和他坐在采摘园的树下谈心。他已经放下了对大人的戒备,满脸写着后悔和歉意。我静静地听他一股脑说完,拍着他的肩膀说:"我儿子和你这么小的时候,也犯过这样的错误。所以我知道你当时的想法和现在的感受。"他仰头看着我:"他后来改了吗?""改了。老师、同学原谅了他,他再也不说谎,我也更爱他了。你这么聪明,一定知道以后该怎么做!我相信你!"他高兴地回到教室打扫完卫生,背起书包,轻松地走出学校。

## 家校合力

　　我利用这个时间,给小彬的妈妈打了电话,把事情的原委告诉了他们。小彬妈妈感动得哭起来。我又把后面需要家长注意的事项和她说清楚。她说一定和老师配合好,帮他改掉缺点。

　　晚上,小彬妈妈给我回了微信。说孩子回家后,和妈妈承认了错误,把学校里的事和妈妈讲了。让妈妈看他以后的表现。

　　小彬在当晚的日记里,写了自己的感受,很珍惜这次老师和同学们给他的机会。以后会改掉毛病,做个好班长,不让爱他的人失望。

## 官复原职

　　一周后的班队会,同学们又选了一位副班长。小馨在任职感言中说:"我要和小彬一样,好好为班级服务。一起把咱们班搞得最好!"小彬还上去和小馨握手,全班响起热烈的掌声。

　　从那以后,我们班一个正班长一副班长,一男一女。有事的时候他俩一起商量,平时互相监督。小彬的坏脾气也改掉了。他们成了老师们夸奖的黄金搭档。一直到现在三年级,他们俩都配合得非常好。

陶行知先生说过:"培养教育人和种花木一样,首先要认识花木的特点,区别不同情况给以施肥、浇水和培养教育,这叫因材施教。"我慢慢地开始对这句话有了自己的理解。是啊,教书先是育人,我越来越深刻地体会到这一点。面对一二年级的孩子,我就像面对着稚嫩的萌芽一样,小心地呵护他们。努力做到读心育人。让学生在和谐、宽容、充满爱的班级氛围中,学会友善地和同学相处,和谐发展。这就是教育的真谛吧。

# 方法多了，脾气就小了

杨国营

杨国营，男，荣获"全国优秀教育工作者"、"全国课改优秀校长"、"齐鲁名校长"、"特级教师"、"山东省优秀教师"、"山东省语言文字工作先进个人"、"东营市教学能手"。是中国教育学会会员、东营市人民政府督学，广饶县人大代表、劳动模范、有突出贡献的中青年专家。

现任山东省广饶县同和小学校长，著有《一位乡村校长的教育行思》。

临近期末考试，有一种隐忧就是师生难免焦急上火，甚至发生老师发脾气的现象。体罚和发脾气之间是没有不可逾越的界限的，老师不是圣人，而"恨铁不成钢"的心情若是处理不当就有可能演变成体罚或者变相体罚。

有的家长特别"朴实"，竟然这样"恳请"老师："孩子要是不好好学习，你尽管'治'他就行！"甚至会更露骨地说："不听话你给我揍他就行，只要打不坏怎么打都行。"面对这些请求，做老师的往往都是苦笑置之，大家心里都有数，体罚的权力不是家长可以赋予的，我们绝不会草率领受。尽管如此，老师也是人，发脾气也是不可避免的。

怎么做到调节自己，少些脾气呢？我觉得方法多了，脾气就小了。我们之所以会跟孩子生气，无非就是和孩子们产生了"分歧"——你认为你是对的，是对他们好的，而他们无动于衷，甚至走向反面。所以问题根源不是生气不生气，而是如何让我们目标一致，大家心往一处想，劲往一处使，我们就会乐看他们拔节生长，而他们也就理解了我们，当孩子们尝到了"听话"的甜头时，一切也就良性循环起来了。

当年我在一个乡村初中教书,遇到一个孩子,学习不是很刻苦,成绩也不理想,我发现了他不刻苦的短处,我没发脾气,而是针对一次他本该取得更好成绩的考试,分析原因,让他意识到成绩差其实根源就在于自己怠惰。没想到下课后他跑出来拦住我说,"老师,你揍我一顿吧",反倒把我吓了一跳,看我一脸困惑,他就说:"我真的没努力,这次没考好就是我偷懒了。"《中国教育报》上一篇文章,文中一位名师说没有哪个孩子是想放弃自己的。是的,我们会觉得自己关心孩子,特别是那些学习有困难的孩子,是因为我们不想放弃他们,其实我们首先要明白,他们也绝不想放弃自己啊。谁不希望自己在学习上闪光呢? 懂得这一点,我们的脾气可能就消解许多了吧,他们绝不是愿意落后,因此松懈和迟钝也并非故意,落后也许就只是暂时的——只要你的帮助到位、方法得当!

相比于发脾气,我们应该反思,应善于自问:我的方法够不够用呢? 面对孩子们,是没有一种适合所有人的方法的,这个我们比孩子更懂,所谓因材施教就是这个道理。其实孩子有差异这是规律,是不可避免的,需要我们时刻记住,对不同孩子就要有不同的措施,不要一刀切。孔子当年跟学生论道,子路和冉求问"闻斯行诸"的问题,但是得到的答案却不一样,其实就是他鼓励懦弱的冉求和压制激进的子路,针对不同学生采取了不同的方式方法。我们备课都讲究"备学生",也就是了解学情,因材施教,临近期末考试,一个学期的相处,你还不知道他们每个人的需求么? 因此,你的方法多寡其实就是你脾气的根源。

大圣和如来斗法,大圣咋咋呼呼,天不怕地不怕,而如来气定神闲地把大圣抓在了手心,这其实就是如来胸有成竹才游刃有余,他知道大圣的套路,又自有制敌之策,所以任由大圣上蹿下跳他自岿然不动,结果是大圣服服帖帖。基础教育的杰出代表于漪老师当年的学生,真的是什么特点的都有,但是她靠的绝不是道高一尺魔高一丈的脾气,然而是她"因材施教"的不同方法。有位在加拿大做科学教授的学生,回顾当年于老师对"调皮""有个性""很傲慢"的她的转化,真的颇有感慨,于老师也说自己当年"真是使出浑身气力,非常不容易"。如果于老师靠脾气去压制,是不会让这样一个学生"臣服"的,倒很有可能就看不到今天这个成功的科学家了。因此老师最有力的武器是方法,而不是脾气。

脾气有没有用呢? 我想起自己经历的一件事。我上初中的校长是我邻家叔叔,他对我们总是一脸严厉,每次碰上我们村里跟他上学的皮孩子都是面沉似水,动辄呵斥,所以搞得我们一见到他就作鸟兽散。但他对我们又是很爱护的,我上初中住校,冬天冷了,他甚至把他的宿舍让给我去住。只是我贪玩,没利用好他给予的好条件,毕业那年年终我的考试成绩出现下滑。于是忐忑中尽量躲着他,那次他家里盖房子,父亲和乡亲们在帮忙,我去找父亲,就这样"落到"他手里了,他不留情面地当众把我数说一通,真的让生性腼腆的我很是下不来台,我和哥哥都是村里的"好孩子",是以学习好而闻名的,如此当众出丑让我无地自容,但自知理亏,也无可辩驳。不过自从那次遭遇他的"脾气"和"方法",我幡然醒悟了,从此振作,一路高歌猛进,直至最终考上让当时农村孩子羡慕的中专。

万事万物都是有规律的,没有谁会是不可救药的,只是我们面对的时候,需要多一些方法。脾气没多大用处,要说有用的"脾气",也只有当它作为一种方法的时候,或许有用,比如叔叔对我那次批判,我想那真的是破鼓需要重锤,是他将脾气在适当的时候用到了适当的人身上,所以我觉得那就是他的一种有特效的"方法"。而平时呢?尽管他很威严,很关心我们,但是就因为他有"脾气",我们就尽量躲避,也就让他的方法无法施展了,因此脾气并不是万能的方法。

面对不同的人,在不同的时候,我们都需要不同的方法,因此我们做老师最好的武器是方法,方法多了,事情自然好办,学生自然会向你理想的方向努力发展,这样才会成就好的学生、好的教育,其实最后也会成就好的老师。

多次参与学校教师成长"自课程"学习,特别是"嵌入式"培训实施以来,每次聆听上海专家的现场授课,都会有一种醍醐灌顶的感觉,这份感觉一方面是缘于他们精彩曼妙的课堂演绎,另一方面是因为他们对我们平时熟悉的无论是"好学生"还是"坏孩子"都会不疾不徐、娓娓道来,最后让那些我们课堂上的"坏"孩子也都服服帖帖,和老师一起愉快、顺利、完满地完成了课堂学习目标。可见,脾气不是没有缘由的,但是作为老师,面对孩子,脾气的产生有"恨铁不成钢"的因素,更有我们教育方法短缺的原因,所以我们要保有对孩子们的美好期待,更要有指点迷津的方式方法,因为方法多了,效果就有了,脾气就小了。

# 跋

## 同和是个"青少年"

  同和小学很有活力,特别是经历了几年的"嵌入式"培训与"自课程"实践,团队成长充满激情,教师发展成就堪称卓越。学校建校仅仅十二年余,由是,我觉得无论从建校时间还是教师团队年龄、心智、成就等各方面来看,同和小学都堪比一个活力四射的"青少年"。

  同和小学建校十二年,经历了快速发展的十二年,为学校的持续性发展奠定了良好的基础,造就了一个身强体健的青少年同和。对于同和教师团队来说,最大的短板就是人少,但这也成了我们最独特的优势,那就是人人是好汉,个个是强手,没有一个老师不任课,甚至有的老师还有几个月就要退休了,还肩挑重担,我觉得同和真的就是一个不知疲倦、生机盎然的"青少年"!

  同和小学有一支坚强有力、富有情怀的班子队伍和无可比拟的中层团队。同和每个中层干部都任课,而且很多都是满课时量,同时他们又都有属于自己的管理分工,每天工作满满当当。难能可贵的是,他们工作都精益求精,每每领受任务,一是追求高效率,二是追求卓越。同和中层团队正在践行"追求卓越,成功和幸福就会追随你"这个格言。他们的这份素质是深入骨子里的,干工作从不拖拖拉拉,每份工作都做到极致,这也正是一个健康向上的"青少年"应有的品质。

  学校规模不断扩大,造成同和小学教师缺编,每年又新增学生,于是同和每年吸纳新生力量加入团队,这就让同和有了一支相对年轻的教师队伍。所以单从教师的年龄和教龄来说,同和小学的团队在全县各个学校中都是属于"青少年"级别的。因此,同和教师团队就有了一个先天的优势——积极向上、锐不可当。前几年,几乎每一次全县乃至全市的各类评比,同和小学师生的参赛成绩都令人欣慰。这是"青少年"固有的冲劲使然,这个昂扬的势头,也令同和人充满信心,于是同和就更加具备了青少年的品格——自信满满、信心十足。

青少年有难得的优势,这种优势在于潜质,在于无可限量的未来发展潜力。人最好的时光是青少年,最富创造和价值的时光在壮年。有个老领导朋友,每周都会回到老家村里,他说他有一个邻居,是个抹墙工,在这个行当属绝对的高手,人家雇用他干活,每天给他五百块工钱,他人品敦厚,他介绍工友一起去,人家特别信得过,还会另外给他每天三百块作为介绍费。五百和三百,一份是缘于他过人的专业技能,一份缘于他从业为人的道德品质。朋友说邻居可不是只知道干活的老粗,他很会享受生活,几乎每天早早下工回家,就在自家摆茶摊,招呼一帮志同道合的乡亲一起谈天说地,朋友说他每次看到这样的场景都能感受到他们洋溢的那种独有的快乐和幸福,生活的惬意可见一斑,这是一个既有成功又有快乐的壮年!

我也想,我们同和是个"青少年",何时我们也可以达到工作游刃有余,生活悠哉惬意的"壮年"境界呢?我觉得我们大有希望,因为我们正是为壮年做积累的青少年,我们最有机会和希望达到那样的生命状态。尤其是经历了嵌入式"自课程"的专业引领,每个老师都攒足了干劲儿,同和这个"青少年"的前途不可限量!像我一样步入中年的人们都深深知道,我们的健康身心和中年本领,都是得自青少年时期的修炼,只要我们青少年时期懂得健康的重要,学会科学健身,养成良好的习惯,我们到中年直至老年都会深深受益。而我们从业技能的高低,也都取决于青少年时期是否珍惜时光、懂得磨砺,是否付出过拼搏与汗水。我们做教师,一样需要"工匠精神",需要技能立身,我们可以对人家做工匠的品评一番,那么不要忘了,我们也是别人眼里教书育人的"工匠",我们也会被人家品评,而且评论我们的人只会更多,因为我们的服务对象是千家万户!

如何衡量我们的匠心技能呢?很简单,因为我们做教师,肯定遇到过亲朋好友向我们请教如何教育孩子,你就想一想,那个时刻你是支支吾吾还是侃侃而谈,亲友是失望而归还是对你充满感激与敬佩呢?这个答案就是最简单的标准。

希望每一个同和人都能铭记:我们是做教育的,我们必须懂教育且能做好教育,而这份技能正可以从青少年时期练起。

青少年其实也有弱点,这个弱点就是会莫名地叛逆甚至鲁莽躁动,承认同和是"青少年"这个论断的同时,我们也要反思学校和团队是否有这样的叛逆和鲁莽,团队成员之间的"不成熟"是会对我们自身带来伤害和内耗的,学校班子和领导团队的鲁莽也必然会给发展带来阻遏。但这些又真的不必担心,某种程度上来说,这也是不可避免的,不必抱怨,更不要自暴自弃,也正因为这样,我们才可以自豪地宣称同和是个"青少年",我们是最有希望、最富干劲儿、不惧挑战,最有理想且最有实现理想可能的"青少年"同和!

同和小学的每个人都是"青少年"同和的骨血,我们共同汇成它的肌体,铸造它的灵魂。外人眼里我们都是同和小学,我们也要有强烈的"我就是同和小学人"的意识,因为我们好了,同和小学一定会更好!

同和建校时间短,团队合作时间也不算长,是刚进入第二个十年期的"青少年"学校,同和"新十年",愿我们继续争做一个健康向上的青少年,积累经验,摒弃无端的叛逆与鲁莽躁动,一起"同心同德,同声相和",不断丰富"同心同德,和竞创新"的同和精神,追求属于我们同和团队的美好与幸福!

杨国营